RESEARCH ON OPERATING REGULATION OF
SOCIAL SECURITY FUND IN CHINA

国家社科基金项目资助

中国社会保障基金
运营监管研究

武 萍◎著

社会科学文献出版社
SOCIAL SCIENCES ACADEMIC PRESS (CHINA)

内容摘要

社会保障制度的持续完善，离不开规模不断扩大的社会保障基金。随着我国监管体制的日趋完善，挤占挪用社会保障基金的现象逐渐减少。但新的问题又摆在我们面前，即"未富先老"的人口老龄化。人口老龄化给社保基金的筹集、运营和给付各个环节都带来了前所未有的挑战。本书基于中国社会保障基金监管与运营之间的传递机制视角，着眼于解决基金运营监管中的难题，即基金既要安全又要有收益，这样才能做到切实保障参保人的根本利益。依据管理主体与模式、运营监管模式和投资监管模式的理论框架，本书主要内容可以概括为："一条主线、两个中心、三个阶段、七个问题"。"一条主线"即以积极应对人口老龄化带来的基金风险为主线；"两个中心"即农村社会养老保险制度的推进和城乡统筹社会保障制度的协调发展；"三个阶段"，第一阶段是人口老龄化给社保基金监管机制的完善带来历史性契机；第二阶段是社保制度运行过程中出现的"重点问题"，它们得到解决能够有序地推动监管机制的完善；第三阶段是新农保和城乡统筹制度的建立，实现监管机制内部与外部的全面整合；"七大问题"即社保基金监督主体资格认定、全国社会保障基金规模适度增长、社会保障危机预警的理论与方法、社会保障基金运营对社会保障水平的影响、各种风险之间的传递机制、社保基金经办机构经办人员违规行为研究以及个人账户投资选择权问题。最后本书提出完善中国社会保障基金运营监管机制的对策：在中国特定的经济、政治和社会制度环境下，政府作为社会保障事业的主体，应选择集中管理和监督，实现制度的自我平衡和可持续发展；建立健全基金监督法律法规体系；加强社会保障基金监督队伍建设；营造良好的社会保障基金投资运营环境。

Summary

The sustainable development of the social security system cannot continue without continuously expanding social insurance fund. With the supervision system is becoming better and better in China, the phenomenon of misappropriating social insurance fund gradually reduce. But we still face a new problem of aging population, which is "aging before getting rich". The aging population brings unprecedented challenges to raising, operation and payment of the social insurance fund.

This book focus on solving problems in the operation of fund in the perspective of transmission mechanism between supervision and operation of China's social insurance fund, that is, the fund should be both secure and profitable, so as to protect the fundamental interests of the insured. Based on the theoretical framework of management subject and mode, the operation supervision mode and investment supervision mode, the main contents of this book can be summarized as: "one main line, two centers, three stages, seven problems". "A thread" is the risk of the fund, which is brought by actively responding to aging population; "two centers" are to propel the rural social endowment insurance system and to coordinate development between urban and rural social security system; The first stage of "three stages" is the historic opportunity of improving the supervision mechanism of social insurance funds brought by aging population. The second stage is the key issues appearing in the running of social security system. The solution of the issues could promote the improving of the supervision mechanism orderly. The third stage is the establishment of new rural insurance and urban and rural overall system, achieving full integration of internal and external supervision mechanism. "seven questions" are as follows, the identification of supervising subject of the social insurance fund, the moderate growth of the scale of national social insurance fund, the theory and method of social security crisis early warning, the social security level affected by the operation of social insurance fund, the transfer mechanism among various risk, personnel's illegal behavior in social insurance fund agencies and the investment option of personal account.

At last, this book put forward countermeasures to improve China's social insurance fund supervision mechanism: under the background of China's specific economic, political and social institutional environment, government as the main body of social security system, should choose the centralized management and supervision in order to implement the self balance and sustainable development of the system, establish and improve the legal supervision system of social insurance fund, strengthen team construction of fund supervision, create a good environment for social insurance fund investment and operation.

目 录

第一章 社会保障基金运营监管机制的相关理论 …………………… 1
    第一节 关于管理主体与模式的理论 …………………………………… 1
    第二节 关于运营监管模式的理论 ……………………………………… 8
    第三节 关于投资风险监管的理论 ……………………………………… 12

第二章 中国社会保障基金运营监管机制的内容与特征 …………… 16
    第一节 社会保障基金运营监管机制的历史沿革 ……………………… 16
    第二节 社会保障基金运营监管机制现状及存在的主要问题 ………… 23
    第三节 国外社会保障基金运营监管的经验借鉴 ……………………… 27

第三章 人口老龄化视角下中国社会保障基金管理与运营风险 …… 39
    第一节 筹资风险：老龄人口持续增加而导致的风险 ………………… 39
    第二节 管理风险：由于政策调整的滞后、管理不到位而导致的风险 … 54
    第三节 投资组合风险：因资本市场的不完善而导致的风险 ………… 58
    第四节 给付风险：老龄人口持续增加而导致的给付风险 …………… 79
    第五节 逆向选择风险和道德风险 ……………………………………… 81

第四章 中国社会保障基金运营监管机制的重点问题 ……………… 86
    第一节 社会保障基金监督主体资格认定的完善 ……………………… 86
    第二节 全国社会保障基金规模适度增长问题 ………………………… 96

第三节　社会保障危机预警的理论与方法问题 …………… 108
第四节　社会保障基金运营与社会保障水平的关系判定问题 …… 123
第五节　中国社会保障基金诸风险之间的传递机制 …………… 134
第六节　社保基金经办机构经办人员违规行为研究 …………… 139
第七节　个人账户投资选择权问题 …………………………… 153

第五章　新型农村养老保险试点中的基金管理体制 …………… 167
第一节　农村社会养老保险管理体制总体框架及运行评价 …… 167
第二节　农村养老保险经办机构管理 ………………………… 175
第三节　农村养老保险资金运营管理 ………………………… 189
第四节　农村社会养老保险基金风险管理 …………………… 202
第五节　农村社会养老保险业务档案管理 …………………… 211

第六章　城乡社保体系协调发展中的基金管理体制 …………… 217
第一节　城乡社保体系协调发展的主要路径 ………………… 217
第二节　城乡社保体系协调发展的实现机制 ………………… 236
第三节　城乡社保体系协调发展的配套机制 ………………… 271

第七章　完善中国社会保障基金运营监管机制的对策 ………… 286
第一节　集中管理和监督，实现制度的自我平衡和可持续
　　　　发展的对策 ……………………………………………… 286
第二节　建立基金监督法律法规体系的对策 ………………… 290
第三节　加强社会保障基金监督队伍建设的对策 …………… 294
第四节　营造良好的社会保障基金投资运营环境的对策 …… 298

参考文献 ……………………………………………………………… 304

第一章 社会保障基金运营监管机制的相关理论

第一节 关于管理主体与模式的理论

一 关于社会保障基金管理主体的理论

随着政府对社会保障基金不再具有垄断权力，社会保障基金管理的主体不再单一，比如有政府、保险公司和银行、基金管理公司、自治组织。

（一）政府

政府作为社会保障制度最重要的责任主体，无疑需要直接出面管理社会保障基金，[①] 各种主要的社会保障基金统一由一个政府部门集中管理，不能纳入的其他个别社会保障基金则由其他个别机构附带管理，如英国的社会保障管理机构就是英国社会保障部，还有个别社会保障基金则由卫生部等附带管理；美国也是由社会保障总署负责管理各种主要的社会保障基金，但劳工部等亦承担着少数社会保障基金的管理责任；[②] 中国社会保障基金管理主要采取财政总监督下的部门分管体制，主要职能部门有民政部、人力资源和社会保障部、财政部、卫生部和教育部等。[③] 政府是否参与以及参与的方式，主要取决于一国政府的职能与社会保障体系在一国的

---

① 郑功成：《社会保障学——理念、制度、实践与思辨》，商务印书馆，2004，第353页。
② 郑功成：《社会保障学——理念、制度、实践与思辨》，商务印书馆，2004，第420页。
③ 郑功成：《社会保障学——理念、制度、实践与思辨》，商务印书馆，2004，第355页。

主要功能。

但是，无论何种形式的社会保障基金，政府的插手总是显得困难重重。首先，政府总是从自己的利益出发，在基金投资方面往往保守，基金被滥用的问题常常出现，尤其在发展中国家；其次，政府管理基金更多的是投资于国债，因而投资收益率很低，不利于参保者；此外，资金掌握在政府手中，容易导致大政府，引起财政赤字。

当然政府直接管理社会保障基金，有以下四个方面的优势：第一，从公平角度出发，政府是老年人基本生活更好的保障者，更有利于收入再分配；第二，社会保障财务能得到政府财政更好的支持；第三，政府掌控社会保障基金，对宏观经济可以适当调控；第四，政府比个人更理性，可以战胜个人的非理性行为。[1]

（二）保险公司和银行

保险公司和银行一般管理中小企业的职业年金和个人账户，因为中小企业的员工不是很多，所以其社会保障基金规模较小，如果建立社会保障基金会，成本就会很高。在许多发达国家，社会保障基金直接由保险公司来管理，等于保险公司与参保者签订合约，但为了保障基金的安全性，社会保障基金资产与保险公司其他资产相分离。例如美国的一些企业就是与保险公司合作的。在一些国家里，银行可以管理个人退休储蓄账户，所以社会保障基金资产与银行的资产负债表紧密相连。例如美国的个人退休储蓄账户（Individual Retire Savings Accounts）制度，鼓励个人将部分收入存入个人退休储蓄账户，而银行则充当个人账户管理机构。参保成员可以通过"用脚投票"或转换基金来对决策层施加压力，不过通常会受到很大的限制。[2]

（三）基金管理公司

在许多拉美国家，社会保障基金大多是由专门的基金公司管理的，这

---

[1] 李珍等：《中国社会养老保险基金管理体制选择——以国际比较为基础》，人民出版社，2005，第40页。

[2] 李珍等：《中国社会养老保险基金管理体制选择——以国际比较为基础》，人民出版社，2005，第41页。

些社会保障基金与一些共同基金一起运作。基金管理公司除了选择金融工具做出战略投资决策以外，还要征收供款及提供一些其他的服务。基金成员可以根据优胜劣汰原则，随时更换好的社会保障基金管理公司。这些基金永远都是既定供款型，但即使是这样，资产经理也被要求承担一定的业绩责任。基金的质量和管理的质量主要取决于有关管理公司的法律监督体系。这些管理公司不单单提供社会保障基金这一种产品，还可以提供另外一些金融产品。基金管理公司没有董事会，基金成员如果不满意的话，就可以"用脚投票"，或者可以选择其他的基金公司。

与通过保险公司和银行管理的基金相比，优点是透明度高，且资产与管理公司其他的资产不混在一起。缺点是在交易过程中，技术和成本要求高、非法销售活动日益增长，基金换来换去过多。①

（四）自治组织

许多国家也高度重视发挥自治组织与半自治组织管理基金的作用，而政府部门只起一般监督作用，如建立新的自治组织并让其行使管理职能，西方一些国家成立的社会保险协会等即是这种类型；委托已有的社会团体管理某些社会保障基金，如中国的残疾人福利基金会；选择、督控民营机构充当社会保障基金的管理者，如允许慈善基金会建立并自主运行慈善基金等。②

自治组织与政府部门相结合共同管理社会保障基金是部分国家的一种选择，表1-1列出了部分国家社会保障基金的管理主体结合情况。

表1-1 部分国家社会保障基金管理主体政府与自治组织结合情况

国　家	主要政府部门	主要自治或半自治组织
法　国	卫生和社会保障部、社会事务和就业部、联合征收机构、财政部	全国养老保险基金会、全国疾病保险基金会、全国家属津贴基金会等
德　国	劳工和社会事务部、家庭青少年卫生部	联邦劳工协会、联邦保险协会等

---

① 李珍等：《中国社会养老保险基金管理体制选择——以国际比较为基础》，人民出版社，2005，第41~42页。
② 郑功成：《社会保障学——理念、制度、实践与思辨》，商务印书馆，2004，第353页。

续表

国家	主要政府部门	主要自治或半自治组织
意大利	劳工和社会保障部、财政部、卫生部	全国社会保险协会等
荷兰	劳工部、国民收入部、财政部	社会保险委员会、社会保险银行等
俄罗斯	社会保障部、财政部、卫生部	全国工会和产业工会组织等
美国	社会保障署、劳工部、财政部、联邦人事局	蓝十字—蓝盾组织等
韩国	卫生福利部、劳工事务部	全国医疗保险联合会等
日本	厚生省、劳动省、卫生和福利省	全国劳动者共济组合联合会、国家公务员互助公会联合会等
中国	人力资源和社会保障部、民政部、卫生部、财政部	全国社会保障基金理事会、中国残疾人联合会等

资料来源：美国社会保障署：《全球社会保障—1995》，华夏出版社，1996。

从表1-1可以看出这些国家已经形成了以下四个方面的共识：一是政府成为社会保障基金责任的主要承担者，虽然有些国家还是将一些社会保障基金的管理权交由自治或半自治机构，但各国政府并没有推脱其主要的管理责任；[①] 二是管理体制无定式，包括管理机构设置的名称、数量及所负管理职责，及至政府与社会机构、中央政府与地方政府之间的管理职责划分，在不同的国家或地区存在差异，因此，社会保障基金管理主体并无统一范式，表明它需要充分考虑各国的具体情况；三是依法行事，即管理主体的设置及其职责均由相关法律规范，并根据法律赋予的职权行使管理职责；四是高效率成为几乎所有国家的社会保障基金管理追求的目标，一些国家为了实现效率目标，往往会对原有的社会保障基金管理主体大刀阔斧地进行改革。[②]

二 关于社会保障基金管理模式的理论

社会保障基金的管理模式问题，主要是针对社会保险基金而言的，其中又以养老保险基金的管理模式最具有代表性。[③] 如果按照基金管理的集

[①] 宫海燕：《探析我国社会保障管理体制的构建》，《长三角》2010年第1期。
[②] 郑功成：《社会保障学——理念、制度、实践与思辨》，商务印书馆，2004，第426页。
[③] 穆怀中主编《社会保障国际比较》，中国劳动社会保障出版社，2007，第92页。

中程度，可以将基金管理模式分为统一管理模式、分散管理模式和相对统一管理模式。①

(一) 统一管理模式

所谓统一管理模式，是指管理机构仅仅是一个，基金领取者都从这个唯一的机构获取基金收益。这个机构可以是政府机构，也可以是银行、保险公司等，但这个唯一的机构，在进行养老基金征收、运营、发放业务时，可以下设机构，或者不同的业务可以交给不同的机构管理，但这些机构之间不存在竞争关系，而是各干各的，互不干涉。如图1-1所示。

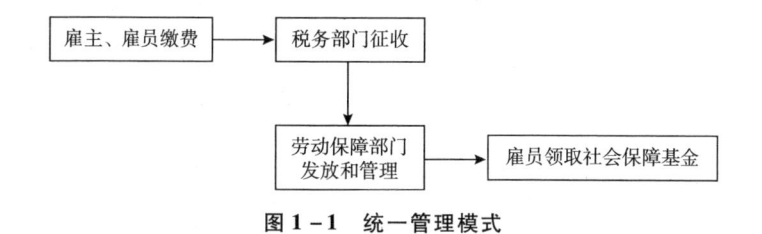

雇主、雇员缴费 → 税务部门征收

劳动保障部门发放和管理 → 雇员领取社会保障基金

图1-1 统一管理模式

如图1-1所示，政府机构可以把征收上来的钱交给税务部门，把社会保障基金的管理运营和发放交给劳动保障部门，但这两个部门之间并不存在竞争，它们之间是相互制约的。大多数发达国家以及中国、印度、新加坡等国家均采用这种管理模式，其中以新加坡的中央公积金制度（CPF）为典型代表。中央公积金是一个完全积累的强制储蓄计划，提供退休养老保障、医疗保障、住房保障、家庭（意外事故）保障，由政府的中央公积金局直接进行全面的管理，公积金存款利率也由政府决定。中央公积金局通过基本投资计划、增进投资计划、非住宅房地产计划等投资计划，实现公积金资产的增值。②

这种模式的优点有三个方面：一是能最大限度地兼顾社会公平，特别

---

① 邓大松、丁怡：《国际社会保障管理模式比较及对中国的启示》，《社会保障研究》2012年第6期。
② 孙光德、董克用：《社会保障概论》，中国人民大学出版社，2008，第71页。

是在基金分配使用中能有充分体现；二是能够形成规模效益，集中式管理，不仅使基金更加充实，有利于投资效益的提高，而且管理成本也大为降低；三是能充分配合政府发展目标的实现，由于政府集中了这一重要资源，非常有利于政府社会政策和社会发展的目标推行。① 但是模式的不足之处也有三个方面：一是权力集中，特别是监督权和管理权混为一谈，腐败的温床就产生了；二是没有了竞争，就会出现效率低下的情况，收益率很难保证；三是政府作为管理机构，或者与政府密切的合作单位，政府往往会操纵基金的使用。②

（二）分散管理模式

分散管理模式是指由民营机构接受政府委托实行市场化的基金管理。这种模式是由多个不同类型的民营机构进行分散式管理，并且这些民营机构在政府严格的规章、政策指导和约束下实行自主管理，如图 1 – 2 所示。

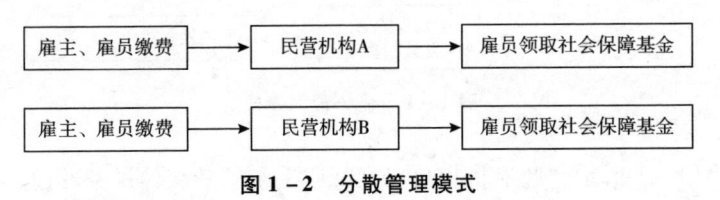

```
雇主、雇员缴费 → 民营机构A → 雇员领取社会保障基金
雇主、雇员缴费 → 民营机构B → 雇员领取社会保障基金
```

图 1 – 2　分散管理模式

分散管理模式的管理主体是民营机构，政府的职责在于运用市场规则进行监督。有三种基本形式：一种是建立新的自治组织并让其行使基金管理职能，西方一些国家成立的社会保险协会等即是这种类型，它负责社会保险基金的管理，而政府部门只起一般监督作用；一种是委托已有的社会团体管理某些社会保障基金，如中国的残疾人福利基金会即是这种类型；还有一种是选择、督控民营机构充当社会保障基金的管理者，如智利选择私营机构，个人可以自由选择任意一个机构管理自己的养老保险基金，而且个人账户在各管理公司之间可以自由流动等。③

---

① 郭士征主编《社会保险基金管理》，上海财经大学出版社，2006，第 21 页。
② 李珍等：《中国社会养老保险基金管理体制选择——以国际比较为基础》，人民出版社，2005，第 45～46 页。
③ 郑功成：《社会保障学——理念、制度、实践与思辨》，商务印书馆，2004，第 353 页。

这种管理模式的好处是投资回报率高，有助于国内金融市场的完善和发展。但是，这种管理模式也有劣势，即管理成本不断上升，同时分散化的私营投资管理往往导致经济的规模效应消失。①

（三）相对统一管理模式

相对统一管理模式是前两种管理模式的综合，它的主要特点是有一个代表雇员利益的机构，下设一些管理机构，这些管理机构通过竞争与之签合约来管理业务，一部分业务交给自己的下属机构去管理，如图 1-3 所示。②

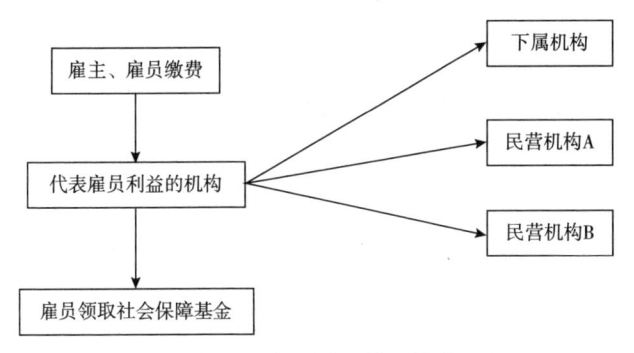

图 1-3 相对统一管理模式

相对统一管理模式的主要特点是：筹资、给付、提供信息服务等是由下属机构完成的，代表雇员利益的机构一般对于投资只制订政策，把具体执行交给其他专业投资机构，而他们只是起监督的作用。例如，美国加州公务员退休计划就是采用这种模式。③

从上面的分析中可以看出，相对统一管理模式是前两种模式的统一体，所以在一定程度上避免了集中管理模式缺乏竞争、效益低下等缺陷，又在一定程度上解决了分散管理模式成本高昂、委托—代理问题突出等缺

---

① 孙光德、董克用：《社会保障概论》，中国人民大学出版社，2008，第 72 页。
② 李珍等：《中国社会养老保险基金管理体制选择——以国际比较为基础》，人民出版社，2005，第 46 页。
③ 路爱峰：《养老保险基金管理中的风险控制研究》，北方工业大学硕士论文，2008，第 91 页。

点。因此这是一种比较理想的社会保障基金管理模式。[①]

第二节　关于运营监管模式的理论

社会保障基金的运营监管是指国家授权专门机构依法对社会保障基金的运营环节进行的监督管理，是社会保障基金管理过程中的重要一环，是确保基金安全并实现保值增值的必不可少的过程，也是各国社会保障改革过程中备受关注的热点问题。[②] 在理论上，当前社会保障基金运营监管模式按照两种标准划分：一是按照政府监管的强度划分；二是按照监管的集中程度划分。

一　按照政府监管的强度分类

社会保障基金监管如果按照政府监管的强度划分，可以分为审慎性监管和严格限量监管两种模式。

（一）审慎性监管

审慎性监管（prudential regulation）是指社保基金的投资管理人，按照审慎投资原则，为社保基金选择最佳的投资组合。监管机构在合同条款、市场准入条件、投资组合等方面对投资管理人降低限制，而且对于不受许可证管理的基金的日常活动干预较少，除非出现当事人提出要求或基金出现问题等情况。监管当局在很大程度上依靠中介组织对基金运营进行非现场监管，如独立审计、精算师等，只有在处理具体问题时才采用现场监管。[③]

大多数发达的经合组织采用这种监管模式，如美国。这些国家经济发展比较成熟，金融体制和资本市场比较完善，各类中介组织和基金管理机构比较发达，相关法律比较完备。如要求社保基金必须具有开展信托和金

[①] 李珍等：《中国社会养老保险基金管理体制选择——以国际比较为基础》，人民出版社，2005，第47页。
[②] 孙光德、董克用主编《社会保障概论》，中国人民大学出版社，2008，第72页。
[③] 郭士征主编《社会保险基金管理》，上海财经大学出版社，2006，第291页。

融业务的专业化水平、经验和能力的美国"就业及退休社会保障法案",政府往往在宏观上坚持谨慎原则,而在投资行为及其他细节方面给予社保基金充分的自由,它要求社保基金投资的多样化,在行动上采取普遍认可,并不强制对社保基金的资产分配做出限制。①

审慎性监管模式的优点是:一是保证了持有人的利益,要求基金管理者对基金持有人讲诚信,加强基金管理透明度,严厉打击欺诈行为;二是为规避风险集中,要求社保基金进行多样化投资,采取普遍认可的行动;三是限制基金管理者借自身之便,利用社保基金开展自营业务;四是鼓励基金管理者之间进行竞争;五是利用法律约束基金管理者的行为,为保证社保基金的安全运行和保值增值,管理者要向监管当局提交并发布基金投资有关资料。②

该模式的缺点是:充分发育的金融市场、相当数量的专业人才、充足的运营基金、丰富的监管经验、健全的法律体制和行政体系等一系列支撑条件要求过高。

(二) 严格限量监管

严格限量监管(draconian regulation)是指通过政府立法,对社保基金投资进行较为严格而明确的约束,包含限制投资市场准入资格,管理投资合同条款,限定投资组合数量关系等框架指导原则。在现阶段,采取这种模式的国家主要有德国、匈牙利、波兰、日本以及拉丁美洲国家等。③

这种模式有以下四个特点:一是独立程度相对较高的监管机构拥有较大的监管权力,它行使国家赋予的对社保基金的统一监管权;二是监管机构对社保基金管理者的日常投资业务进行严格监控,包括但不限于以下情况——社保基金的投资组合必须在有关规定内进行操作,厌恶投资风险高或者流动性差的资产,必须达到一定的基金投资水平;三是专门进行社保基金运营的

---

① 张宏益:《我国社保基金运作与监管模式研究》,湖南大学硕士论文,2002,第39页。据中国优秀博硕士学位论文全文数据库。
② 孙天立:《我国社保基金投资运营监管模式选择》,《改革与理论》2002年第5期。
③ 刘伟:《市场失灵与社保基金监管》,《科技信息》2006年第1期。

基金管理公司必须得到监管机构的批准才能成立，并且受到监管机构的现场和非现场的监管；四是对社保基金运营的信息披露有严格的披露制度。①

但是，严格限量监管模式可能会导致机构投资者的投资行为无法达到最优，主要存在以下四个方面的影响：第一，这种模式过分看重单一资产的流动性、风险性，但流动性风险不依赖于投资者单个资产的流动性状况，而是所持有的所有资产的流动性状况；第二，由于经济系统复杂多变以及证券资产市场随时波动，严格限量监管模式可能无法较好地对社保基金进行有效的投资，而拥有多样类型投资工具（实物资产、原生金融工具、衍生金融工具等）的分散投资组合在优化基金投资方面可能做得更好；第三，为了对金融原生市场进行有效规避，人们发明了衍生金融工具，如果在其他环境特定的情况下，限制使用衍生金融工具将会使机构投资者选择收益率低的资产或者自己面对其他的风险敞口；第四，"资产—负债管理方法"理论显示资产和负债匹配的效率与可选择的投资资产品种成正比，这就要求投资组合要有较大幅度变化的选择范围，而严格限量监管模式缩窄了这一范围。

二 按照监管的集中程度分类

依据监管集中程度的不同，社保基金监管可以分为：集中监管、分散监管以及集散结合监管三种模式。

（一）集中监管

集中监管是指国家政府赋予单个机构以社保基金监管权力，由后者履行对社保基金运营的全部监管职能。具体到我国，我国对社会保障各项基金的收缴、储存、营运、给付等运营环节进行统一的监管，并将该监管权力赋予统一的社会保障基金监督管理机构。②

集中监管模式有以下优点：首先，监管主体是隶属于政府的，所以，

---

① 李蕾：《入市社保基金法律控制与监管》，广西大学硕士论文，2006，第25页。据中国优秀博硕士学位论文全文数据库。
② 郭士征主编《社会保险基金管理》，上海财经大学出版社，2006，第290页。

它在进行社保基金监管的过程中能以较低的成本获取信息并进行共享,能保证监管的有效性;其次,因为监管权力集中在单个监管机构中,所以集中监管模式能保证监管目标的一致性,并能减少部门间监管工作的相互推诿扯皮问题,提高监管机构的监管效率。但与此同时,该模式也有以下缺点:在集中监管模式下,政府一般需要建立一个新的部门来集中行使基金监管职能,这从一定程度上提高了基金监管成本。此外,监管机构在内部进行职责分工,不过相对于其他经济管理部门而言,这些机构的监管专业水平以及经验都有待商榷,而这会影响社保基金的监管效率。①

(二) 分散监管

分散监管是指国家政府赋予两个以上相互独立的机构以社保基金监管权力,由它们来行使社保基金监管职能。② 一般情况下这些监管机构是在政府现有经济管理部门的基础上形成的。德国社保基金监管是典型的分散监管模式,社会保障各项目的运行受到按行业组织管理和地区管理组合模式设置的社会保障机构的自治管理和监督。③

分散监管模式有以下优点:首先,由于分散监管模式是多主体监管,这些主体分散在现有的政府经济管理部门,因此具有较高的专业监管技术和监管经验,能从较多的角度来监管社保基金,提高社保基金与整个金融环境的契合度。其次,与集中监管相比,分散监管能节省部门建设费用。与此同时,分散监管模式也具有以下缺点:首先,因为不存在统摄整个社保基金监管的权力中心,所以分散监管模式容易造成监管"真空地带"的形成,会降低社保基金监管的运行效率。其次,由于分散监管的主体是相互独立的,因此有关监管信息的获取和传递成本会比较高。④

---

① 张静:《我国社保基金投资运营监管法律制度研究》,西南政法大学硕士论文,2008,第15页。据中国优秀博硕士学位论文全文数据库。
② 李连友、赵孟华:《集中监管还是分散监管——社会保险基金监管组织结构分析》,《湖南社会科学》2004年第4期。
③ 郭士征主编《社会保险基金管理》,上海财经大学出版社,2006,第290页。
④ 张静:《我国社保基金投资运营监管法律制度研究》,西南政法大学硕士论文,2008,第16页。据中国优秀博硕士学位论文全文数据库。

（三）集散结合监管

集散结合监管是将社会保障共性较强的项目集中，由一个部门进行统一监管；而将特殊性较强的若干项目单列，进行分散监管。美国、加拿大、日本等国采用的都是集散结合监管模式。因为集散结合监管是集中监管与分散监管的结合模式，这种模式综合了两种模式的优点，并且弥补了两种模式的不足，所以与社会保障基金的管理模式中的相对集中管理模式相同，是一种理想的社会保障基金监管模式。

第三节 关于投资风险监管的理论

社保基金投资风险监管理论是防范社保基金投资运营风险的基本前提，是进行社保基金投资运营监管活动的理论依据。[①]

社保基金投资风险监管是指政府、政府授权的机构或者依法设立的其他组织，从降低社保基金投资风险、保护社会公众利益、维护社会安定的目的出发，根据国家有关法律法规，对社保基金投资运营的风险进行预警、评估、控制和处理的管理活动。关于社保基金投资风险监管的理论主要包括基金风险理论、公共经济学理论、管理学职能理论、经济监管理论和边际经济理论五个方面。

一 基金风险理论

在人类经济社会发展的过程中，风险一直与人类经济社会行为相伴随。人们不断地利用已有的经验和发明的工具来规避风险，并形成一些经济社会风险防范机制。[②]

基金风险理论认为，社会保障制度一旦建立，社保基金就存在巨大风险，体现在收缴、投资运营、支付这三个过程。目前，社保经办机构、地方

[①] 宋晓梧、孔泾源主编《中国社会保障基金营运管理》，企业管理出版社，1999。
[②] 陈骏、王明：《风险管理理论在会计舞弊风险防范中的应用研究——从中小投资者的角度分析》，《经济师》2005年第5期。

政府往往是引发风险的主体。人口老龄化这一特殊时期,当出现基金积累不足或者存在结构性问题时,有可能引发支付危机。社保基金一旦发生支付危机,就会引发社会不安定因素,从而产生政治风险;社保基金参与金融活动时,也是经济的晴雨表,一旦管理不当,就会影响经济秩序。基金风险理论就是要研究社保基金的内在规律,并确定相应的技术指标,对社保基金的筹集、给付和投资运营进行严格、有效的监管,有效规避各个阶段的损失。①

二 公共经济学理论

公共经济学理论认为政府对经济的干预主要表现在以下几个方面:一是优化资源配置职能;二是再分配职能;三是调节稳定职能。② 社会保障作为一种公共产品,政府按一定价格来供应,因为市场在这方面是无效的,尤其对于丧失劳动能力或在生活中遇到各种障碍的劳动者,政府为公共利益而生产供给这样一种公共产品,同时也实施政府的再分配职能,以增进社会公平。劳动者能够从社会获得满足生活需要的物质来源,缩小贫富差距,从而实现社会稳定。

但是,政府和市场都会出现失灵。公共经济学认为,政府失灵产生的主要原因是:一是政府干预的结果难免会由于信息不对称而出现决策失误,同时政府对私人市场干预能力有限;二是利益集团的社会偏好是政府决策的目标,而在政策执行时,因缺少必要的控制而失灵;三是现实是复杂多变的,政府的决策滞后于现实而产生负面影响;四是政府在干预时,付出的代价太大;五是政府在分配利益时,往往倾向于利益集团。由于政府确实存在失灵,所以必须通过适度监管来干预政府的决策,以达到预定目标,这是公共经济学的基本出发点。实践表明,在社保基金的投资运营中常常出现政府失灵,达不到既定的投资收益率,而不能保证公众的利益。对社保基金的投资运营必须进行科学的监管,进而实现公共政策目标。③

---

① 刘钧:《养老保险基金投资运营的风险预警和防范》,清华大学出版社,2010,第22页。
② 刘伟:《市场失灵与社保基金监管》,《科技信息》2006年第1期。
③ 鲁毅:《关于社保基金监管的若干思考》,《特区理论与实践》2002年第6期。

三 管理学职能理论

管理学的主要职能是监管职能,并且寓于管理的全过程中。监管机构作为主体,社保基金经办机构和运营机构作为客体,依据相关法律法规以及相关标准的制定,来完成这一监管过程。监管模式有三种:一是事前监管,可以用收益率指标、基金预算指标进行监管;二是现时控制,以现场检查等方式进行,监管社保基金流程;三是事后控制,对业已形成的结果进行监管,发现问题后要采取有关措施进行处理,比如社保基金资金挪用、挤占问题的清理。[①]

四 经济监管理论

目前监管理论中比较成熟的理论是经济监管理论,该理论通过一系列可检验假设、符合逻辑的推理以及构造的数学模型,对监管效应进行经济学分析,并预测被监管单位的经济效益和可能采取的监管形式。

经济监管理论认为,在某些情况下,管制可以使利益各方面都受益,从而实现利益各方的双赢。例如,政府监管不仅可以使经营社保基金的单位避免重大损失的风险,还可以保护社会公众的利益,维护政府的信誉,这是对利益各方都有利的政府行为。但是,不可否认的是,政府干预和课征税费影响着企业利润的分配和消费者剩余的分配。因此,经济监管理论得出了三个结论。第一,即使政府监管有利于被监管者,但是社保基金投资收益最大化也不会在政府对社保基金投资进行监管的情况下产生。这是因为,受政府监管的影响,社保基金投资实际收益将小于利润最大化的水平。由于社保基金投资最高收益与最终实现的投资收益之间存在一定的差距,所以投资管理人会想方设法地规避政府的监管。第二,在相对竞争或相对垄断的部门是监管效应最易产生的地方,这是因为政府监管的重点是对全社会影响比较大的部门。例如,政府监管投资运营社保基金的部门。第三,监管存在的可能性来源于市场

---

① 郭纲:《社会保险基金入市运作的监管》,《中国劳动保障报》2001 年第 5 期。

失灵。社会福利会因为政府对市场失灵的监管而得到提高,在一部分利益集团获得的收益大于其他利益集团受到的损失时,社会福利就得到了提高。①

五 边际经济理论

边际经济理论认为,一种产品的产出需要多种生产要素的组合投入。在其他生产要素投入不变的情况下,某一生产要素的增加会提高该产品的产量。边际经济理论引入了边际成本概念,即一单位某生产要素的投入所带来的成本增加。此外,边际经济理论认为,所谓的均衡状态,就是指某一产品的边际收益与边际成本相等时,产量和收益都达到了最大化。假如继续投入要素,会使得总收益减少,生产要素遭到浪费。②

社保基金监管将提高社保基金运营的盈利性、安全性,进而使得社会综合收益得到提高。然而监管是需要付出成本代价的,所以在进行社保基金监管体系构建时,成本与收益之间的平衡关系是必须进行考虑的。在社保基金监管的边际收益等于边际成本时,社保基金监管体系将处于最佳状态。这为我们构建和运行社保基金监管体系以及确定监管边界提供了一个应该遵循的经济原则。③

---

① 黄运成等:《证券市场监管:理论、实践与创新》,中国金融出版社,2001,第24页。
② 杨小凯、张永生:《新兴古典经济学和超边际分析》,中国人民大学出版社,2000。
③ 刘灿:《社会保险基金监管问题与对策研究——以湖南省为例》,国防科学技术大学硕士论文,2008,第18页。据中国优秀博硕士学位论文全文数据库。

第二章　中国社会保障基金运营监管机制的内容与特征

社会保障基金监管是通过立法赋予政府相关职能部门对社保基金的资金筹集、投资以及偿付等运营过程进行全方位监督管理的一项复杂的系统工程。它主要是为了促进社会保障基金的有效运营，保障社会保障覆盖人群的合法权益，以及提高基金收益率。[①] 此外，从宏观角度来讲，社保基金监管能促进经济协调稳定发展，并促进社会安定总目标的实现。

第一节　社会保障基金运营监管机制的历史沿革

从中华人民共和国成立开始，我国就着手建立社会保障制度，从那时起，国家政府有关职能部门就实行了对社会保障基金的监督，所不同的是每一时期监督的范围和方式都有所不同。

一　新中国成立初期社会保障基金的监管

新中国成立初期，社会保障基金处于劳动部、总工会、内务部与财政部共同监督状态，其中财政部门在制订财务制度和提供社会保障资金上发挥了重要的作用。

[①] 王颖驰、朱丽莉：《我国社会保障基金有效运行研究》，《商业经济》2014 年第 8 期。

（一）企业职工社会保险基金由劳动部与总工会共同监督，财政部予以核实和确认

《中华人民共和国劳动保险条例》正式颁布于1952年2月，该《条例》适用于企业职工。该《条例》对保险费用的筹集、管理、给付以及保险项目运营都做了具体的规定。《条例》规定全国企业劳动保险业务的最高监督机关为劳动部，赋予劳动部以《条例》实施、全国劳动保险业务监管等职能，各级劳动部门负责对劳动保险费用的缴纳、业务执行进行监管，处理相关的劳动保险申诉。全国企业劳动保险事业的最高领导机关是中华全国总工会，对过去劳动保险事业的执行进行统筹，对各地所属工会组织以及各产业组织相关劳动保险事业进行监管，对劳动保险基金的收支报告表进行审核和汇编，对每年的劳动保险金预算、决算以及业务计划书进行编制，并送至劳动部、财政部备查，审核并汇编劳动保险基金的收支报告表，每年编制劳动保险金的预算、决算和业务计划书，并送劳动部、财政部备查。[①]

（二）国家机关工作人员的社会保险基金由内务部和财政部共同监管，并按"现收现支"办法在国家预算中列支和管理

国家机关工作人员的退休、医疗、抚恤等保险项目是按单个条例颁布实施的。1950年6月，政务院颁布了《国家机关工作人员实行公费医疗预防措施的指示》，同年9月，又颁布了《关于各级人民政府工作人员在患病期间待遇暂行办法》，1955年12月，政务院颁布了《国家机关工作人员退休处理暂行办法》。上述保险条例统一由内务部负责组织实施，检查全国国家机关工作人员的退休、医疗、抚恤等保险条例的执行情况，督导地方内务部门做好各级政府机关工作人员的保险事务，编制各级政府工作人员各项保险基金收支汇总表和预算、决算，报送同级财政部门，从同级财政预算中安排支出，并由财政部门核查和监督各项保险收支。

---

① 贺光明：《建国初期企业职工劳动保险研究（1949～1953）——以〈劳动保险条例〉为中心》，华中师范大学硕士论文，2007，第64页。

（三）社会优抚、安置、救灾、救济资金由内务部所设的民政机构和财政部门共同监督

新中国成立初期，这方面包括军队干部的转业，伤残和牺牲的革命军人的抚恤，战争战俘的安置，疏遣大批流入城市的灾民回乡生产，组织城镇失业人口生产自救，收容流浪街头、无依无靠的老、弱、病、残、儿童以及各种自然灾害的救济等。内务部的民政机构是全国社会优抚、救济、救灾事业的领导机关，负责优抚、安置、救济、救灾等方面的条例制订和实施，监督全社会的优抚救济事业，督导地方民政部门做好各项工作，编制各级社会优抚、救济、救灾收支预、决算，报送同级财政部门，列同级财政预算，并由内务部汇总报送财政部，列入当年国家预算。财政部门监督社会优抚、救济、救灾收支预、决算的编制和执行。

这一阶段是我国社会保障的初步发展阶段，同样也是社会保障基金监督管理的初步发展阶段。这一阶段监督的特点主要是对社会保障运营没有明确分工，把政策制定、基金运营与监督管理都混合在一起。虽然这一时期的社会保障基金监督有这样或那样的缺陷，但是在保障社会保障制度持续运行、国民经济恢复以及社会安定等方面都发挥了重要的作用。传统社会保险体制下的监管体制如图2-1所示：

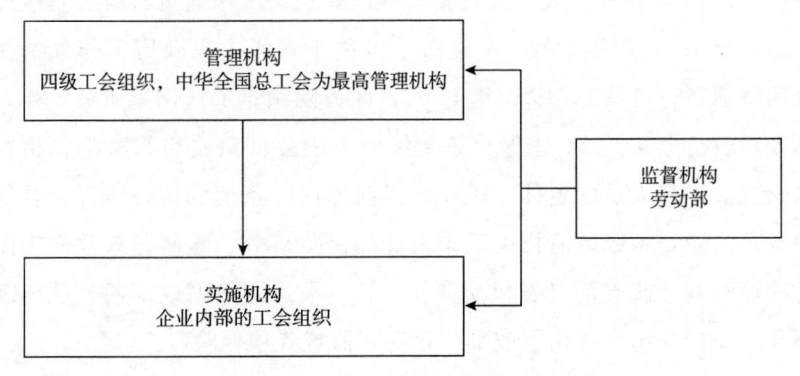

```
┌─────────────────────────────────────────┐
│              管理机构                    │
│  四级工会组织，中华全国总工会为最高管理机构  │
└─────────────────────────────────────────┘
                    │          ┌──────────┐
                    │          │  监督机构 │
                    │          │  劳动部   │
                    │          └──────────┘
                    ▼              │
┌─────────────────────────┐        │
│        实施机构          │◄───────┘
│    企业内部的工会组织     │
└─────────────────────────┘
```

图2-1　1951~1966年监管机构

资料来源：杨方方：《从缺位到归位——中国转型期社会保险中的政府责任》，商务印书馆，2006年，第196页。

二 社会主义建设时期社会保障基金的监管

社会主义建设时期,即从"一五"时期至"文化大革命"前,社会保障基金处于总工会、卫生部、内务部与财政部的共同监督之下,部门分工越来越明确,国家财政对各种社会保障基金的监督进一步加强。与前一期有所不同的是:

(一) 企业职工劳动保险"行政、管理、监督"三个环节分工明确

1954年,国务院发出了《关于劳动保险业务移交管理的联合通知》,决定整个企业劳动保险收支管理由全国总工会负责。但是,劳动部仍然负责劳动保险有关法规的制订和颁布实施,并于1958年对原来的《劳动保护法》做了修改,发布了《国务院关于工人、职工退休处理暂行规定(草案)》,对退休、退职条件和标准做了调整。财政部负责监督劳动保险收支预、决算和业务计划的执行。

(二) 对公费医疗和劳保医疗的监督进行了明确的分工

1952年8月,政务院发布了《国家工作人员公费医疗预防实施办法》,进一步明确了享受公费医疗待遇人员的范围问题,规定由卫生部牵头,财政、工会等部门共同参与成立公费医疗管理办公室,统一管理公费医疗事业,主要职责是:落实国家有关公费医疗的政策规定,制订实施办法;对本地公费医疗工作的计划、预测、协调等实施管理;对本级享受公费医疗待遇的单位和人员的范围和资格进行审核;负责本级医疗经费预算的编制和经费的管理使用,并向主管部门编报公费医疗经费决算等。公费医疗的经费来源于国家和各级政府的财政预算拨款。因此,财政部门对公费医疗经费预、决算和预算执行过程进行监督和审查,确保经费的专款专用。劳保医疗享受对象主要是国有企业职工及供养的直系亲属;由各级政府的劳动部门综合管理,经费来源按财政部统一规定的比例从企业成本或利润中提取,由企业自行管理。

其他如国家行政事业单位的劳动保险资金和全社会的优抚、救济、安置、救灾资金，仍由内务部和财政部统一监督，只是在某些项目的享受范围和标准上做过一些调整。

三 "文化大革命"期间社会保障基金的监管

"文化大革命"期间，由于林彪、"四人帮"的破坏和"左"的思想的干扰，社会保障事业遭到严重破坏，社会保障资金监督处于失控状态。内务部于1969年发布的《关于国营企业财务工作中几项制度的改革意见》规定：国营企业一律提取劳动保险费，企业退休职工、长期病号工资和其他劳保开支，改在营业外列支。社会保障基金基本上处于企业和行政事业单位的自我监督状态。

1966~1978年，劳动部撤销，中华全国总工会的工作停滞，由企业全权负责养老保险事务。机关、事业单位的退休养老问题则由人事部门与组织部门负责管理，其资金虽然来源于国家财政拨款，但管理体制同样单位化。① 卫生部管理公费医疗。

四 改革开放以来社会保障基金的监管

自改革开放以来，我国社会保障制度处于全面改革和重建阶段，国家财政依据各个阶段社会保障基金筹集的不同方式和不同项目，分别制订了不同的监督办法，加强了社会保障收支运营过程中的财政监督工作。

（一）积极参与社会保障各项制度改革方案的制订与实施

在养老保险方面，1978年6月，国务院颁布了《关于工人退休退职的暂行办法》和《关于安置老弱病残干部的暂行办法》，将已合并的行政、事业单位职工退休制度和企业单位的退休制度重新分开。1984年广东、江苏等省一些县市开始对国有企业职工退休费用进行社会统筹试点，以县、

---

① 郑功成：《中国社会保障制度变迁与评估》，中国人民大学出版社，2002，第83页。

市为单位建立养老保险基金。

1986年1月，国家体改委和劳动部要求扩大养老保险社会统筹并对劳动合同制工人实行按个人标准工资的3%缴纳养老保险制度，改变了国家和企业负担全部养老保险费的做法。6月，国务院发布了《关于企业职工养老保险制度改革》，提出了国家基本养老保险、企业补充养老保险和职工储蓄性养老保险三结合的办法，这是对单纯依靠国家、企业传统养老保险方式的重大突破。上述改革，从中央到地方部门都不同程度地参与了这项工作。1995年3月，国务院颁布了《关于深化城镇企业职工养老保险制度改革的通知》，财政部配合下发了《关于财政部门积极参与职工养老保险制度改革、加强财务管理工作有关问题的通知》，要求各级财政部门积极参与本地区养老保险改革实施方案的研究制定工作。此外，财政部门还积极参与支持失业保险和医疗保险制度的改革和试点工作。1994年，财政部与国家体改委、劳动部、卫生部在调查研究的基础上制定了城镇职工医疗保险制度改革试点方案，在江苏镇江和江西九江进行了社会统筹与个人账户相结合的医疗保险制度改革试点，并规定医疗保险基金必须纳入财政预算管理，经办机构的管理费提取必须经财政部门的审核批准。

（二）加强了社会保障基金的财务管理和结余资金投资管理工作

特别是在各地财政部门成立社会保障机构以后，高度重视财务会计制度建设，加强了对各项资金的管理。为了进一步统一社会保障基金的财务会计制度，财政部经过深入调研，于1996年出台了养老、失业、医疗等保险基金与其经办机构的财务会计制度，并在全国统一实施。为了防止社会保险结余资金的损失浪费，确保基金的安全与保值、增值，1994年底，财政部与劳动部联合下发了《关于加强企业职工社会保险基金投资管理的决定》，规定各级政府必须将养老、失业两项资金尽快存入财政在银行开设的专户，切实保证专款专用。

（三）开展了专门的社会保险基金财务大检查，及时发现了当前社会保险基金管理中存在的问题，确保了基金的安全

1995年8月，财政部下发了《关于开展企业职工养老保险资金、失

业保险资金专项财务检查的通知》，对全国 27 个省市和 11 个行业部门检查出的当前各地社会保险基金管理中存在的将社会保险结余资金挪用于基建投资、房地产投资、参股、委托放贷兴办实体、超标提取和滥用支出管理费用等问题，提出了整改意见，有效地制止了浪费和挪用社保基金的行为。

（四）社会保险管理体制的发展变化

具体表现为：1978~1982 年，传统管理体制的恢复阶段，依然是由企业主管养老保险事务。1978 年成立民政部。

1982~1988 年，劳动人事部下设保险福利管理局管理养老保险事务，企业负责具体实施。

1988~1992 年，撤销劳动人事部，重建劳动部和人事部，劳动部管理企业职工的社会保险事务，企业负责具体实施；人事部负责管理机关事业单位职工的社会保险事务，各机关事业单位具体实施。

1992~1997 年，随着铁路、民航、邮电、银行、石油等 11 个行业实行行业统筹，社会保险的管理机构就由十几个部门构成，造成"多龙戏水"而不"治水"的状况，如图 2-2 所示：

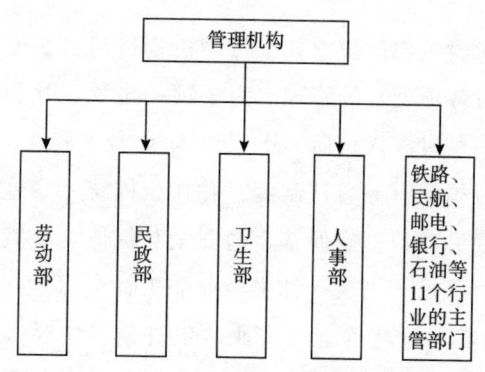

```
              管理机构
    ┌─────┬─────┬─────┬─────┬─────┐
  劳动部  民政部  卫生部  人事部  铁路、民航、
                                邮电、银行、
                                石油等11个
                                行业的主管
                                部门
```

图 2-2　1992~1997 年社会保险的管理体制

资料来源：杨方方：《从缺位到归位——中国转型期社会保险中的政府责任》，商务印书馆，2006，第 197 页。

1998 年至今，目前的监管体制经过 1998 年的中央政府机构改革，形成了相对集中的管理机构和管理、监督、实施适当分离的格局。如图 2-3 所示。

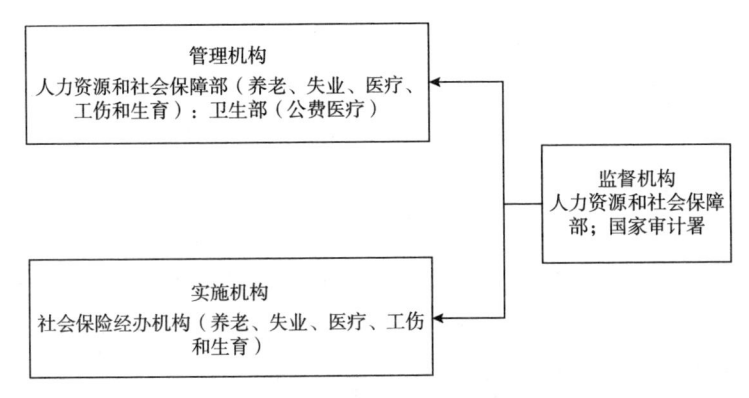

```
┌─────────────────────────────┐
│        管理机构              │
│ 人力资源和社会保障部（养老、  │
│ 失业、医疗、工伤和生育）；    │──┐
│ 卫生部（公费医疗）           │  │
└─────────────────────────────┘  │
                                 │   ┌──────────────┐
                                 ├──│  监督机构      │
                                 │   │ 人力资源和社会 │
                                 │   │ 保障部；国家   │
                                 │   │ 审计署        │
┌─────────────────────────────┐  │   └──────────────┘
│       实施机构               │  │
│ 社会保险经办机构（养老、      │──┘
│ 失业、医疗、工伤和生育）     │
└─────────────────────────────┘
```

图 2-3　目前的社会保险监管

资料来源：杨方方：《从缺位到归位——中国转型期社会保险中的政府责任》，商务印书馆，2006，第 197 页。

监管的变化既说明了行政管理从失范走向规范，也说明了信息化建设的加强和对基金监管力度的加大。

第二节　社会保障基金运营监管机制现状及存在的主要问题

到 2009 年底，我国五项社会保险基金收入为 16116 亿元，累计结余接近 1.9 万亿。随着基金的规模不断扩大，其在社会经济生活中所占的地位也越来越突出。为了确保基金安全，充分发挥社会保障体系作为社会"稳定器"的作用，加强社保基金管理和监督工作尤为重要。基金监管的直接目标是确保基金的安全和完整；维护劳动者的合法权益是基金监管的根本宗旨；基金的保值增值是基金监管的重要目标。

一　社会保障基金运营监管机制的现状

1998 年国家劳动和社会保障部成立，同期组建社保基金监督司，对前几年各地社保基金违规投资的历史旧账进行清理，但时至今日，一些地方仍不断地出现随便调用社会保险基金并导致部分基金流失的事件。2006 年，上海社保基金案轰动全国。由于该案件涉案金额巨大，众多官员牵涉其中，因此成为社会关注的焦点。

根据不完全统计，全国自 1998 年以来共清理和回收被挤占、挪用的社保基金达160多亿元之巨。截至2005年底，未回收入账的基金数额达到10亿元。在2006年上半年，一大批社保基金被挤占、挪用的案件遭到曝光。河南省某市劳动保障局为了换取6辆轿车的使用权而减免企业应缴的870多万元养老保险费用的案件；黑龙江某市社保局将社保基金里的918万元借给企业作为流动资金和担保利息的案件；浙江省某市劳动保障局计财处挪用社保基金600万元购买国信优先股的案件；四川省某县政府挪用、挤占社保基金1245万元的案件等。所有这些均说明：在中国，社会保障基金的监督机制并未真正建立起来。

中国的现实格局是以人力资源和社会保障部、民政部为主要监督管理部门，前者负责监管全国的社会保险事务与补充保险，后者负责监管社会救助、社会福利及慈善公益事业，还有卫生部、住房和城乡建设部、财政部、审计署等在各自的法定职责范围内承担着相应的监督管理责任。[①] 但是，各个主管部门边界模糊，监督职责弱化。

所以，在中国，对社会保障事务的监督机制并未真正建立起来。从社会保险方面来看，过去的《中华人民共和国劳动保险条例》曾经规定，由中华全国总工会统一管理全国的劳动保险事宜，由国家劳动行政部门负责监督，但现在则是由劳动部门等多个政府部门直接管理各种社会保险事务。在以政府财政为经济后盾的社会保障事务方面，则主要是财政部门、审计部门行使监督权。在民营保障事业方面，则尚未有明确的监督机制，一般总是在有关活动出现严重问题时才由有关审计等部门进行事后监督。[②]

在现阶段，五项基本社保基金每年的收支规模超过2万亿元，然而，社保基金监管机构的人员编制无法满足对社会保障基金筹集和使用进行监管的需要。据不完全统计，全国各省（区、市）人社厅（局）基金监督处编制一般为3到4名，另外一半的省人社厅都没有设立专门的监督机构，而只是配备了1到2名专职人员，并且在大多数情况下与其他处室合并设立，监督力量极其薄弱。社会保障基金监督队伍的建设与其所对应的监督任务处于不相匹配的状态。

---

① 董冬：《我国财政社会保障支出分析》，山西财经大学硕士论文，2009。
② 郑功成：《论中国特色的社会保障道路》，中国劳动社会保障出版社，2009。

二　社会保障基金运营监管机制存在的主要问题

2006年上海社保腐败案被查出，官商勾结将数十亿社保基金违规投资到高速公路建设上。该案件折射出社保基金内部监督制度的极度缺乏，与此同时，社保基金信托人、受益人对社保基金的运行缺乏监督。缺乏透明的社保基金管理模式以及独立的信托人和投资人导致基金挪用、挤占成为较易发生的事情。社保基金得以不断被挪用、挤占的体制根源在社保基金管理者不对参保者（基金受益人）负责，而是受命于地方的行政领导。

基金的运营管理需要完善的法律体系来进行规范，市场化管理的社保基金需要具有较强专业技术的机构主体来运行，包括基金市场运营机构、基金托管机构以及各种提供中介服务的机构。[①] 在现阶段，基金的收缴上解、投资保值、运营监管都缺乏完善的市场体系以及法律规范体系。市场体系与法律体系的不完善不可避免地造成了有些人对社保基金相关法制政策的观念的淡漠。这导致在违规使用社保基金时都没有意识到自己已经违法。因此，相关法律体系和市场体系的漏洞以及淡漠的法律意识是我国社保基金监管的另一个大问题。

（一）现阶段社会保障基金监管立法滞后，完善的社会保障基金监管法律法规体系还没有形成[②]

目前，虽然相关的社会保障基金管理监管方面的法规条例较多，但是"法"层次的法律在结构和内容上都很欠缺，社会保障基金监管缺乏完善的与时俱进的法律体系。

（二）现阶段社会保障基金对行政手段过分依赖

从现阶段的监管模式和具体运行状况来看，我国社会保险基金监管制度对行政手段过于偏重。对比其他社会保障制度较发达的国家，可以看出

[①] 冯果、李安安：《滥用与规制：我国社保基金的监管缺失及其补救》，《当代法学》2007年第4期。
[②] 许卫忠：《我国社保基金监管模式的构建与优化》，《长江三角洲》2009年第9期。

这些国家的社会保障体系的运行主要倚重于国家立法来实施。在制度权威性、强制性、严肃性方面，社会保障监管的行政手段远远不及国家立法的效力大。另外，由于存在有限理性、官僚主义、垄断以及经济人属性等政府失灵缺陷，因此，行政监管很容易出现监管效率低下的情况。再者，对于行政监管的过分偏重会导致其他监管资源的利用开发遭到忽视和抑制。不可否认的是，行政监管在社会保险基金监管体系中发挥着核心的作用，但是对它的过分倚重会不利于社会保障基金的发展。

（三）行政监管存在的问题——责任中心分散，政策制订部门不一，部门之间相互推诿——现阶段还没有得到有效的解决

在社会保险基金监管上，各行政部门关系没有理顺，部门"条块分割"现象比较严重，基金监管没有形成有效的秩序。在制定和执行相关政策时，行政监管机构常常会受到当地政府部门的掣肘。部门的利益化倾向使得制定的监管法规制度很难有效实施起来。另外，分散的行政监管中心存在监管交叉，在执行上存在互相推诿。这些都使得社会保障基金监管的职能弱化，造成监管机制的实效性不强。①

（四）社会监督机制的缺位

在现阶段，我国缺乏有效的社会保障基金社会监督，并且保障这一机制的法律体系也不完善。从宏观层面上来看，中央、地方政府层次上社会保障的社会监督机构还没有普遍建立起来，现有的社会监督机构所发挥的监管功能也十分有限。在零散的政策规定里，对相关社会监督主体所拥有的监督权没有具体化。②此外，现阶段工会组织和社会舆论的监督意见在很多情况下都无法独立表达，其实际的监管作用难以发挥。

（五）现阶段社会保险基金投资监管机制不完善

把社会保险基金运行风险控制在合理范围内是社会保险基金监管的根

---

① 许卫忠：《我国社保基金监管模式的构建与优化》，《长江三角洲》2009年第9期。
② 陈可珂：《我国社会保障基金监管制度问题分析》，《时代经贸》2012年第15期。

本目的。基金投资运营的风险情况决定着社会保险基金总体的风险情况，两者成正比。在目前的基金投资监管制度中，有关内容只是在《全国社会保障基金投资管理暂行办法》、《企业年金试行办法》和《企业年金基金管理试行办法》中有所体现。① 另外，除了社会保障基金理事会之外，缺少相应的专业部门对社会保险基金的投资实施情况进行监管。在分析政策变化对社会保险基金投资影响方面，相应的人员和技术处于欠缺状态。

（六）中、长期预警监督体系缺失问题严重

社会保障事业的预警监督体系是社会保障基金监管工作的核心组成部分之一。然而，从现阶段我国社会保障基金管理监管方面所暴露出的问题可以看出，一个全面、充分反映社保事业发展的中、长期预警监督体系的缺失问题已经比较严重。主要体现在：一是预警监督指标不合理不科学；二是预警监督指标体系不完整，可比性和系统性比较差。②

第三节 国外社会保障基金运营监管的经验借鉴

一 美、法、德、新、智利社会保障基金运营监管

（一）美国

美国的社会保障基金主要是来源于就业者的工资，以征收工薪税的形式，由企业主和就业者各按工资的 6.2% 缴纳给政府。这些工薪税形成"联邦老年、遗嘱和伤残人士保险信托基金"，用来保证已经退休的员工和伤残人士的基本生活等。

美国社会保障基金管理模式是信托基金的管理模式，由社保基金理事会进行管理，并对基金的投资运营负责。社保基金理事会拥有非常强的风险防范意识，在对社保基金进行投资运营时，其严格按照美国相关的法律

---

① 张召宁：《我国社保基金监管模式研究》，山东大学硕士论文，2008。
② 许卫忠：《我国社保基金监管模式的构建与优化》，《长江三角洲》2009 年第 9 期。

法规进行投资运营。美国《社会保障法案》赋予联邦政府以管理社保基金的权力，负责把基金投资于联邦政府担保的证券，并且要把获得的利息存入信托基金。从这个层面上来讲，美国社保基金在法案的约束下不得用于购买股票以及其他风险较大的投资。

美国政府和负责具体业务的社安局在法律以及相对健全的社会监督环境下坚持严格管理社保基金。具体来说，负责社保基金监管的机构主要包括社保局、财政部、国内税收局以及社保咨询委员会。每个部门在基金监管方面都有明确的分工：社保局负责把社会福利金发放到公民的手上，并对各州失业人员的救济金进行监管。财政部的角色是社会保障基金信托董事会的具体执行机构。国家财政部的部长同时兼任社会保障基金信托董事会的主席。国内税务局的主要工作是负责对工资税进行征收，并把属于社保体系的部分上缴至财政部的特定信托基金账户，还负责记录所有个体经营人员的社会保障号，与他们每年的收入情况一起报送社会保障局。[①] 图2-4明确地体现了美国社会保障基金的管理流程。

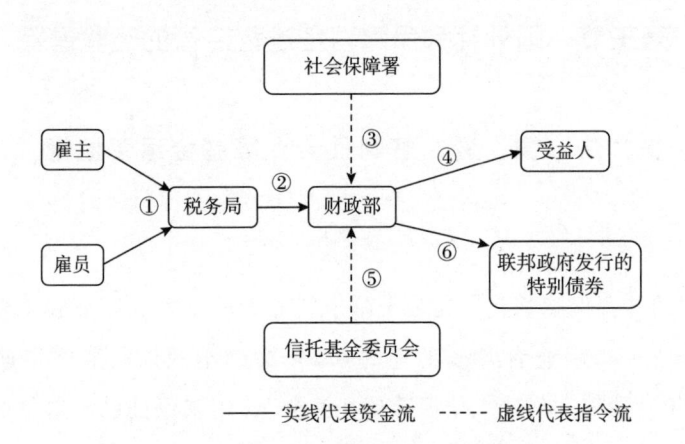

图 2-4　美国社会保障基金的管理流程图

资料来源：段瑞、焦倩：《透析美国社保基金监管及其启示》，《对外经贸实务》，2008。

因为美国的政体是联邦制，社会保险基金也受到各州独立法律规范的约束。在一般情况下，各州相关的基金董事会会对各州建立的众多种类的

---

① 段端、焦茜：《透析美国社保基金监管及其启示》，《对外经贸实务》2008年第1期。

基金进行监督管理，比如教师退休基金、退休公务员基金等。另外，法律严格规范了基金使用情况的披露制度，比如，财政与基金的使用情况和明细需要定期发布披露，公民可以登录相关网站获得自己感兴趣的信息。这种公开透明的信息披露制度提高了社会保障基金的管理效率和效果。

（二）法国

社会保障基金的主要基金来源是社会分摊金。社会分摊金在数量上大概与雇员的工资水平相同，是由雇主和雇员共同缴纳的分摊款项，并且是建立在工资收入标准之上的。在此基础上，不同行业的保险计划因行业分工不同而实行不同的保险计划，并且都相对独立。

在社会保障基金管理上，法国有明确的收支制度，即社保基金由基金会进行经营，通过建立收支两个机构对收支两条线进行分别管理，让其互相监督、互相制约、各司其职，从而保障社保基金的正常运行。社保基金的征收是由"社会保险和家庭补助征收联合会"负责，但是由地方的征收联盟来操作具体的业务执行。在全国联合会的指导下，法国多个基金征收联盟（属于私营机构）就是按照相关规定进行收费，这是其唯一职能。在把单月征缴到的保险费用和财政拨款金额集中后，各地征收联盟将这些资金汇入一个全国社会保障中央基金管理局设立的专门账户中。

法国在基金管理方面拥有一套完善的内控机制。虽然基金会拥有很大的独立空间，但在其内部也有一套相对完善的监管体系，在这套监管体系的控制下，就算是最高层负责人也要在受监督的约束下对社保基金进行操作。因此，社保基金的任何使用情况都是公开透明的。政府部门（无论级别多高）没有权力干涉社保基金的使用，仅仅拥有一定的监管权力。可以说，法国很少发生社保基金腐败案件。

（三）德国

德国是现代社会保险制度的发源地，主要采用独立于国家的"职业保险"，除联邦劳工局负责管理失业保险外，其他的社保基金都是根据职业、行业以及险种的不同由社会保险机构分别独立监管的。这些机构被赋予自治的权力,在各种承办社会保险事务的社会保险机构中,有关社会保险事务是由参保人代表、雇主代表所组成的代表大会以及董事会进行负责管理。理事会成员是由代表大会进行推选组成的,会长根据理事会提名进行确立,代表大会制定相关法规。[①] 在自我管理的情况下,通过自己筹集资金并直接给受益人发放资金,并实现基金的收支平衡。德国从20世纪90年代开始才依照社会保险基金比例提供一定程度的补助。

德国社会保险机构是独立运营的,并且有非常公开透明的财务管理制度。历年和每月的收支记录明细都会在网上进行公开,并在很大范围内接受公众的问询和社会监督。在此基础上,联邦审计局每年都要对社会保障机构的审计结果进行汇总,出台审计报告,这样的话,就大大提高了基金管理的透明度。

(四)新加坡

新加坡采用的是一种强制储蓄型的中央公积金制度。按照新加坡《中央公积金法》的规定,凡是没有养老金待遇的政府部门雇员和所有私营机构雇员都要加入中央公积金,个体户可以按照自己的意愿选择加入。[②] 中央公积金制度肇始于1955年,建立伊始就为已经退休的雇员提供了强大的经济保障体系;自1968年后,其不断扩展完善住房储蓄、医疗储蓄等多项功能,为新加坡的公民提供了多种保障,对新加坡的国富民强起了重要的作用。

新加坡公积金局是劳工部下属的一个法定机构,具有财政权力,公积金局理事会成员由劳工部部长委任,向劳工部部长负责,是一个高度集中统一的基金会组织,其主要职责是征缴资金、法规执行、不同种类计划的管理工作等。与此同时,新加坡对中央公积金投资决策拥有相应的行政管理权力,依法独立工作,其他部门不得干预其日常事务。

[①] 尹四娇:《商会内部治理结构的法律问题研究》,江西财经大学硕士论文,2008。
[②] 柏高原:《新加坡社会保险基金投资与监管制度的启示》,《医学与社会》2011年第3期。

在基金的投资运作方面，公积金管理当局在合理推测新加坡经济、人口、社会等发展的长期趋势的基础上，有计划地确定公积金的筹集总量和增长的速度，并按退休、养老、保健、住房、教育等不同需求分配基金的用途，构建社会保障安全网。同时，新加坡完善的投资制度对可投资账户的种类、可投资额以及可投资的产品进行了明确的规定。中央公积金由4类账户构成，分别为普通账户、特殊账户、医疗储蓄账户以及退休账户。这些公积金可以用来投资7种产品，包括定期存款、债券类金融产品、保险类金融产品、单位信托、上市基金、公司股份和基金管理账户。

为了确保投资的安全性和收益性，新加坡政府构建了完善的监管机制，主要包括金融产品发行的市场准入监管和信息披露制度。在市场准入监管制度背景下，金融产品发行人由新加坡金融管理局和独立的投资顾问以及中央公积金理事会负责对其进行监管。按照信息披露制度，基金管理公司和保险公司要对其管理的金融产品进行全面的信息披露，具体包含以下形式的披露：金融产品招募书、日常运作以及响应中央公积金理事会的基金实时运作信息。[①]

（五）智利

智利的管理模式属于商业经营性基金管理模式，管理基金的公司是经过政府有关部门批准后注册经营的，按照法律的规定，他们以高效率的为受益人提供保金为目标，主要业务包括：征收保费、管理账户、投资基金等。政府不干预公司的管理和经营，只是在政策上提供支持，对最低投资利润率进行定期评估，制订相关的法律法规对基金管理公司加以规范化的制约和指导。

对于基金的投资，有严格的限制规定，并随着制度的变化和市场的发展有所变化，从而保证了其灵活调整性。在制度伊始，基金只可以投资政府债券，后来由于股票市场的发展和自由投资的扩大，基金可以投资于公司债券。后来慢慢发展到可以购买国内股票和支持公共设施建设。但是对

---

① 柏高原：《新加坡社会保险基金投资与监管制度的启示》，《医学与社会》2011年第3期。

特定的投资品在最高投资限额方面有明确的限制，严格控制基金投资在股票、房地产、生产性资料和外国债券方面的比重。这样做的主要目的显然是分散风险，防范将社会保障基金过分集中，特别是集中在某些风险较大的投资品种，如表 2-1 所示。

表 2-1　智利保险基金投资项目及限额

单位：%

投资项目	规定限额
政府债券	50
抵押债券	80
由金融机构担保的存款和债券	30~50
私营和公共公司发行的债券	50
公司股票	10
房地产	10
生产性资料	10
外国债券	10

资料来源：李连友：《社会保障基金运行论》，西南财经大学出版社，2000。

智利构建并实施了多样的保护措施以保障个人账户所有者的权益。首先对基金公司实施存款准备金制度。该制度强制所有经营养老金的基金管理公司必须提取一部分自身资产形成法定存款准备金。[①] 法定存款准备金由最开始占所管理养老金的5%下降到最后的1%。当养老基金的收益率低于平均收益率的2%时，基金管理公司必须动用法定存款准备金里的资金对其进行弥补。法定存款准备金的90%是受中央银行监管的，倘若因这部分准备金不充足导致基金管理公司达不到担保要求的话，形成的缺口将由政府基金进行弥补。但是该基金公司必须承担基金账户被转移、公司被清算的代价。政府在这种情况下充当最后担保人。基金管理公司的资产与养老金实施分离制度。由基金所获得的收益是独立于基金管理公司自有资产的。这样做的根本目的是防止"道德风险"的出现，即基金管理人利用运营养老金的机会为自己谋利。

---

① 曹军、李曼伟：《论智利模式对我国养老保险基金营运监管的启示》，《皖西学院学报》2006年第4期。

二　国外社会保障基金运营监管的经验总结

发达国家基本上都建立了比较健全的社会保障监督体系，虽然管理模式和方法有所差异，但这些国家在某些方面具有相同的经验。

（一）保证运营的独立性

在社保基金运营监管的过程中，专业基金监管组织（比如英国的职业养老保险委员会、澳大利亚的保险与养老金管理委员会、荷兰的社会保险委员会等）的设立不仅提高了行政监管部门决策的科学性，而且还体现了制度的民主化和透明化。这些政府监管组织的独立性比较强，像美国、英国等国编制和执行了社会保障基金专项预算以保障其能够独立地对诸如基金进行宏观监控等一些重要问题进行专业化的监管。监管机构、行政机构和基金管理机构相互独立分立，能保证监管机构监督作用的发挥。同时，为了保证社会保障监督机制的有效运行，许多国家对基金运营情况进行评估或预测。对于采取定量限制监管原则的国家来说，其监管机构一般为专业部门，具有较强的独立性，并且监管的范围比较广，不仅对基金是否达到最低审慎性监管标准进行监管，而且还对基金的具体运营过程是否合规进行严格监管。

（二）多元化的监督主体

为了充分体现和代表参与社会保障的各个群体的利益要求，发达国家的社会保障监督主体多由政府、雇主和雇员等多方面的代表构成。在法国，社会保障基金的运行情况一方面政府可以实时进行检查，另一方面社会事务监察机构也会进行监督。通过定期披露社保基金的收支情况、投资状况以及其他的有关财务数据，保证社保基金的运营是处于社会和政府监督之下的，防范社保基金的运营出现违法违规行为。在美国，任何人都可以通过登录相关网站查阅基金的财政报告和使用情况。

（三）拥有完备的法律法规

从各国的经验来看，只有法律法规体系较为完善，才能保证社会保障基金的监督具有法制化、规范化的特点。以美国为例,由国会批准社会保障基金监管的相关法律,通过一定途径发布,并且各个独立的法律之间互补,十分协调,如《税收法》对企业年金的负责人进行限制,由《雇员退休收入保障法》来规范管理、运营行为,保障受益人权益等。[①]

(四)理性投资,保证投资收益率

以美国为例,始终坚持不"入市"。美国认为"入市"后的收益很不稳定,而且承担了过大的风险,出于社会保障基金的重要性,美国永远把安全作为第一原则。而在其他国家,有的则明确规定了投资的收益率和投资种类,这种谨慎的做法,最大限度地减少了由于投资不当所引起的社会保障基金的流失。

三 国外经验对我国的启示

(一)健全社会保障基金投资运营和监管的法律体系

要想保证社会保障基金的安全,必须构建完善的社会保障基金运营监管体系。发达国家在社会保障基金监管方面虽然存在明显的个性特征,但这些国家具有基本的共同特点,就是有一套完整的、严格的社会保险法。[②] 以新加坡为例,为监管中央公积金的投资,新加坡的法律制度,包括《中央公积金法》《中央公积金投资指引》《中央公积金投资计划》《中央公积金投资自由化》等多个法令和政策非常完善,构建了相对来说比较完善的社会保障基金投资运营及监管法律制度。[③]

新加坡等国的经验是值得我国借鉴的,通过完善相关社会保险基金投资运营监管法律法规来对基金运营机构的市场准入及退出机制、投资运营管理规则以及监管机构管理监管职责分离等方面做出明确的规定,保障全国社会保障基金运营流程流畅,让基金处于良好运行的状态。

---

① 王雪:《美国的企业年金监管》,《中国保险》2005年第10期。
② 蒋岚:《我国社会保险基金监管的法律制度研究》,南京航空航天大学硕士论文,2009。
③ 柏高原:《新加坡社会保险基金投资与监管制度的启示》,《医学与社会》2011年第3期。

现阶段对于违法违规挪用、挤占社会保障基金的行为主体，我国的惩罚力度不够，与国外发达国家相比差距很大。因此，完善法律条款，严格执法，加大违规惩罚力度，让挪用、贪污、挤占社保基金的违规操作者违规成本增加是非常重要的。

（二）完善社会保障基金运营监管系统

首先是要加强社会保障基金运营监管系统的内部控制。通过在系统内部成立相对独立的内部审计部门，加强对社会保障基金的内部控制以及提高基金财务的安全性和监管的连续性。在具体业务的运营过程中，如果审计部门在对社会保障基金运营环节进行审查时发现了问题，可以向有关监管部门进行反馈，并监督问题的纠正过程。其次是要依据有关法律法规，制订合意的财务机构运作规程，明确相应的岗位责任制度。最后是要规范相应的社会保障基金管理监管制度和流程，形成明确的监管模式。

此外，应该提高相关行政部门的协调性，加强合作，最大限度地优化监管体系中各部门的作用。

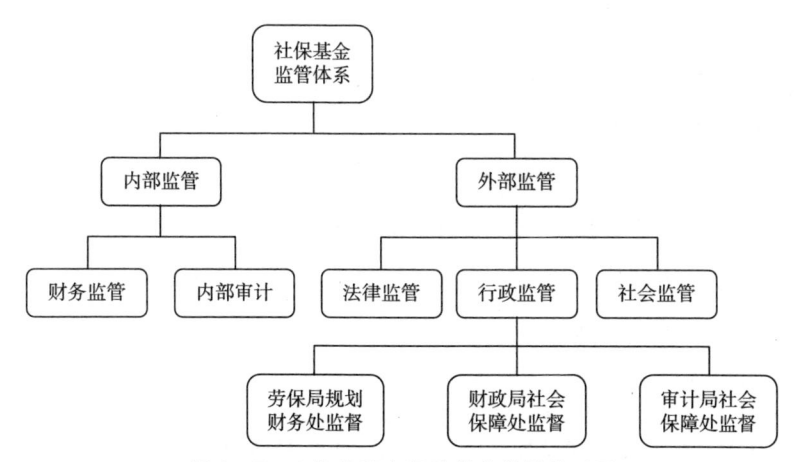

图2-5　完善的社会保障基金监管体系图

资料来源：通过材料整理所得。

（三）构建基金监管预算体系

构建社会保障基金专项预算体系，可以有效地保证社会保险基金宏观监控的有序进行。世界上社会保障制度相对比较发达的国家（美国、英国、日本等），一般都建立了相对独立的社会保障预算体系。现阶段国外社会保障预算主要分为两大类：一是在经常预算中列收列支统一监管费用；二是对社会保障预算进行单列反映和管理。这两种预算方式各有利弊，在仔细分析优缺点的基础上，根据我国人口结构、劳动力数量、就业形势、经济发展速度以及社会最低生活保障水平等相关的经济参数，构建一个对我国国情实际情况合意的社会保障预算体系。[1] 在构建过程中，要对各项社会保障基金的收支、各项社会保障基金的资金来源以及不同部门收费比例等项目进行明确。与此同时，将政府公共支出、国有资本和社会保障等项目的预算平行，进而构建好并联形式的复式预算体系。

（四）扩大社会监管和网络监管，提高监管效率

首先要保证群众的知情权和监督权。对于社会保障基金的发放、收支结余等情况，老百姓有权利对其实行监督，而且管理部门有义务向社会大众披露信息，因此，完善的信息披露制度是对社会保障进行监管的有效形式，它能促使社会保障基金公开透明地运行。

其次要加强社会保障的信息化建设，有效充分地利用巨量的网络资源，提高社会保障基金监管的透明度，提升监管效率。[2] 加快普及社会保障基金网络监管是现阶段监管工作的核心和重点。以网络为数据传输渠道，可以对基金监管数据进行定期收集和核对，进而对基金监管实时的运行状况进行合理的分析和评价，做出预测，积极处置现有问题和化解潜在风险。此外，网络可以实现现场和非现场监督的有机结合，保障基金安全，大大提高社会保障基金的监管水平。

（五）建立社会保障基金监管的预警机制和风险补偿机制

根据相关法律法规，我国的社会保障基金监管部门对基金的日常运营

---

[1] 鲁毅：《社会保险基金监管体系的形成与发展》，《特区理论与实践》2003年第2期。
[2] 刘波：《社会保障基金监管政策执行中的问题与对策研究》，《河南师范大学学报》（哲学社会科学版）2010年第2期。

管理进行密切的关注。不过在一般情况下，这种监管多为分散的、孤立的事后监管。该种监管模式的缺陷在于缺少政府行为与市场机制的有效连接，反应速度较为迟钝。在运行过程中，社会保障基金不仅会受到内部因素的影响，而且还会受到外部因素的约束。这些内外部因素对社会保障事业发展所产生的影响是具有长期性和潜在性的，短期内不会爆发性地表现出来。但是，问题潜伏的时间越长，其所积累的危险性就越大，一旦问题爆发，结果就会非常严重，一般会影响社会保障制度体系的正常运转。倘若积累的问题很严重，则会影响整个社会经济系统的稳定持续发展。因此，构建完善的社会保障基金预警监督机制，使政府能够通过收集资料、分析资料、评估形势、找出现有的问题和预测潜在的危机，从而采取有效的手段进行防范，减少损失。在预警监督机制下，社会保障监管制度不但注重日常的例行监管，而且也将具有长期性的预警监督纳入自己的职能范围之内，从而使得预警监管和日常监管有机地组合起来，构建出有效的社会保障基金监管模式。

　　风险补偿机制，是指在成员机构遭遇破产或者由于其他原因以至于无法经营的情况下，对遭受损失的利益相关者财产给予帮助的机制。该机制的主要目的是维持一定量的基金资产。此外，风险补偿机制为金融机构提供了一种在遭遇风险时退出市场进行止损的机制。社会保障基金运营的各个环节中都有可能因为信息不对称和委托代理问题产生各种各样的风险和危机。为了保证社会保障参与者的切身利益以及社会保障基金的有序运转，应该对运营过程的各个流程节点进行严格监管。由于社会保障基金的最终负责人是国家政府，因此风险补偿机制对政府抵抗风险的能力有一定的要求。

四　主要结论

　　社会保障基金是关系到人民基本生存权益的重要保障，对整个社会具有十分重大的意义。因此，社会保障基金的运营监督在全世界都是一个十分重要的问题，也是世界各国社会保障制度改革和发展的核心难点。[1] 由

---

[1] 朱玲：《关于我国社会保障基金监督管理的思考》，《重庆科技学院学报》（社会科学版）2011年第5期。

于各个国家在历史文化、政治体制、经济发展方面都有所不同,相应的,每个国家社保基金的监管制度也都各有特色。所以,在完善我国社会保障基金的运营监管机制的时候,我们不能完全盲目地照搬其他国家的模式,必须总结这些国家的先进经验,并且根据我国的现实国情和社保基金监管的具体情况,进行科学的探讨,遵循循序渐进的方式,最终建立起完善的适合我国国情的社保基金运营监管制度。

第三章 人口老龄化视角下中国社会保障基金管理与运营风险

自20世纪90年代以来,中国人口"老龄化"进程不断加快。根据第五次全国人口普查结果,2000年65岁以上(含65岁)老年人口在1990年6299万人的基础上增加了2512万人,达到8811万人,在总人口所占的比例由1990年的5.57%上升到6.96%。中国人口"老龄化"已经到来。长期养老保障基金动态平衡受到了来自人口老龄化趋势和巨大转轨成本等方面的极大压力。为了规避这个压力所带来的基金安全风险,必须要保障基金运营各个环节的安全性。

第一节 筹资风险:老龄人口持续增加而导致的风险

所谓社会养老保险基金筹资风险,是指受存在显性或者隐性的制度缺陷以及各参与主体对自身效用追求最大化的影响,社会养老保险基金存在实际筹资额与预期目标筹资额非连续一致的可能性。[1]

就基金筹资过程而言,筹资风险可以被划分为内生风险和外生风险。内生风险,是指在筹资过程中,根据给定规则对多个参与主体进行筹资时所形成的风险;外生风险,是指筹资过程中从制度风险延伸而来的风险,其是由制度安排决定的。[2]

---

[1] 武萍:《社会养老保险基金运行风险管理存在的问题及对策》,《中国行政管理》2012年第3期。
[2] 李雯:《社会医疗保险基金的风险管理研究》,西安电子科技大学硕士论文,2006,第50页。

一 外生风险

造成社会保险基金外生性筹资风险主要是因为社会保障费采用了软约束形式并且实行了过高的费率。采用社会保障费软约束形式是把双刃剑：一方面，政府、企业与个人可以根据不同阶段的情况相机灵活地做出合理调整；不过，另一方面，在收支不抵时，社会保险费会相应提高，这会给正常的经济运转造成影响。

（一）缴费率风险

为了有效地解决人口老龄化所带来的养老问题，从20世纪80年代起，中国就开始探索实施部分积累制度。国务院于1991年发布的《关于企业职工养老保险制度改革的决定》规定："基本养老保险基金由政府根据支付费用的实际需要和企业、职工的承受能力，按照以支定收、略有节余、留有部分积累的原则统一筹集"。① 这就从中央政府层面确定了中国企业职工基本养老保险基金的运营模式是部分积累制模式，并确定了"统账结合，混账管理，空账运营"的原则。

1. 中国统筹养老金制度赡养率预测

部分积累模式运行的结果，是养老保险资金收不抵支，空账严重，个人账户名不符实。针对这些问题，2001年国家在辽宁省进行社会保障体系试点改革。② 这次试点改革的主要内容是：在坚持社会统筹和个人账户相结合的基本养老保险制度下，将不同账户缴费率参数做了一些调整，在统筹基金收入方面，个人账户缴费率由本人缴费工资的11%调整为8%，企业向基本养老保险制度缴费额度不变，保持在工资总额的20%的水平，并全部进入统筹账户，目的是填补统筹账户不断扩大的资金缺口；在支出方面，对于缴费满15年的职工，基础养老金账户按照上一年度社会平均工资的20%支付养老金，对于缴费超过15年的职工，每多一年缴费，基础养

---

① 李红燏、朱霞：《谈社会保障历史债务的清偿》，《网友世界·云教育》2013年第24期。
② 张映芹、校飞：《中国养老保险个人账户空账问题研究》，《宁夏社会科学》2011年第3期。

老金替代率提高 0.6%，最高总替代率可达到 30%。这一试点方案经过几年的运行，效果较为显著。2004 年，"辽宁试点"方案推广至吉林、黑龙江两省，2005 年在广州等 10 个省份扩大试点。① 因此，本课题对中国统筹养老金收支预测采用"辽宁试点"改革方案中的设计参数是合理的。② 由于试点起始时间为 2001 年，所以本课题对中国统筹养老金收支预测的开始年份定为 2001 年。2001 年中国现行的养老金制度覆盖的人口中，"老人"已经全部进入退休状态，"新人"完全处于在职状态；"中人"一部分处于在职状态，一部分已经进入退休状态。按照中国养老保险制度的实际状况，本课题设定就业年龄为 20 岁，退休年龄男性为 60 岁，女性为 55 岁。这样，课题组可以给出中国城镇未来退休人口的预测模型和未来缴费人口的预测模型。

根据前面的假设，"老人"将在 2034 年左右全部死亡，则在 t 年（其中 $2001 \leq t \leq 2034$）"老人"人数为：

$$L_{t,O}^{T} = \sum_{x=55+(t-2000)}^{89} l_{t,x} + \sum_{y=60+(t-2000)}^{89} l_{t,y} = \sum_{x=55+(t-2000)}^{89} l_{2000, x-(t-2000)} \cdot {}_{(t-2000)}p_{x-(t-2000)}^{x} + \sum_{y=60+(t-2000)}^{89} l_{2000, y-(t-2000)} \cdot {}_{(t-2000)}p_{y-(t-2000)}^{y} \quad (3-1)$$

其中，$L_{t,O}^{T}$ 为 t 年中国城镇已退休的"老人"人口总额；$l_{t,x}$ 表示 t 年中国城镇存活到 x 岁的女性"老人"人口数；$l_{t,y}$ 表示 t 年中国城镇存活到 y 岁的男性"老人"人口数；${}_{5}P_{x-5}^{x}$ 表示年龄在 $x-5$ 岁的女性能够存活 5 年的概率，其他变量依此类推。

对于"中人"来说，在 t 年（其中 $t \geq 2001$）退休人口数为：

$$L_{t,Z}^{T} = \sum_{55}^{55+(t-2001)} l_{t,x} + \sum_{y=60}^{60+(t-2001)} l_{t,y} = \sum_{55}^{55+(t-2001)} l_{2000, x-(t-2000)} \cdot {}_{(t-2000)}p_{x-(t-2000)}^{x} +$$

---

① 周华敏：《中美社会保障基金运营管理的理论与实践研究》，南开大学博士论文，2007，第 219 页。

② 国务院在 2005 年底发布第 38 号文件中规定，从 2006 年起，当缴费满 15 年，每超过 1 年，基础养老金及替代率提高 1%，这一规定必然会使统筹养老金的需求额略有增加，但是对本课题分析的结果基本没有影响，课题组将在对策篇中基于指数化调整的中国统筹养老金现实选择分析中将这一参数的变化纳入进来。

$$\sum_{y=60}^{60+(t-2001)} l_{2000,y-(t-2000)} \cdot (t-2000) p_{y-(t-2000)}^{y} \qquad (3-2)$$

其中，$L_{t,Z}^{T}$ 表示 t 年中国城镇已经退休的 "中人" 人口数总额。

"新人" 退休人口预测模型：

根据前面的假设条件，女性 "新人" 将在 2036 年左右陆续进入退休状态，男性 "新人" 将在 2041 年左右陆续进入退休状态。这样，在未来的第 t 年（其中 $t \geqslant 2036$）"新人" 退休人数精算模型为：

$$L_{t,X}^{T} = \sum_{x=55}^{55+(t-2036)} l_{t,x} + \sum_{y=60}^{60+(t-2041)} l_{t,y} = \sum_{x=55}^{55+(t-2036)} l_{2000,x-(t-2000)} \cdot (t-2000) p_{x-(t-2000)}^{x}$$
$$+ \sum_{y=60}^{60+(t-2041)} l_{2000,y-(t-2000)} \cdot (t-2000) p_{y-(t-2000)}^{y} \qquad (3-3)$$

其中，$L_{t,X}^{T}$ 表示 t 年中国城镇已经退休的 "新人" 人口总额。

未来缴费人口预测模型：

由前述已知，目前，中国城镇养老金覆盖的人口中，"老人" 已经全部进入退休状态；"中人" 一部分处于在职状态，另一部分已经进入退休状态；"新人" 全部处于在职状态，因此，向统筹部分养老金缴费的人口包括在职 "新人" 和在职 "中人"。

"新人" 缴费人口预测模型：

根据前面的假设，t 年 "新人" 的缴费人数为：

$$L_{t,X}^{J} = \sum_{x=20}^{20+(t-2001)} l_{t,x} + \sum_{y=20}^{20+(t-2001)} l_{t,y} = \sum_{x=20}^{20+(t-2001)} l_{2000,x-(t-2000)} \cdot (t-2000) p_{x-(t-2000)}^{x}$$
$$+ \sum_{y=20}^{20+(t-2001)} l_{2000,y-(t-2000)} \cdot (t-2000) p_{y-(t-2000)}^{y} \qquad (3-4)$$

其中，$L_{t,X}^{J}$ 表示 t 年 "新人" 缴费人口数，$20 \leqslant x \leqslant 55$；$20 \leqslant y \leqslant 60$。

"中人" 缴费人口预测模型：

同样，根据前面的假设，"中人" 在 2035 年左右全部进入退休状态，这样，在 t 年（其中，$2001 \leqslant t \leqslant 2035$），"中人" 缴费人数为：

$$L_{t,Z}^{J} = \sum_{x=20+(t-2000)}^{54} l_{t,x} + \sum_{y=20+(t-2000)}^{59} l_{t,y} = \sum_{x=20+(t-2000)}^{54} l_{2000,x-(t-2000)} \cdot (t-2000) p_{x-(t-2000)}^{x}$$

$$+\sum_{y=20+(t-2000)}^{59} l_{2000,y-(t-2000)} \cdot (t-2000) p_{y-(t-2000)}^{y} \tag{3-5}$$

其中，$L_{t,z}^{J}$ 表示 t 年"中人"缴费人口数。

未来缴费人口与退休人口的预测值：

根据上述精算模型，依据辽宁大学人口研究所课题组利用 2000 年第五次全国人口普查数据，采用 People/Spss 软件处理所获得的 2001~2050 年各年分年龄人口数据可以计算出未来各年的缴费人数和退休人数，见表 3-1 所示。

表 3-1 统筹养老金退休人数和缴费人数

单位：万人

年份	退休人数				缴费人数
	"老人"	"中人"	"新人"	合计	
2001	5111.44	250.36	0	5361.8	28490.46
2002	5002.79	529.87	0	5532.66	29088.61
2003	4895.77	843.85	0	4979.62	29679.61
2004	4789.68	1201.46	0	5991.14	30227.79
2005	4684.16	1607.85	0	6292.01	30709.2
2006	4520.49	2033.09	0	6553.58	31139.17
2007	4371.45	2508.79	0	6880.24	31507.5
2008	4235.94	3027.19	0	7263.13	31818.32
2009	4112.95	3576.94	0	7689.89	32080.25
2010	4001.5	4151.09	0	8152.59	32298.01
2011	3833.38	4712.66	0	8546.04	32479.44
2012	3668.42	5302.19	0	8970.61	32622.02
2013	3504.09	5920.89	0	9424.98	32725.72
2014	3336.92	6572.06	0	9908.98	32788.21
2015	3161.77	7258.69	0	10420.46	32808.93
2016	2979.77	7919.22	0	10898.99	32797.72
2017	2791.08	8615.46	0	11406.54	32749.38
2018	2597.05	9352.61	0	11949.66	32685.89

续表

年份	退休人数				缴费人数
	"老人"	"中人"	"新人"	合计	
2019	2399.33	10138.11	0	12537.44	32639.66
2020	2199.9	10975.65	0	13175.55	32629.77
2021	1855.73	11859.26	0	13714.99	32657.48
2022	1586.47	12744.89	0	14331.36	32733.74
2023	1374.07	13643.74	0	15017.81	32840.3
2024	1206.26	14559.71	0	15765.97	32943.54
2025	1074.8	15495.39	0	16570.19	33021.42
2026	794.95	16462.1	0	17257.05	33039.87
2027	588.97	17368.64	0	17957.61	33040.55
2028	437.02	18218.8	0	18655.82	33040.67
2029	324.7	19003.38	0	19328.08	33068.35
2030	228.6	19718.68	0	19947.28	33139.39
2031	160.02	20242.73	0	20402.75	33175.96
2032	112.01	20758.85	0	20870.86	33256.8
2033	78.41	21283.8	0	21362.21	33369.93
2034	54.89	21836.5	0	21891.39	33495.25
2035	0	22469.64	0	22469.64	33618.71
2036	0	22315.3	517.68	22832.98	33672.99
2037	0	22147.48	1050.61	23198.09	33732.49
2038	0	21972.79	1590.47	23563.26	33799.72
2039	0	21801.89	2123.33	23925.22	33879.49
2040	0	21638.74	2640.22	24278.96	33974.81
2041	0	20825.16	3633.12	24458.28	34017.58
2042	0	20058.48	4616.88	24675.36	34079.4
2043	0	19334.66	5588	24922.66	34166.22
2044	0	18649.33	6540.89	25190.22	34285.87
2045	0	17997.88	7472.45	25470.33	34442.45
2046	0	17179.2	8352.62	25531.82	34576.82
2047	0	16372.19	9210.98	25583.17	34746.87
2048	0	15570.48	10046.87	25617.35	34958.97
2049	0	14765.98	10858.29	25624.27	35222.49
2050	0	13948.08	11645.96	25594.04	35540.08

资料来源：辽宁大学人口研究所"人口老龄化与养老保障研究"课题组：《人口老龄化与养老保障研究》。

根据表 3-1 中缴费人口数和退休人口数，本课题可以计算出中国统筹养老金的制度赡养率[①]，并依据此数值作图（如图 3-1 所示），来判断未来中国统筹养老金财务负担的变化趋势。

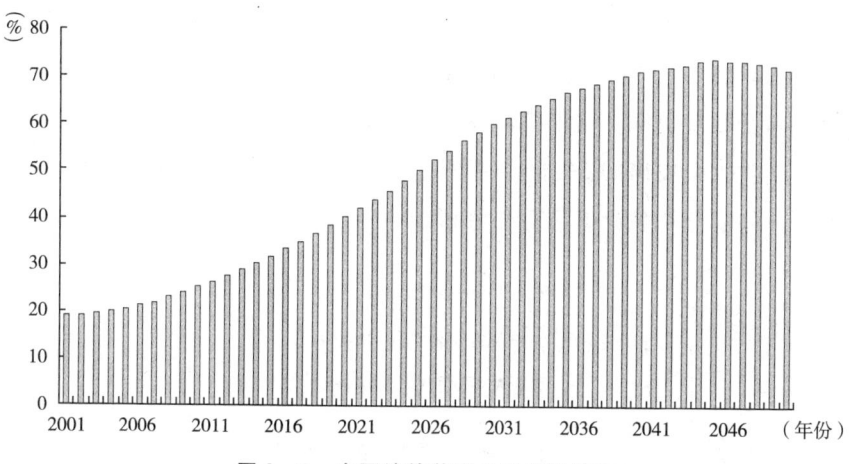

图 3-1 中国统筹养老金制度赡养率

由图 3-1 可知，在本课题的预测期内，中国统筹养老金制度赡养率不断提高，并且在 2045 年左右达到最大值，其后开始缓慢下降。中国统筹养老金制度赡养率的变化趋势说明，在未来的几十年时间里，从总体上看，统筹养老金受益人口占缴费人口的比例越来越大，即在职的缴费人口所抚养的退休人口越来越多，因此，在职者的缴费负担越来越重[②]，现收现付的公共养老金计划财务压力越来越大。由艾伦条件知，当制度赡养率不断提高时，现收现付的公共养老金制度的优势越来越小，正是基于这一原因，中国和世界其他多数国家将传统的单一现收现付公共养老金制度进行改革，转变为部分积累制度[③]。

2. 制度赡养率提高对缴费率的影响

辽宁社会保障试点改革要求企业只负责社会统筹账户的供款，费率为企

[①] 该赡养率为合意状态下的数值，即覆盖率和遵缴率达到 100% 下的赡养率。

[②] 由 $B = \dfrac{\mu}{\phi} W$ 知，在养老金水平 B 和工资水平 W 不变的前提下，制度赡养率 ϕ 的提高会导致在职者缴费率 μ 提高。

[③] 也有少数国家采取激进式的改革，将原来的现收现付公共养老金制度改革为完全积累制度，如智利。

业工资总额的 20%，2006 年初的全国性养老保险改革基本采纳了辽宁试点的缴费方案。由于社会统筹账户收支采用现收现付制，所以养老保险缴费率的计算采用现收现付制下的收支平衡式：缴费率 = 制度赡养率 × 替代率。

在现行费率条件下养老保险收支尚有赤字，而在替代率保持不变的情况下，随着制度赡养率进一步提高，要想维持收支平衡，从制度内解决，只能提高企业缴费率。这里就涉及企业与财政的责任划分问题。国家财政每年从其收入中拨出的 5% 的调剂资金作为补充。除此之外，企业与财政缴费责任的划分从理论上应更加清晰。①

```
                     ┌ 企业现实责任 ┌ 老人30%替代率的养老金
                     │              ├ 中人30%替代率的养老金
                     │   ↑分担      └ 新人30%替代率的养老金
          社会      │   历史
          统筹  ┤   责任      ┌ 扣除30%替代率养老金后的原养老金替代率承诺余额①
                     │              ├ 中人过渡养老金
                     └ 财政历史责任 └ 新人及中人个人账户做实前的空账额度

          个人账户——个人责任，中人、新人按工资总额8%缴款，实账积累
```

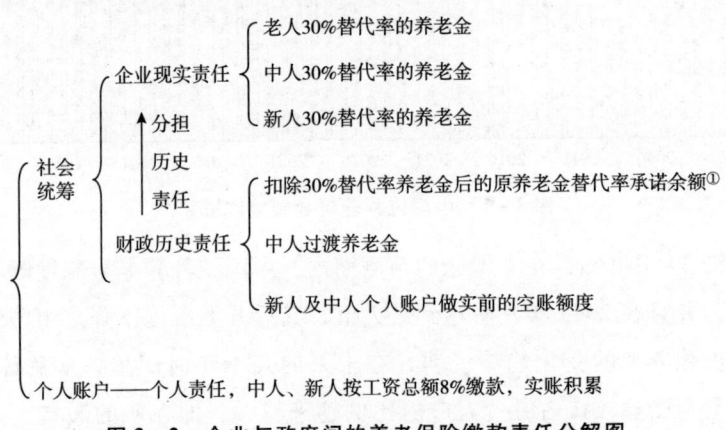

图 3 - 2　企业与政府间的养老保险缴款责任分解图

如图 3 - 2 所示，企业与财政的责任划分基本框架为：

从社会统筹来看，企业需要承担老人、中人和新人的基础养老金替代率为 30%；财政需要承担历史责任，主要是扣除 30% 替代率养老金后的原养老金替代率承诺余额、中人过渡养老金和新人及中人个人账户做实前的空账额度。从个人账户来看，个人按 8% 的缴费率缴费，实账积累。在一般情况下，企业仅承担新制度下的现实缴费责任，对所有参保者均按 30% 的替代率标准计算缴费率，而对由于制度转轨和收缴率、覆盖面偏低等制

---

① 顾文静：《企业与财政养老保险供款责任边界及分担》，《中南财经政法大学学报》2008 年第 5 期。
② 企业现实缴费责任已包括向老人和中人提供的相当于 30% 替代率的养老金，因此，财政只要承担原制度的承诺替代率和 30% 之间的差额偿付就可以，替代率为 30% ~ 45%。

度缺陷所造成的缴费负担应明确由财政承担。

表3-2 满足支出所要求的总体费率及企业与财政的应负担费率

单位:%

年份	满足支出总体费率	企业新制度责任下应缴费率	财政责任费率	年份	满足支出总体费率	企业新制度责任下应缴费率	财政责任费率
	(1)	(2)	(1)-(2)		(1)	(2)	(1)-(2)
2001	27.14	5.74	21.40	2027	31.5	17.07	14.43
2002	27.03	5.87	21.16	2028	32.29	17.71	14.58
2003	27.07	6.02	21.05	2029	33.01	18.31	14.70
2004	27.29	6.20	21.09	2030	33.57	18.84	14.73
2005	27.72	6.44	21.28	2031	33.88	19.21	14.67
2006	24.43	6.65	17.78	2032	34.16	19.58	14.58
2007	24.86	6.92	17.93	2033	34.43	19.94	14.49
2008	25.45	7.25	18.20	2034	34.73	20.33	14.40
2009	26.15	7.61	18.54	2035	35.07	20.77	14.30
2010	26.92	8.01	18.91	2036	31.35	21.03	10.32
2011	22.65	8.36	14.29	2037	31.23	21.30	9.93
2012	23.09	8.74	14.35	2038	31.1	21.56	9.54
2013	23.57	9.15	14.42	2039	30.96	21.82	9.14
2014	24.08	9.60	14.48	2040	30.81	22.06	8.75
2015	24.60	10.07	14.53	2041	30.34	22.16	8.18
2016	22.23	10.55	11.68	2042	29.94	22.29	7.65
2017	23.04	11.05	11.99	2043	29.58	22.44	7.14
2018	23.90	11.59	12.31	2044	29.24	22.58	6.66
2019	24.81	12.17	12.64	2045	28.92	22.71	6.21
2020	25.76	12.77	12.99	2046	28.4	22.65	5.75
2021	26.40	13.28	13.12	2047	27.87	22.56	5.31
2022	27.14	13.84	13.30	2048	27.32	22.43	4.89
2023	27.98	14.45	13.53	2049	26.74	22.26	4.48
2024	28.90	15.10	13.80	2050	26.11	22.02	4.09
2025	29.93	15.80	14.13	均值	28.31	15.49	12.82
2026	30.69	16.43	14.26	—	—	—	—

资料来源：穆怀中、柳清瑞等：《中国人口老龄化与养老保障研究（国务院"五普"资料国家级重点课题）》，2004；国家统计局：《2004中国统计年鉴》，中国统计出版社，2004年9月。

人口老龄化压力下的缴费率是逐年攀升的,而且在转制成本、覆盖率、遵缴率等多重因素作用下,社会统筹账户的总体缴费率最高可达2035年的35%以上,2001~2050年的平均费率也达到28.31%的高度。面对如此沉重的养老费用负担,如果要求企业承担总体费率,企业就会不堪重负;即使企业仅仅承担新制度缴费责任,到了2034年,企业的缴费率也将超过20%(国际上其他国家的社会养老保险基金缴费比率一般不超过20%)。由财政承担历史欠账和制度管理缺陷成本,财政的缴费率会立刻增至20%以上(见表3-2),显然超出了财政的负担能力,政府承担的风险较大。①

(二)软约束的"费"形式风险

1. 因以"费"形式对社会保险费进行征收而产生的征缴率偏低的筹资风险

高缴费率与低征缴率可以说是一个恶性循环。对筹集养老保险基金产生了极大的影响。此外,容易产生基金给付需求大于基金收入的情况,基金缺口会给养老保障制度造成极大的财务风险。

从表3-3中可以看出,目前我国的养老保险征缴形势不容乐观,养老保险费征缴率呈不断下降的趋势,从2006年的90%下降到2010年的86.50%。在这里所呈现的数据主要是显性逃费②行为的统计数。倘若把遗漏的隐性逃费③包含进来进行统计,征缴率将更加不容乐观。显性逃费是容易发现和统计的,但是隐性逃费是一种不容易发现和统计的违法行为。可以说,养老保险费征缴形势依然很严峻。

表3-3 养老保险费征缴率

单位:%

年 份	2006	2007	2008	2009	2010
遵缴率	90	89.90	89.50	87.70	86.50

资料来源:《中国养老金发展报告2011》,转引自http://finance.sina.com.cn/g/20111222/065611038327.shtml。

---

① 武萍:《社会养老保险基金运行风险管理存在的问题及对策》,《中国行政管理》2012年第3期。
② 显性逃费是指缴费人在缴费义务发生以后不缴或少缴社会保险费的行为。
③ 隐性逃费是指缴费人在缴费义务发生以前通过非法手段规避社会保障制度,减轻或免除社会保障费并企图规避法律惩罚的行为。

另外，社会保险逃费问题在灵活就业人员被纳入制度之后显得更加严峻。因为职业灵活、制度强制性弱、个人收入不稳定等一系列原因，灵活就业的人群是一个具有较高逃费率的人群。各地社会保险因各地经济发展水平以及社会保障发展水平等不一呈现出不同程度的逃费现象。

2. 由于制度规定以社会保险费形式征收，提供了讨价还价的余地，因此工资的计征标准偏低，产生筹资风险

社会保障税主要是根据企业所得税和个人收入所得税按比例提取的，但社会保险费是与在职职工的工资收入挂钩的，企业和职工依据一定工资比例分别承担缴费责任。在现阶段，有很多企业和职工经常采用降低缴费基数来逃避社会保障的缴费责任。在我国，养老保险缴费把企业在职职工的工资总额作为基准数据来计算养老保险费用的提取数，所以，企业可以通过变相缩减人员和工资来减少养老保险缴费基准数，进而达到降低缴纳数的目的。另外，企业往往以增加临时工的方式来缩窄养老保险缴纳范围，并且以压缩、隐瞒在职职工工资的形式进一步规避养老保险缴纳责任。

3. 利于逆向选择的社会保险费用形式征收使得社会保险不利于扩大覆盖面，不利于充足地筹集资金，进而发生筹资风险

现阶段社会保险制度缺乏完善的法律制度，主要依靠政府行政命令来推行实施。一方面，社会保险管理机构没有强制应该参保的单位如数参保；另一方面，社会保险管理机构没有强制已经参保的单位如数缴费。整个《社会保障费征缴条例》只有三条强制措施规定：对未按时缴纳的单位加收2‰的滞纳金；对法人代表和直接负责人只进行5000~20000元额度的罚款；对于不予以执行的单位，提请人民法院强制执行。

现有的养老保险现收现付制度导致企业采取逆向选择行为。在基金积累制下，参保者所获得的待遇是根据其参与期所缴纳社会保障费用积累值决定的，能较好地约束参保者进行缴费。但是在现收现付制度下，参保者享受到的待遇与其所缴纳的费用没有直接挂钩，这导致没有较强的缴费动力和约束力，易导致企业采取逆向选择。这会出现一种状况，即负担重或亏损的企业可能愿意参保，但是却缴不起；而负担轻、效益好的企业往往不想为其他企业分担，因而缴费不积极。

4. 现阶段转制成本一直没有得到妥善的处理，导致缴费率太高

中国养老保险制度向部分基金制转轨，制度合作博弈均衡要求新制度继续兑现已经退休者的养老金权利。在转轨过程中，制度中存在"老人""中人"和"新人"。"老人"的养老金按照现收现付制的制度承诺继续支付；"中人"养老金支付分为三部分：基础养老金、个人账户养老金以及过渡性养老金；"新人"养老基金支付分为两个部分：基础养老金以及个人账户养老金。在养老保险制度从现收现付制转向部分基金积累制过程中，政府所承担的对"老人"养老金承诺以及对"中人"过渡性养老金承诺就构成了隐性债务；养老保险社会统筹部分对隐性债务给付不足的部分可以被称为转轨成本。

实际上养老金隐性债务和转轨成本的概念是有区别的。倘若政府养老金计划对参保者进行了事先养老金待遇承诺，现在假定存在一个计划终止时点，在该时点上，政府需要承担的当前退休人员的养老金现值以及在职职工未来需要兑现的养老金现值的债务之和就构成了隐性债务。转轨成本是指在转轨过程中，向旧制度中已退休人员和新制度中未来退休人员支付养老金而出现的融资缺口。隐性债务是存量的概念，转轨成本是一个流量的概念。转轨成本产生于隐性债务，但不等于隐性债务，因为部分转轨成本可由继续缴费所覆盖。[①]

隐性债务的测算规模：鉴于经济发展与人口结构始终处于动态变化中，精确估计中国养老保险现收现付制度转向部分积累制度的转轨成本非常困难。自20世纪90年代中期起，虽然国内外机构对此都做了很多研究和精算测算，但是因为在计算方法、样本选择以及参数设定等方面都存在较多差异，所以精算测算出的成本结果有很大差异，见表3-4。

世界银行（1997）测算中国1994年的隐性债务占GDP的46%~69%，最近的一次测算结果表明，中国1998年的隐性债务占GDP的98%（Dorfman and Sin, 2000）。1996年中国养老保险制度的隐性债务总额为36118亿元，占GDP的53%左右（王晓军，2000）。

[①] 牛江华：《部分积累制视角下我国养老保险隐性债务的成因、规模及补偿渠道分析》，西北大学硕士论文，2008，第45页。

表 3-4 中国养老保险制度转轨的成本估计

单位：亿元

	劳动部社保所	世界银行报告	国家体改办	郭树清	房海燕	王晓军
测算时间	1995	1996	2000	1994	1997	1996
采样范围	全国	沈阳上海	南京	国有经济	—	全国
测算方法	匡算精算	精算	精算	精算	匡算	精算
测算结果	28753	19176	67145	10500	35082	36118

资料来源：世界银行：《中国养老保险制度改革》；国家体改办/安泰国家保险公司：《中国养老保险隐性债务研究》；劳动部社会保险研究所：《养老保险基金平衡对策研究》；郭树清：《国有存量资源的重组与社会保障负债的补偿》；房海燕：《转轨时期我国养老保险模式研究》；王晓军：《中国养老保险制度及其精算评价》。

辽宁省 2001 年开始实施的城镇养老保险制度改革试点方案中，确立了养老保险实行社会统筹和个人账户双账户相结合的部分基金积累制度模式，两个账户独立分开，并把个人账户做实。社会统筹部分缴费率定为 20%，个人账户缴费率定为 8%。在这个养老保险制度模式下，以 2000 年第五次全国人口普查数据为基础数据，可以预测 2001～2050 年的人口数据，进而预测出 2001～2050 年的缴费人数与退休人数。在养老保险制度从现收现付制转向部分基金积累制的过程中，政府所承担的对"老人"养老金承诺以及对"中人"过渡性养老金承诺就构成了隐性债务；养老保险社会统筹部分对隐性债务给付不足的部分可以被称为转轨成本。

表 3-5 隐性债务和转轨成本

年份	缴费人数（万人）	退休人数（万人）			制度赡养率（%）	隐性债务（亿元）	转轨成本（亿元）
		老人	中人	新人			
2001	28490.46	5111.44	338.36	—	19.13	3750.2	2214.1
2005	30709.2	4684.16	1903.67	—	21.45	4405.83	2472.2
2010	32298.01	4001.5	4617.8	—	26.69	5620.34	2094.44
2015	32808.93	3161.77	7855.35	—	33.58	7076.39	1116.07
2019	32639.66	2399.33	10837.11	—	40.55	8482.24	-313.83
2020	32629.77	2199.9	11688.85	—	42.56	8890.2	-791.98

续表

年份	缴费人数（万人）	退休人数（万人）			制度赡养率（%）	隐性债务（亿元）	转轨成本（亿元）
		老人	中人	新人			
2025	33021.42	1074.8	16320.73	—	52.68	10977.55	-3508.48
2030	33139.39	228.6	20580.78	—	62.79	12993.51	-6593.48
2034	33495.25	54.89	22644.22	—	67.77	14419.38	-8071.07
2035	33618.71	—	23269.82	—	69.22	14811.91	-8560.46
2036	33672.99	—	23087.44	517.68	68.56	14968.58	-8135.82
2040	33974.81	—	22344.68	2640.22	73.54	15623.86	-6149.76
2045	34442.45	—	18598.98	7472.45	75.7	15619.33	1071.43
2050	35540.08	—	14440.86	11645.96	73.4	15731.16	10915.65

注：1. 人口资料来源于辽宁大学人口所预测，采用People/Spss软件处理。
2. 退休年龄男=60，女=55，就业年龄=20。
3. 中长期年均工资增长率为3%，个人账户年均基金回报率为4%。
4. 社会统筹缴费为20%，遵缴率为100%，管理成本系数为2%。
5. 根据辽宁养老保险改革试点方案，实行PAYG+FF的PF模式。老人实行老办法，养老金替代率从75%开始每年下调1%，至60%为止。中人养老金由社会统筹养老金、个人账户养老金和过渡性养老金组成。社会统筹支付中人的待遇为老人养老金替代率扣除个人账户养老金替代率。新人养老金由社会统筹养老金和个人账户养老金组成，社会统筹养老金替代率为30%，养老金增长调整系数为50%。

资料来源：表3-5。

隐性债务的后果：中国养老保险制度转轨过程中的制度成本，从短期来看，已影响制度的运行，从长期来看，如果依靠制度本身消化吸收转轨成本，那么隐性债务就会越积越多，将使养老保险制度的长期均衡运行存在收支失衡的风险。

第一，转轨成本使企业负担过重。如果依靠养老保险制度本身消化转轨成本，政府的政策选择试图通过提高企业缴费率来实现，实际上这种选择是极其不明智的。

第二，个人账户无法做实。中国养老保险制度向部分基金制转轨的关键就是增加了个人账户，如果迫于隐性债务的养老金给付压力，就有可能透支个人账户的养老保险基金，这样现行的养老保险制度改革将面临困境。

第三，增加政府财政压力。现行中国养老保险制度在制度设计上还没有

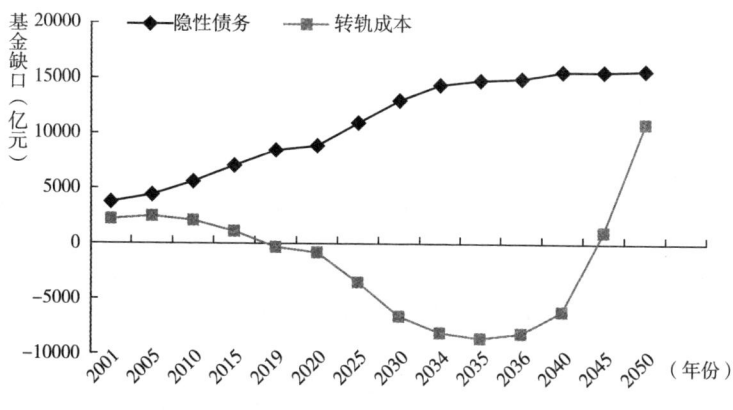

第三章　人口老龄化视角下中国社会保障基金管理与运营风险

图 3-3　2001~2050 年隐性债务和转轨成本

完全实现全国统一制度，各地区养老保险制度改革方案存在很大的差异。由于隐性债务增加养老保险的支付压力，地方财政出现了一定的困难。①

第四，影响养老金计划的覆盖范围。从长期来看，隐形债务的连年累积将造成养老保险收支的严重失衡，收支失衡还有蔓延和扩大的趋势。这样只能靠提高企业缴费率来应付这种供求失衡的矛盾。一方面，一些效益差的企业不能完全履行养老保险责任，企业拖欠、逃缴和拒缴的现象时有发生；另一方面，一些其他经济类型的企业因为缴费率过高不愿意参加养老金计划。1998 年底，全国欠费 1000 万元以上的企业有 229 家，1999 年底减少到 145 家。如果不消除隐性债务，中国养老保险制度就不能实现收支均衡，进而会影响养老金计划的覆盖范围；反过来，养老金计划的覆盖范围和遵缴率如果不提高，养老保险的收支均衡就不能从根本上得到保证，最终使养老保险制度的长期均衡形成恶性循环。

二　内生风险

内生风险主要产生在筹资环节。社保基金筹资的社会保险经办机构征收的形式是"费"，由于权威性不强，对外而言，威慑力不够；对自身而言，要求松懈，责任感不强。首先，征收时间长，效率低；缴费不规范，有的地区用实物缴费，没有相应的规定，随意退费；由于缺乏相应的激励

---

① 张金峰：《论化解养老金隐性债务的政府责任与财政能力》，《党政干部学刊》2007 年第 6 期。

机制，社会保险经办机构主观上存在漏收、少收现象；客观上存在管理信息系统不完备，造成收缴成本过高。所有这些，使社会养老保险基金的内生性筹资风险得以产生。

第二节 管理风险：由于政策调整的滞后、管理不到位而导致的风险

中国养老保险模式是部分积累制度，即把社会统筹与个人账户相结合。公共退休金和私人退休金混合形式是该制度的产权结构特点；积累制度和即收即付制度的混合是该制度的财务制度特点；既定供款制度与既定给付制度的结合是该制度的给付刚性特点。这些特点使得养老保险基金的管理具有复杂性和特殊性。

一 养老保险基金风险管理的现状

（一）社保基金监管法律支持不够，监督机构不能形成合力，缺乏社会监督

2011年国家颁布《社会保险法》，但在这部法规中缺乏对于社会保障基金监管的具体管理制度规定和风险监管规定，还不能给社会保障基金面临的风险管理问题提供充分、有效的法律支持。[1]

社会保障监督机构有劳动保障部门、财政部门、审计部门，但各个部门互相牵涉，不能独立监管。在这种体制下，缺乏有效协调，增大了行政成本，缺乏监督效率。在这些监督机构之外，缺乏社会监督这一最强大的力量。所以，近年来各类社会保障基金流失大案不断发生。

（二）外部监管与内部控制结合不够，尤其是内部控制明显不足

社会保障基金风险管理只有内外结合才能取得良好的效果。内部控制应随时处理管理过程中的许多个性化问题，管理制度要细化，如对于职责

---

[1] 武萍：《社会养老保险基金运行风险管理存在的问题及对策》，《中国行政管理》2012年第3期。

分工、业务经办流程、领导者权力限定等问题要明确，否则各种违规操作行为就会接连不断。外部监管不能光靠审计，各种技术手段一定要跟上。比如不同信息系统之间的信息共享，这样可以避免失业保险金的胡乱发放、多重养老保险关系及转移接续问题等。

二 养老保险基金管理过程中存在的风险事件类型[①]

（一）内部欺诈事件

在不少地区，基金管理机构对基金的挪用和挤占是普遍存在的，尤其是在1998年以前。基金的挪用和挤占主要覆盖以下领域：地方办公大楼等基建项目、购买或者参股地方债券、为企业担保或者提供贷款、公款私存、擅自更改基金存入银行、以宏观调控名义经办企业、管理费提取超标、投资房地产等。

导致基金管理部门擅自挪用、挤占社保基金的一个重要因素是部门领导对此事的直接参与。部门领导对社保基金采取的欺诈行为通常与本人的贪污受贿相伴随。

在社会保险业务对信息系统不断依赖的背景下，信息技术人员也成为欺诈的参与者之一。信息技术的支持也是欺诈成功的重要因素。

（二）流程管理欺诈

社会保险费有的由地税部门进行征收，有的由社保部门进行征收。而有的由地税部门征收后，还会再交给社保部门进行管理。在这个一征一交的过程中就出现了欺诈。这主要是因为信息不对称，社保部门与地税部门在交接的过程中，获得的缴费信息不精确，造成对个人账户和统筹基金的分账混乱；2003年"非典"流行期间，甚至出现地税部门在为企业办理免征营业税的同时，将社保费也一起办理免征的现象。

财政部门负有直接对财政专户里的社保基金进行管理的责任，这些职责包括社保基金账户资金如何运营、存储到什么银行、进行何种投资以及

---

① 见巴塞尔委员会对操作风险损失事件的分类标准。

获得什么样的利息水平等。由于流程掌握在一个行为主体手中，因此在这一环节存在一定的操作风险。

地方政府在管理社保基金时常常违反有关规定，如投入股市。有的还通过伪造银行定期存单、银行存款确认书等手段，欺诈套取保险基金。部分地区政府部门通过将社保基金账户直接存到本地商业银行来促进本地金融业的发展。按照现有的政策规定，社保基金应该存储到四大国有银行。地方政府的违规行为给社保基金造成了巨大损失。

（三）信息系统失败事件

我国社会保障基金管理已经进入电子化阶段，信息系统操作风险不容忽视。在现阶段，由于各地社保信息系统建设正处在起步阶段，这也决定了其具有很大的潜在风险。

各地普遍存在信息系统安全问题。一方面，一些地区还没有配置24小时可以连续运转的设备；另一方面，一些地区配置的设备处于高负荷运转状态。部分地区计算机在不安全的环境中运转，还有一些区域由于缺少降温设备而简单地把主机敞开盖散热。有些系统故障较多，运行中时常出现状况，原因是当时开发时间较短，有些系统后期维护成本工作量较大。此外，配套的管理措施不足，领导下达违规指令让工作人员后台编造社会保险数据记录。少数地区缺乏相关的管理配套措施，使发行的社会保障卡发生信息与数据库数据不匹配的情况。

各地区对信息安全风险普遍重视不足。比如在信息系统中存在大量"一人多条"记录（主要是因为转移接续操作中没有及时清除历史数据），这会导致重复参保风险的发生。在对个人信息进行安全保护方面，系统对私有数据查询缺乏必要的口令控制。如姓名、公民身份证号码等身份信息、金融类信息等。此外，接入互联网的系统存有加密文件的情况时有发生。

三 各种类型风险事件的特点

（一）内部欺诈事件的特点

性质是行为人的主动行为，即有人的主观因素在其中发生作用。

目的是牟取私利。把应属于基金增值的利益、参保者的利益转化为小集体利益甚至个别人的利益，包括社保机构牟取单位私利，个人牟取个人私利。

手段是借用职权、内部流程和管理漏洞进行违规操作。如直接挪用收费员从企业收取的尚未入账的社会保险费，违规办理各种社保手续牟取私利，伪造各类社保待遇领取资料挪用他人社保金，直接使用信息系统伪造虚假信息，多人联合进行欺诈等。

环节是社保经办部门直接负责的社保基金管理业务环节。

损失程度是单个事件的损失较大。[①] 以社保机构为行为人的内部欺诈在一段历史时期较为普遍。以部门领导和经办人员为行为人的内部欺诈均是一人多次，持续时间达数年。由此所带来的危害有两个：一方面，由于各种原因导致基金流失；另一方面，社保经办机构在社会中的信任度大打折扣。

原因是内部运行制度存在漏洞，人员存在故意行为。如领导一人专权、流程设计缺乏相互制约等。

（二）流程管理失败事件的特点

性质是在流程管理过程中，无论是机构还是管理者的行为都是有意而为之的。

目的是牟取非法利益，或使业务操作简单易行。

手段是利用容易出错的特点隐瞒事实。不同流程环节所采用的具体手段不同。如地税部门随意变更业务操作方式；财政部门、金融部门内部管理缺少相互制约手段；政府部门的介入等。

损失程度是社保基金数额巨大，一旦出现问题则涉及资金量庞大，往往损失惨重。危害是一方面造成物质损失；另一方面导致信任度损失。

原因包括几方面：一是不同部门间存在信息不对称现象，沟通不力；

---

① 武萍：《社会养老保险基金运行风险管理存在的问题及对策》，《中国行政管理》2012年第3期。

二是社保经办部门对其他各环节的基金管理部门缺少直接制约手段；三是各类基金管理部门的基金管理流程外部监督力度不足。

（三）信息系统失败事件的特点

性质是由于系统设计不良或操作失败的被动行为。①

环节是由社保经办部门利用信息系统完成的社保基金管理业务环节。损失程度是信息系统带来的问题一般影响巨大。一旦系统瘫痪，数据出现问题，业务就不能正常办理，间接造成基金损失，声誉受损。

原因包括几方面：主观上是各地社保部门对信息系统的认识不足，重视程度不够，追求短平快的政绩效应，人为压缩开发周期，导致对系统的管理和维护不力；客观上新业务的不断出现、业务政策的频繁变更、参保数据的迅速增加、建设和维护资金的匮乏、人员的力量不足和水平有限，影响了系统运行的可靠性。

第三节　投资组合风险：因资本市场的不完善而导致的风险

一　养老保险基金投资组合现状

（一）2001年以前投资组合状况

中国养老保险实行社会统筹与个人账户相结合的制度，社会统筹账户主要用于支付当期已经退休人员的养老待遇，个人账户积累的基金主要用于满足未来个人养老需要。即社会统筹账户实行的是现收现付制度，个人账户实行的是完全积累制度②。养老保险基金是为了保障投保者日后的生活消费而建立起来的，是广大投保者的"活命钱"，因而投资必须以安全性为首要原则，避免基金贬值。③

---

① 武萍：《社会养老保险基金运行风险管理存在的问题及对策》，《中国行政管理》2012年第3期。
② 桂莉：《基本养老保险基金安全机制研究》，首都经济贸易大学硕士论文，2005，第20～21页。
③ 罗立顺：《我国城镇职工养老保险制度探析》，复旦大学硕士论文，2004。

中国劳动部在1993年就明确规定：各级社会保险管理机构对历年滚存结余的养老保险基金，在保证各项离退休费用正常开支六个月的需要，并留足必要周转金的情况下，可运用一部分结余基金购买国库券以及银行发行的债券，可委托国家银行、国家信托投资公司放款，但不得购买股票。

1995年3月，国务院对养老保险基金结余额的使用做出了更加严格的规定：养老保险基金的结余额，除留足两个月的支付费用外，80%左右应用于购买由国家发行的社会保险基金特种定向债券，任何单位和个人不得自行决定基金的其他用途。[1]

1997年7月，国务院再次重申：养老保险基金结余额，除留足两个月的支付费用外，应全部购买国家债券和存入专户，严格禁止投入其他金融和经营性事业[2]。

在1988~1997年10年中，有5年（1988、1989、1993、1994、1995）5年期的存款利率与通货膨胀的上涨幅度相抵消，有3年（1988、1989、1994年）的8年期存款利率是在当年通货膨胀率之下的。这意味着将养老保险基金按最长期限（8年）定期存储也难以保值。1998~2001年中国零售物价指数出现负增长，但并不能因此而认为养老保险基金不再受通货膨胀的影响，因为国家一再调低银行利率，会使得基金收益率也随之降低[3]。

国债利率要高于同期银行存款利率，但综合来看，国债利率也难以抵消通货膨胀率。中国的国债利率跟着银行存款利率浮动，这使得购买国债也不能保证养老保险基金的保值和增值。

由以上分析可以得出结论：养老保险基金只投资于银行存款和国债，不能有效规避风险，必须改变这种基金投资方式，开创投资渠道。

---

[1] 罗一平：《中国养老保险基金个人账户做实后的投资选择》，西南财经大学硕士论文，2007，第52页。
[2] 赵飞：《我国社会保障基金投资及其风险研究》，吉林大学博士论文，2008，第4~5页。
[3] 穆怀中、柳清瑞等著《中国养老保险制度改革关键问题研究》，中国劳动社会保障出版社，2006，第137~138页。

表3-6 中国银行存款利率与全国零售物价指数对比表

单位:%

年份	全国零售物价指数上涨率	城镇居民消费价格指数上涨率	银行存款利息率					
			活期	一年	二年	三年	五年	八年
1988	18.5	20.7	—	8.64	8.18	9.72	10.8	12.42
1989	17.8	16.3	2.88	11.34	12.24	13.14	14.94	17.64
1990	2.1	1.3	2.88	10.08	10.98	10.08	13.68	16.2
1991	2	5.1	1.8	7.56	7.92	8.28	9	10.08
1992	5.4	8.1	1.8	7.56	7.92	8.28	9	10.08
1993	13.2	16.1	2.16	9.18	9.9	10.8	11.06	14.58
1994	21.7	25	3.15	10.98	11.7	12.24	13.86	17.1
1995	14.8	16.8	3.15	10.98	11.7	12.24	13.86	17.1
1996	6.1	8.8	1.98	7.47	7.92	8.28	9	—
1997	0.8	3.1	1.71	5.67	5.94	6.21	6.66	—
1998	-2.6	-0.6	1.44	3.78	3.96	4.14	4.5	—
1999	-3	-1.3	0.99	2.25	2.43	2.7	2.88	—
2000	-1.5	0.8	0.99	2.25	2.43	2.7	2.88	—
2001	-0.8	0.7	0.99	2.25	2.43	2.7	2.88	—
2002	-1.3	-0.8	0.72	1.98	2.25	2.52	2.79	—
2003	-0.1	1.2	0.72	1.98	2.25	2.52	2.79	—
2004	2.8	3.9	0.72	2.25	2.7	3.24	3.6	—
2005	0.8	1.8	0.72	2.25	2.7	3.24	3.6	—
2006	1	1.5	0.72	2.52	3.06	3.69	4.14	—
2007	3.8	4.8	0.77	3.47	4.07	4.77	5.28	—
2008	5.9	5.9	0.58	3.22	3.76	4.39	4.75	—
2009	-1.2	-0.7	0.58	3.22	3.76	4.39	4.75	—
2010	3.1	3.3	0.36	2.63	3.40	4.00	4.38	—
2011	4.9	5.4	0.47	3.25	4.15	4.75	5.25	—
2012	2	2.6	0.4	3.25	4.1	4.65	5.1	—

注:部分银行存款利息率年中有多次调整的情况,存款利息率取多次调整值的简单平均值。

资料来源:国家统计局网站,http://www.stats.gov.cn/tjsj/ndsj/2013/indexch.htm。

(二) 2001年至今社保基金投资组合现状

《全国社会保障基金投资管理暂行办法》在2001年颁布,《办法》中规定:全国社会保障基金投资的范围限于银行存款、购买国债和其他具有良好流动性的金融工具,包括上市流通的证券投资基金、股票、信用等级在投资级以上的企业债券、金融债券等有价证券。[1] 在该《办法》中,全国社保基金的投资比例得到了规定:银行存款以及国家债券的比例要在50%及以上,在这里,银行的存款比例要在10%及以上;企业债券和金融投资的比例要在10%及以下,证券投资基金和股票的比例不能大于10%[2]。在社保基金组成部分中,由于养老保险基金占有非常大的比重,因此养老保险基金投资也要遵守这一原则。从表3-7中可以看出,在延展全国社会保障基金投资渠道后,基金的收益得到了提升,收益率呈现不断上升的趋势。与此同时,基金收益率要高于同期居民消费价格上涨指数和商品零售价上涨指数,进而保障基金的保值增值。

表3-7 全国社会保障基金投资收益

单位:%

年份	项目	存款利息	国债利息	其他债券利息	股权资产利息	委托资产收益	基金总收益	基金总收益率
2002	金额	12.94	7.52	0.24	0.30	0.00	21.00	2.75
	百分比	61.62	35.81	1.14	1.43	0.00	100	
2003	金额	24.59	7.60	0.24	0.00	1.64	34.07	2.71
	百分比	72.17	22.31	0.71	0.00	4.81	100	
2004	金额	21.93	10.85	0.24	4.40	9.15	45.91	3.32
	百分比	47.77	23.63	0.52	9.58	19.93	100	
2005	金额	27.16	9.63	0.23	7.66	10.38	52.90	3.12
	百分比	51.34	18.20	0.43	14.48	19.62	100	
2006	金额	34.10	5.50	0.24	11.29	131.62	195.80	9.34
	百分比	17.41	2.80	0.12	5.77	67.20	100	
2007	金额	36.69	7.99	0.24	28.71	931.28	1129.20	38.93
	百分比	3.51	0.71	0.02	2.54	82.47	100	

---

[1] 常宁:《我国养老保险基金投资运营问题研究》,燕山大学硕士论文,2007,第87页。
[2] 穆怀中、柳清瑞等:《中国养老保险制度改革关键问题研究》,中国劳动社会保障出版社,2006,第138~139页。

年份	项目	利息收入	证券差价收入	股利收入	信托投资收益	长期股权投资收益	交易类资产公允价值变动收益	基金总收益	基金总收益率
2008	金额	137.93	37.65	65.95	11.36	28.19	-627.34	-336.71	-6.75
	百分比	-40.96	-11.18	-19.59	-3.37	-8.37	186.31	100	
2009	金额	131.74	221.38	44.93	9.61	31.75	422.83	868.44	16.12
	百分比	15.17	25.49	5.17	1.11	3.66	48.69	100	
2010	金额	144.30	185.17	60.63	10.14	42.13	-105.19	339.26	4.23
	百分比	42.53	54.58	17.87	2.99	12.42	-31.01	100	
2011	金额	190.38	117.04	73.93	16.71	54.51	-357.58	98.02	0.84
	百分比	194.21	119.40	75.42	17.04	55.61	-364.79	100	
2012	金额	234.58	4.05	93.78	18.56	73.60	247.93	679.40	7.01
	百分比	34.53	0.60	13.80	2.73	10.83	36.49	100	

注：2008年后全国社会保障基金收益变更了收益表项目。
资料来源：全国社会保障基金理事会网站，http://www.ssf.gov.cn。

表3-8 社保基金收益率指数、居民消费价格上涨率指数及商品零售价格上涨指数

单位：%

项目＼年份	2001	2002	2003	2004	2005	2006	2007	2008	2009	2010	2011	2012
社保基金收益率指数	1.73	2.59	3.56	2.61	4.16	29.01	43.19	-6.75	16.12	4.23	0.84	7.01
居民消费价格上涨率指数	0.7	-0.8	1.2	3.3	3.4	1.5	4.5	5.9	-0.7	3.3	5.4	2.6
商品零售价格上涨指数	-0.8	-1.3	-0.1	2.8	2.4	1	3.8	5.9	-1.2	3.1	4.9	2

注：投资收益率根据全国社会保障基金理事会历年全国社会保障基金年度报告整理得出。
资料来源：居民消费价格上涨率和商品零售价格上涨指数来源于2013年《中国统计年鉴》，http://www.stats.gov.cn/tjsj/ndsj/2013/indexch.htm。

二 影响养老保险基金投资组合风险的因素

（一）制度因素

所谓影响养老保险基金投资组合风险的制度因素，一定跟缴费率、统

筹层次以及替代率等制度运行参数有关。

1. 缴费率。由于缴费率设计的合理性、缴费制度的统一性、缴费机构的强制性等诸多因素，企业逃费、欠费现象，企业职工平均工资到缴费平均工资，从理论收缴率到实际收缴率，每一个环节出现的问题都会导致养老保险基金积累下降，进而对投资效应产生影响①。

2. 统筹层次。现阶段养老保险统筹层次较低，养老保险基金被分割得条条块块，不利于规避基金的投资组合风险。

3. 替代率。替代率水平若高，对基金投资收益率就将提出更高要求；替代率水平若低，则不能保证老人的退休生活。适度的替代率也会对养老保险基金的保值增值提出挑战。

（二）经济因素

现阶段，养老保险基金面临的最大风险就是贬值风险，尤其是个人账户基金。如果个人账户做实，个人账户从个人开始缴费到退休时要经过几十年的时间，这期间会积累一大笔养老保险基金，基金面临的贬值压力很大。原劳动部1993年发布的《企业职工养老基金管理规定》中规定，对于养老保险基金的保值增值有以下途径：购买国债、委托国家银行和国家信托投资公司放款。② 由于国家债券是一项长期的货币收支计划，因此这种投资方式虽然有较低的投资风险，但是难以达到基金的增值目的。在这种投资方式之下，养老保险基金很容易受到通货膨胀的侵蚀，导致养老保险出现贬值的问题，进而降低了养老保险基金的总体支付能力。③

（三）管理因素

中国目前的养老保险基金收缴与亚行对中国养老保险改革的一份精算

---

① 桂莉：《基本养老保险基金安全机制研究》，首都经济贸易大学硕士论文，2005，第23~25页。
② 艾俐斯：《关于完善我国养老保险基金投资运营制度的探讨》，江西财经大学硕士论文，2008，第51页。
③ 杨文明：《我国养老金制度设计及养老基金安全运营研究》，天津大学博士论文，2005，第30~31页。

研究报告有很大的出入。亚行精算研究报告表明：假定缴费率为25.33%，并且保持不变，基金除了在2004年出现赤字外，一直到2052年基金当年都能保持收支盈余，接下来的各年当年收不抵支，但基金结余可以一直使用到2079年。之所以出现这么大的差距，原因如下：

管理主体有人力资源社会保障部、财政部、民政部、卫生部等，这些政府部门职能相互交错、重叠，把基金的管理运营交给下面的社保经办机构。这种管理模式是委托—代理关系，垂直分工与水平分工的交叉，容易造成基金运营权与监管权的混淆。在这样的状态下，养老保险基金投资运营的效率难以保证，容易发生挤占、抽调、挪用等现象。

另外就是中国养老保险制度本身的问题，即统筹层次太低。由于各个省经济发展水平不同，抚养比、覆盖面、工资水平不同，基金有结余的调不出来，基金不足的财政必须补助，基金抵御风险的能力大大降低。

三 养老保险基金投资组合风险现阶段概况

（一）养老保险基金投资风险的类型

在投资运营过程中，养老保险基金会面临一些不同的风险，有的风险可以被投资组合分散，有的风险不能被投资组合规避。按照这一标准，可分为系统性风险和非系统性风险两大类[①]。

1. 系统性风险

养老保险基金的系统性风险从某种意义上来说，是不能规避的，是投资者需要自己承担的风险，是市场在运行过程中必然出现的风险。系统性风险包括政策风险、利率变动风险、通货膨胀风险、经济周期风险以及市场缺陷风险。

政策风险是指政府运用各种经济政策对国家经济运行进行调节影响养老保险基金的收益，如经济政策是股市的风向标，股市或萎缩或繁荣都会影响养老保险基金的收益。利率变动风险会影响证券市场价格、影响国债价格、

---

① 詹伟哉：《社会保险基金财务研究》，武汉大学出版社，2003，第21~123页。

影响企业利润，这些都会进一步影响养老保险基金在市场中的价格。

经济周期风险是指由于一国的经济周期变化规律影响养老保险基金收益。当经济处于繁荣状态时，股票价格上升，养老保险基金收益高；当经济处于衰退、停滞状态时，相应地，证券市场也很低迷，养老保险基金收益也较低。通货膨胀风险会影响养老保险基金的实际购买力；市场缺陷风险是指市场发育的不成熟、投资者本身的不成熟及政府对市场的干预等，这些都会造成基金投资收益的挫败。[①]

2. 非系统性风险

非系统性风险与系统性风险是相对应的，理论上可以化解和控制。非系统性风险主要分为：委托代理风险、基金管理人投资战略风险、基金管理人管理水平风险、投资项目风险以及流动性风险。[②]

管理风险多半是由于基金管理人的水平以及其主观因素所造成的投资收益风险。投资项目风险是指由项目的性质及盈亏状况所带来的风险。流动性风险是指在运营过程中因资金难以"变现"或贷款对象出现支付困难而导致的风险。

（二）基于单一投资工具的养老保险基金风险

如图 3-4 所示，纵坐标代表收益 R，横坐标代表风险 δ。A 点代表纯收益资产即风险为零，B 点代表风险资产，A 与 B 的连线叫效率边界（Efficient Frontier）。在中国养老保险基金投资初期甚至很长一段时间，选择的主要投资方式都是银行存款和国债。从理论上来说，它似乎没有风险，也就是无风险资产 A，其有一定的名义收益率。根据"风险资产—无风险资产组合投资理论"，按照图中的 A 点配置资金就为这种投资模式的显示。

但是，投资银行存款和国债使得养老保险基金在资本市场的实际行动中面临着风险：

通货膨胀风险。中国的通货膨胀水平自 1985 年以来的较高年份里，银行存款具有较低的实际平均收益率。有些知名专家预测，只有基金收益率

[①] 丁红霞：《我国开放式投资基金业绩评价研究》，南京工业大学硕士论文，2008，第 84 页。

[②] 戴迪可：《浅议我国开放式基金的风险及防范》，《特区经济》2008 年第 2 期。

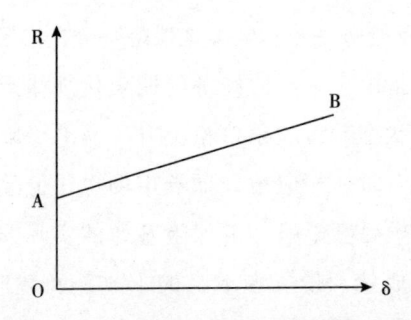

图 3-4 无风险资产与风险资产投资组合

在 7% 以上，养老保险基金才能良性运转①。然而，以单利方式计息的中国银行存款和国债所带来的利息率低于历年以复利方式计算的零售物价指数，这使得利率的保值能力遭到了削弱（见表 3-9）。

宏观政策风险。货币市场的利率调整会影响基金收益率。最近几年来，人民银行不断地调整银行存款与国债利率，降低利率水平，其中较大幅度地降低了银行利率和国债利率，导致基金收益大幅缩水。利率有市场利率和管制利率之分。中国还处于管制利率阶段，市场利率的缺失使得存入银行和购买国债的养老保险基金时时面临贬值风险。利率一旦放开，利率波动性就会加大，导致基金投资利息受损风险②。

表 3-9 存款收益、国债收益及股票收益对比表

单位：%

年 份	名义 5 年存款年利率	名义 5 年期国债利率	名义上证指数股票年收益率	居民消费价格指数年上涨率	实际 5 年存款年利率	实际 5 年期国债利率	实际上证指数股票年收益率
1994	13.86	—	-22.30	24.1	-10.24	—	-46.40
1995	13.86	—	-14.29	17.1	-3.24	—	-31.39
1996	9	13.06	65.14	8.3	0.7	4.76	56.84
1997	6.66	10.17	30.22	2.8	3.86	7.37	27.42
1998	4.5	7.86	-3.97	-0.8	5.3	8.66	-3.17
1999	2.88	3.78	19.18	-1.4	4.28	5.18	20.58

① 雷志兵：《养老基金多元化投资的风险与防范》，中国海洋大学硕士论文，2004，第 14~15 页。
② 武萍：《社会养老保险基金运行风险管理存在的问题及对策》，《中国行政管理》2012 年第 3 期。

续表

年 份	名义5年存款年利率	名义5年期国债利率	名义上证指数股票年收益率	居民消费价格指数年上涨率	实际5年存款年利率	实际5年期国债利率	实际上证指数股票年收益率
2000	2.88	3.14	51.73	0.7	2.18	2.44	51.03
2001	2.88	3.14	-20.62	0.7	2.18	2.44	-21.32
2002	2.79	2.47	-17.52	-0.8	3.59	3.27	-16.72
2003	2.79	2.63	10.26	1.2	1.59	1.43	9.06
2004	3.6	2.92	-15.40	3.9	-0.3	-0.99	-19.30
2005	3.6	3.74	-8.32	1.8	1.8	1.94	-10.12
2006	4.14	3.57	130.43	1.4	2.74	2.17	129.03
2007	5.28	4.99	96.66	4.8	0.48	0.19	91.86
2008	4.75	6.16	-65.39	5.9	-1.15	0.26	-71.29
2009	4.75	4.00	79.98	-0.7	5.45	4.70	80.68
2010	4.38	4.60	-14.31	3.3	1.08	1.30	-17.61
2011	5.25	5.97	-21.68	5.4	-0.15	0.57	-27.08
2012	4.93	5.60	3.17	2.6	2.33	3.00	0.57
平 均	5.41	5.16	14.89	4.23	1.18	2.86	10.67

注：名义上证指数股票年收益率以及居民消费价格指数年上涨率由2013年国家统计年鉴计算得出；名义5年存款年利率以及名义5年期国债利率根据历年银行和国债文件汇总；部分银行存款利息率年中有多次调整的情况，存款利息率取多次调整值的简单平均值。年份中国债发行有多期，国债利率取多期值的简单平均值。

资料来源：国家统计局网站：http://www.stats.gov.cn/tjsj/ndsj/2013/indexch.htm，http://data.stats.gov.cn/workspace/index?m=hgnd。

经营风险。银行作为市场主体，它的安全性也并非是绝对的。所以养老保险基金不能仅仅投资于银行存款和国债，而是应该实行一揽子投资组合方式，从而实现最优的投资组合。

股票投资风险。股票在所有债券投资工具中风险最大，其除了面临通货膨胀和利率风险外，还存在收益不确定和价格不确定的风险。股票的投资收益只能预测，赢利水平不能确保，因为股票价格受利率波动、企业经营状况、投资者主观心理预期等诸多因素影响，使得投资于股票市场的基金收益大受影响。保险基金投资于债券安全性相对较高，但也面临一些风险，如违约风险，即债券发行人有可能没有按照合同规定还本付息。

(三) 养老保险基金投资整体风险

养老保险基金的投资整体风险由于经济发展的周期不同,经济的繁荣期和经济的衰退期会呈现出不同的养老保险基金收益值。养老保险基金很大的比重是由雇主企业缴纳的,企业所承担的责任很重。企业的效益好坏直接影响养老保险的收支状况。在这种情况下,为了保障退休人员的基本生活水平和社会的稳定,国家财政在可能造成财政赤字的情况下会补助养老保险基金。

为了达到保值增值目标,养老保险基金要进入资本市场。资本市场的平稳度与养老保险基金的风险度是统一的。资本市场的平稳度需要资本市场各个环节的有效配合,如:投资主体的专业化水平,资本市场的准入环境,基金的风险分散程度,物价上涨趋势等①。

人口老龄化所带来的风险是指筹资风险,即老年人在总人口中的相对比例上升所带来的缴费减少;投资运营风险,即基金在运营过程中,由于投资收益压力增大而带来的风险;支付风险,由于中国现有人口老龄化趋势越来越明显,到 2030 年,就业人口和老龄人口之比将达到 2∶1,支付风险日益突出。② 如表 3-10 所示。

表 3-10　2001~2050 年 60 及 65 岁以上人口数所占比例

单位:%

年　份	2001	2005	2010	2015	2020	2025	2030	2035	2040	2045	2050
60 岁以上	10.3	11	12.6	15.2	17	20.4	24.5	27.5	28.6	30.1	32.7
65 岁以上	7.1	7.6	8.4	9.6	12	13.6	16.7	20.2	22.6	23.3	24.4

资料来源:项怀诚:《全国社会保障基金管理运营的几个问题》,http://www.ssf.gov.cn。

人口老龄化加大了基本养老保险基金的支付压力。如表 3-11 所示,1997~2012 年短短的十几年时间,中国用于基本养老保险的资金从

---

① 雷志兵:《养老基金多元化投资的风险与防范》,中国海洋大学硕士论文,2004,第 18~19 页。
② 武萍:《社会养老保险基金运行风险管理存在的问题及对策》,《中国行政管理》2012 年第 3 期。

1251.33 亿元增加到 15561.8 亿元。所以，为了使养老保险基金保值增值，应该采取措施对养老保险基金进行投资组合。

表 3-11 1997~2012 年中国养老保险基金支出情况

年 份	总支出（亿元）	支出增幅（%）
1997	1251.33	
1998	1511.6	20.8
1999	1925	27.3
2000	2115	9.9
2001	2321	9.7
2002	2842.9	22.5
2003	3122.1	9.8
2004	3502.1	12.2
2005	4040.3	15.4
2006	4896.7	21.2
2007	5964.9	21.8
2008	7389.6	23.9
2009	8894.4	20.4
2010	10554.9	18.7
2011	12764.9	20.9
2012	15561.8	21.9

资料来源：国家统计局：《中国统计年鉴》（历年），中国统计出版社。

四 养老保险基金投资组合国际比较

养老保险基金投资不仅有助于本身的保值增值，而且有利于经济的发展，无论是发达国家、经济转轨国家，还是发展中国家，都十分重视养老保险基金投资，而且投资结构均由单一化向多元化趋势发展。养老保险基金投资的工具主要有银行存款、债券、贷款、股票、不动产等。（见表 3-12）[①]

---

① 徐懿：《中国养老保险基金投资体制改革研究》，《当代经济》2013 年第 5 期。

表 3-12　世界部分国家养老保险基金投资组合构成表（2012）

单位:%

国家	现金存款	政府债券	公司债券	贷款	股票	不动产	投资基金	其他投资	各项投资合计
奥地利	9.2	32.0	20.0	1.1	29.5	3.5	0.0	4.7	100
比利时	3.0	5.9	5.5	0.7	8.2	0.8	71.4	4.4	100
加拿大	2.7	19.4	8.1	0.3	24.6	5.5	34.6	4.7	100
丹麦	0.4	49.3	16.8	0.1	13.0	1.0	2.3	17.1	100
德国	1.4	35.7①		18.5	0.2	2.4	39.2	2.7	100
意大利	4.2	37.7	7.4	0.0	11.2	2.9	10.3	26.3	100
韩国	57.8	1.1	0.5	0.0	0.0	0.0	5.9	34.7	100
墨西哥	0.5	63.1	17.8	0.0	18.2	0.0	0.0	0.4	100
荷兰	1.3	16.9	7.0	3.8	11.6	0.9	51.9	6.5	100
美国	0.8	9.4	6.9	0.0	38.2	2.0	22.0	20.7	100
保加利亚	19.4	35.9	21.7	0.0	11.0	3.2	7.9	0.9	100
哥伦比亚	2.3	41.4	10.3	0.0	30.9	0.0	10.6	4.5	100
爱沙尼亚	16.4	25.6②		0.0	5.2	0.0	52.5	0.3	100
斯洛文尼亚	21.0	28.2	26.2	2.8	1.1	0.0	20.6	0.1	100
泰国	20.2	42.2	17.7	0.0	14.2	0.0	5.1	0.6	100

注：①②为政府和公司债券合计，Pension Markets In Focus 2013 数据中没有分别列示。
资料来源：Pension Markets In Focus 2013，国际经合组织网站：http://www.oecd.org。

（一）银行存款投资的国际比较

虽然银行存款的安全性相对较高，但是其收益率也相对较低，而且存款的期限相对较短。银行存款是养老保险进行资本投资的首选工具，在投资起步阶段，银行存款这项投资占有很大的比重。不过在资本市场和投资工具不断完善的背景下，银行存款的比重会不断下降，其将会作为短期投资工具来满足流动性的需求。表 3-13 是部分 OECD 国家的养老保险基金在银行存款上所占的比重。

表3-13 部分OECD国家养老保险基金投资中银行存款所占比重

单位:%

年份 国家	1970	1975	1980	1985	1990	2003	2004	2005
英 国	2	3	2	3	6	2.6	2.5	2.2
美 国	1	4	5	8	6	7.1	8.3	4.8
德 国	3	3	2	1	2	2.6	2.6	3.3
加拿大	3	4	4	4	1	4.9	5.0	4.3
荷 兰	1	2	1	1	3	2.2	2.2	2.5
瑞 典	0	0	0	0	0	—	—	—
瑞 士	4	4	3	1	1	7.1	9.9	7.9
丹 麦	—	—	—	—	—	0.3	0.3	0.7

资料来源：国际经合组织网站，http://www.oecd.org。

（二）债券投资的国际比较

债券主要有中央政府国债、地方政府市政债券、公司债券、金融债券和国际债券等。

中央政府国债是指一种债券凭证，是中央政府为了筹措财政资金，按照一定的程序，向投资者出具的证明，并承诺在将来支付利息，到期后偿还本金。相对于其他债券，中央政府国债的违约风险小，安全性高，因此国债往往成为养老保险基金的优先选择[①]。表3-14是部分OECD国家养老金资产组合中政府债券所占比例。

表3-14 部分OECD国家养老保险基金投资组合中政府债券所占比例

单位:%

年份 国家	1970	1975	1980	1985	1990	2003	2004	2005	2006	2007	2010	2011	2012
英 国	18	18	22	18	11	14.5	14.7	20.2	—	12.58	10.99	—	—
美 国	7	9	14	22	20	4.9	6.4	14.7	9.11	9.46	11.94	12.51	9.38
德 国	9	6	13	20	17	36.3	2.5	30.7	1.33	1.53	2.39	2.34	—

---

① 穆怀中：《国际社会保障制度教程》，中国人民大学出版社，2007，第236~238页。

续表

年份 国家	1970	1975	1980	1985	1990	2003	2004	2005	2006	2007	2010	2011	2012
加拿大	38	34	40	42	39	18.7	18.7	22.5	17.02	16.23	20.46	23.35	19.44
荷 兰	10	7	5	13	14	25.5	25.5	38.3	—	14.89	14.35	16.42	16.92
日 本	—	—	—	—	—	—	—	—	—	—	—	—	—
瑞 典	12	17	24	30	22	—	—	—	—	—	—	—	—
瑞 士	—	—	—	—	—	29.3	29.3	25.6	—	—	—	—	—
丹 麦	11	6	4	14	11	24.7	24.7	50.3	26.30	24.08	49.05	47.39	49.33
澳大利亚	51	42	33	25	13	—	—	—	—	3.16	2.73	1.98	1.34

注:"—"表示缺失数据。

资料来源:根据历年 Pension Markets In Focus 数据编写,国际经合组织网站,http://www.oecd.org。

地方政府发行市政债券是为当地市政建设筹措资金。由于地方政府有税收基金作为保证,因为实力比一般公司较高,同时,债券的投资项目往往有规模性和效益性,保证了还债资金的来源,因此它被认为是除了国债以外最安全的一种债券。在其他一些国家也将其作为养老保险基金的投资工具,尤其是美国,地方政府债券的数量很多。

公司债券高度依赖公司的经营状况,具有较高的风险,但与此同时,其具有较高的风险收益,是一个非常重要的养老保险投资工具。尤其是经济实力比较强的公司发行的债券在基金投资组合中占有重要的地位。

金融债券是由银行和非银行金融机构为筹措资金而发行的债务凭证。金融债券与公司债券相比,具有较高的安全性,并且金融债券的利息率要高于同期银行存款,因此在实际运行中,为规避风险,金融债券可以作为养老保险基金的投资工具。[1]

国际债券具有资金来源广、期限长、数额大、安全性较高的特点。随着本国资本市场的完善、法律法规制度的健全及国际融资的加强,一些国家的政府允许本国的养老保险基金投资国际债券。

---

[1] 支莉:《论社保基金的保值增值》,河北经贸大学硕士论文,2009。

(三) 股票投资的国际比较

股票是金融市场中很重要的一种投资工具。在金融市场中，按股票持有股东权利，股票分为优先股和普通股，普通股比优先股承担的风险要大。股票与债券相比，其收益与企业的经营状况有关。据统计，在1926～1995年的70年中，美国股票市场的年收益率平均高达70%，而同期美国债券市场的平均收益率（据复利计算）仅为5.1%，股票市场的收益率是债券市场的两倍。[①] 虽然股市的总体趋势是上升的，但就某一只具体股票而言，它有可能股价上升了数倍，也有可能因企业破产而丧失一切[②]。所以，在股票市场上，为了规避风险，要进行分散投资。由于股票收益率较高，多数国家为了保证养老保险基金的保值增值，是许可其进入股票市场进行投资的，不过有些国家对投资组合比例进行了限制。表3-15列举了部分国家和地区养老保险基金的股票投资比例。[③]

表3-15 部分国家和地区养老保险基金投资组合中股票投资比例变化

单位：%

国家\年份比例	1983	1993	2003	2004	2005	2006	2007	2008	2009	2010	2011	2012
澳大利亚	38.11	48.42	—	—	—	20.97	50.19	59.12	54.39	46.53	49.69	46.03
比利时	31.54	31.54	14.64	9.4	9.8	8.88	9.25	32.78	—	8.79	8.35	8.19
加拿大	33.69	35.46	23.6	23.6	25.8	29.29	28.88	31.48	33.94	26.89	24.40	24.62
丹麦	5.08	19.67	39.9	19.8	25.9	29.57	30.73	13.86	—	15.21	12.57	12.96
德国	38.81	48.98	12.7	32.2	34.5	34.03	0.13	6.05	6.06	0.56	0.42	0.18
中国香港	67.74	83.08	—	—	—	—	53.81	—	—	—	55.01	57.44
爱尔兰	38.81	48.98	—	—	—	—	66.30	52.25	—	—	—	—
日本	8.96	29.91	—	—	—	—	16.38	13.62	13.65	10.64	8.72	9.66

[①] 刘锋：《我国证券市场流动性溢出效应的实证研究》，《技术经济与管理研究》2012年第6期。

[②] 穆怀中：《国际社会保障制度教程》，中国人民大学出版社，2007，第241～242页。

[③] 花蓉：《我国养老保险基金投资风险控制研究》，中南大学硕士论文，2009。

续表

国家 \ 比例 \ 年份	1983	1993	2003	2004	2005	2006	2007	2008	2009	2010	2011	2012
荷兰	6.44	19	44.6	44.6	49.8	54.59	40.27	37.28	32.21	13.18	11.67	11.64
挪威	1.47	7	19.2	24.8	28.9	32.84	32.53	22.37	30.88	15.66	12.69	18.07
西班牙	2.89	3.02	15.9	17.5	15.2	19.81	17.41	10.90	12.10	11.23	9.24	9.07
瑞典	0.9	4.66	—	—	—	30.99	29.50	25.53	—	13.02	—	9.38
瑞士	5.68	11	26.5	19.1	16.9	17.59	15.69	21.53	—	13.21	11.94	13.04
英国	59.96	79.02	53.8	43.4	40.1	—	29.56	45.79	—	22.02	—	—
美国	44.68	52.13	29.3	25.5	41.3	49.59	45.17	46.08	45.43	38.20	37.26	38.15

资料来源：1. 根据历年 Pension Markets In Focus 数据编写，国际经合组织网站，http://www.oecd.org；

2. "—"表示缺失数据。

（四）贷款和不动产投资的国际比较

养老保险基金对贷款的投资主要是住房抵押贷款。由于养老保险基金在贷出的同时投资人可以取得抵押品，因此抵押贷款的风险一般低于公司债券、股票投资和实业投资。在实践中，许多国家的养老保险基金发放的抵押贷款都属于住房贷款。①

养老保险基金对不动产的投资主要是房地产投资。房地产投资作为实物资产，在经济稳定的国家，它的违约风险、利率风险相对较小，但在经济发展不是很稳定的国家，房地产市场供求关系不稳定，投资者将会面临较大的市场风险。另外，房地产投资的最大问题是资产流动性差，不符合养老保险基金投资组合的流动性原则，并且投资和管理的专业性较强，操作复杂，因此房地产不适合作为养老保险基金的主要投资对象。

在 20 世纪 80 年代以前，房地产投资曾经是经合组织国家养老保险基金的一个主要投资工具，但是从 80 年代开始，大部分国家的养老保险基金

---

① 艾俐斯：《关于完善我国养老保险基金投资运营制度的探讨》，江西财经大学硕士论文，2008。

投资组合中房地产投资的比例都有所下降。见表 3-16。

表 3-16　部分 OECD 国家的养老保险基金投资组合中房地产所占比例

单位:%

国家＼年份	1970	1975	1980	1985	1990	2003	2004	2005	2006	2007	2010	2011	2012
英国	10	15	18	10	9	4.3	4.3	3.8		2.79	2.34		
美国	0	0	0	0	0	0.8	0.6	0.7	0.77	1.22	1.22	1.47	1.73
德国	12	12	9	7	6	6.2	3.8	3.4	3.00	2.40	2.50	2.18	2.39
日本	27	21	6	3	2	—	—	—		0.00	0.00	0.00	0.00
加拿大	1	1	2	2	3	3.5	3.5	3.1	3.71	5.02	5.46	5.18	5.54
荷兰	16	15	14	11	11	5	5	3.7	2.35	2.51	1.31	1.12	0.93
瑞士	16	20	18	18	17	10.5	12.3	9.6	9.62	9.38	9.49	10.17	9.72
澳大利亚	2	3	13	11	16	—	—	—	0.68	5.20	7.42	6.65	7.42

注:"—"表示缺失数据。

资料来源:根据历年 Pension Markets In Focus 数据编写;国际经合组织网站,http://www.oecd.org。

(五) 养老保险基金投资组合经验总结

各种投资工具的具体比例在各国间的差别较大,养老保险基金的这种投资组合差别不但与这个国家的资本市场发展水平有关系,而且与该国政府所具有的监管水平有着极大的关系,[①] 通过分析可以得出以下结论:

1. 资本市场发育程度影响投资组合

不同投资工具在投资组合中所占的比例反映了资本市场的发育程度,尤其是一些风险较大的投资工具的比例。以股票为例,在市场经济较发达的国家,股票比重相对较高;反之,股票投资比重相对较低。随着一国资本市场的发展,股票投资比重也趋于上升,而且实际收益率也获得了明显提高。从表 3-17 中也可以看出,智利养老保险基金中股票投资比重随资本市场的发展而有大幅度的提高。

---

① 雷有晴:《企业年金政府监管法律制度研究》,西南政法大学硕士论文,2009。

表 3-17　智利养老保险基金资产组合结构变迁（1981~2009）

单位：%

年份 组合结构	1981	1985	1990	1995	2000	2005	2008	2009
公共部门	28.07	42.44	44.07	39.41	35.73	16.45	14.3	12.3
智利中央银行	—	20.29	42.48	37.52	31.9	10.63	7.49	6.29
国家国库债券	—	22.14	1.53	0.11	0	1.91	3.51	3.15
认可债券	—	—	—	1.78	3.84	3.91	3.31	2.86
住房和城市化部	—	—	0	0.06	—	—	—	—
金融部门	71.34	55.97	33.38	23.11	35.62	29.74	30.12	27.4
抵押贷款	9.43	35.2	16.08	15.79	14.36	4.96	3.61	2.96
定期存款	61.91	20.36	16.26	5.32	18.72	20.83	20.04	14.01
金融部门债券	—	0.41	1.05	1.31	2.02	2.12	9.37	8.81
金融部门股票	—	—	—	0.69	0.51	0.83	0.43	0.42
远期交易	—	—	—	—	0.01	1.01	-3.34	1.2
企业部门	0.59	1.11	22.43	37.18	17.57	23.25	26.89	28.41
股票	—	0.01	11.29	29.37	11.1	13.91	13.52	14.3
债券	0.59	1.1	11.14	5.25	4.04	6.62	10.75	11.4
投资基金股份	—	—	—	2.56	2.43	2.57	2.57	2.69
可转让票据	—	—	—	—	—	0.14	0.05	0.02
国外部门	—	—	—	0.2	10.88	30.41	28.5	31.76
共同基金股份及股票	—	—	—	—	8.86	29.3	27.29	30.88
间接海外投资	—	—	—	—	0.24	0.25	0.63	0.79
债务工具	—	—	—	—	1.67	0.84	0.04	0.11
远期交易	—	—	—	—	—	0	-0.03	-0.04
其他	—	—	—	—	0.11	0.02	0.56	0.01
可用资产	0	0.48	0.12	0.09	0.19	0.16	0.19	0.13
总资产	100	100	100	100	100	100	100	100

资料来源：Chilean Pension System，SUPERINTENDENCE OF PENSIONS，2010：139，http://www.safp.cl/portal/informes/581/articles-8557_recurso_1.pdf。

2. 政府债券是重要的投资工具

多数发展中国家在政府债券的投资方面都实行限制。限制的目的是保障养老保险基金的安全性和流动性。投资组合中的债券投资是为了规避养老保险基金的危险，以及在主体面临突发事件时，能够及时支付。① 中央政府是一国权力的象征，因此国债与其他债券相比，最大的优势是没有违约风险，安全性高，国债往往成为养老保险基金的优先选择。在养老保险基金投资中，政府债券所占比重较大，是主要的投资工具，在一些国家比如加拿大、智利、马来西亚，其所占比重高达40%，比重低的也在11%以上，如丹麦和英国②。

3. 政府监管养老保险基金投资

养老保险基金的投资要遵循安全性与收益性，因此各国政府都对养老保险基金的投资实施不同程度的管理。OECD国家对养老保险基金投资的管制可分为两种类型③：一类是以美国、英国等国家为代表，因为基金监管法律完善，政府对养老保险基金的资产投资组合没有太多的限制；另一类是以除意大利之外欧洲大陆国家为代表，在一般情况下，对养老保险基金的投资组合以及投资工具都分别进行了设置。在德国养老保险基金的一个组合中，外国资产不能超过4%、证券所占的投资比例不能超过20%；在瑞士，外国资产、房地产以及国内股票投资的最高比例分别不能超过20%、50%以及50%；在法国，养老保险基金中50%的资产必须投资于政府债券；④ 在丹麦，养老保险基金中60%以上的资产必须是国内债券，不能有超过20%的外国资产，不能有超过40%的房地产和股票资产；瑞典养老保险基金资产的大部分也被限定为投资于债券、抵押债券等⑤。

与发达国家相比，发展中国家对养老保险基金投资的限制更为严格，表3-18列出了一些主要的发展中国家政府对养老保险基金投资的法律限制。⑥

---

① 常宁：《我国养老保险基金投资运营问题研究》，燕山大学硕士论文，2007。
② 林义：《社会保险基金管理》，中国劳动社会保障出版社，2001，第74～75页。
③ 李绍光：《养老金制度与资本市场》，中国发展出版社，1998，第173～174页。
④ 李曦坤：《养老保险基金多元化运营》，中南大学硕士论文，2004。
⑤ 林义：《社会保险基金管理》，中国劳动社会保障出版社，2001，第75～77页。
⑥ 方永：《政府监管养老保险基金投资存在的问题及对策研究》，湘潭大学硕士论文，2010。

表 3-18　部分发展中国家对养老保险基金投资的法律限制

国　　家	法律允许的投资方式
巴哈马	（1）全额付款证券，但该证券发行、付款金额不得低于 100 万巴哈马元；（2）发行公司必须在之前五年中每年都对其所有股票支付了红利；（3）对任何一家公司的投资额不得超过基金投资总额的 5%；（4）原则上投资在巴哈马境内进行，海外投资须经财政部同意；（5）房地产
印　度	（1）中央政府证券至少 15%；（2）地方政府证券或由中央、地方政府担保的债券至少 15%；（3）国民储蓄凭证最多 40%；（4）特殊存款最多 30%；（5）政府担保的公司债券
墨西哥	（1）以社会保障为目的的健康设施投资至多为 85%；（2）政府、地方当局、国家信用机构和公共服务部门债券、证券投资至多为 10%；（3）剩余资金可投资于抵押贷款、本国公司股票、债券或证券，但要求担保本利，对一家公司的投资不得超过投资总额的 5%；（4）基金投资收益率不得低于精算预测的收益率
巴基斯坦	（1）政府担保的证券、贷款和有息银行存款，无最高限制；（2）定息投资和法规中指定的股票，最多各为 50%；（3）对房地产、雇员养老局拥有至少 51% 股份的公司投资每项最多为 10%，总和不得超过 30%；（4）联邦政府同意的其他投资，最多为 2.5%；（5）投资总额至多为积累基金总量的 80%
菲律宾	积累基金的 5% 作为应急准备金，只能进行银行存款；总积累基金的 95% 作为投资基金，可投资于：（1）政府及政府担保的债券、证券；（2）国内银行有息债券、证券；（3）保险项目成员贷款（住房、工资和教育）；（4）社会保障委员会自用房地产；（5）住房计划贷款，至多为投资资产评估价值的 90%；（6）有息计划、房地产抵押贷款；（7）总积累基金年收益率不得低于 9%

资料来源：韩良诚、焦凯平主编《企业养老保险制度的统一实施》，中国人事出版社，第 349~351 页。

总的来说，政府对养老保险基金投资的限制主要集中在一些风险较高的投资项目上，比如股票、房地产以及外国资产。通过限制这些高风险资产投资比例来最大化地规避养老保险基金的投资风险。在发展中国家要更加审慎地对这些投资工具进行限制，一般在初期完全禁止养老保险基金对这些资产的投资。发展中国家市场透明度较低，资本市场发达程度不足，并且缺乏真正的基金人才，所以必须限制投资。[①] 随着资本市场的发达程度越来越高，基金抵御风险的能力越来越强，提高收益率也成为自然而然的事情。

4. 多元化投资是基金投资组合的核心策略

养老保险基金安全性与收益性是养老保险基金的首要问题。[②] 由于未

---

① 朱远鹏：《中国养老保险基金保值增值问题的探讨》，上海交通大学硕士论文，2001。
② 李续敏：《我国养老保险基金监管问题研究》，河北大学硕士论文，2009。

来的不确定，也由于资本市场的不确定，哪种资产获得高收益、低风险都很难预测，所以各国政府都对基金投资进行限制。资本市场越发达，对其限制的法律法规就越少。唯一的要求就是基金的投资管理人要谨慎选择最有效的资产组合。资本市场越欠发达，政府对其限制的措施就越多。

第四节　给付风险：老龄人口持续增加而导致的给付风险

一　养老保险基金给付风险概况

养老保险基金给付是养老保险基金整个流转过程中的最后一个环节。[①]在给付这个环节中，我们要注意：一是遵循权利和义务相对等的原则，即首先领取者要承担了义务才有权利领取养老金；二是被保险人领取给付金的依据是社会养老保险的给付规定；三是以能维持被保险人的最低生活水平为原则作为养老金给付的标准。

养老保险基金的给付风险是指养老保险制度本身就存在风险，自然会影响到基金的给付环节，给付环节的不确定性也是由社会养老保险经办机构自身的一些违规行为造成的。

二　给付风险及其划分

给付风险是基于整个给付过程中由于自身原因所产生的内生风险和社会养老保险制度所带来的外生风险。这种外生风险也是由给付过程中的技术操作流程不当所带来的。内生风险的实质是管理风险，主要原因是管理缺乏效率、管理主体行为异化；外生风险则是由信息不对称和技术流程严密性缺失所导致的。[②]

（一）外生风险

第一，现实的替代率偏高，而养老保险制度设计的理论替代率偏低，

[①] 江劲松：《养老保险基金运行中的几个问题探讨》，首都经济贸易大学硕士论文，2002。
[②] 薛文瑾：《融资租赁公司风险管理研究》，北京交通大学硕士论文，2007。

致使高于预期替代率水平的给付风险时时存在。"低龄退休"与"逐渐延长的人口预期寿命"相悖,使得养老金支付越来越困难。① 第二,在统筹层次比较低的情况下,有的地区养老保险金收支缺口大,不能按时足额发放社会养老保险基金,由此产生外生风险。第三,社会养老保险金应该随物价或工资增长率的增长而增长,社会养老保险金缺乏弹性调整机制,支付水平也不调整,容易产生支付风险。

(二) 内生风险

内生风险主要有三点:社会保险经办机构能力有限,对于"死者"领取养老金、"企业欺骗性冒领"等各种现象不能识别,由此产生内生风险;由于管理和技术系统的不完善,养老金发放时间、金额、对象常常出错,影响政策在老百姓心目中的信任度,由此产生内生风险;社会养老保险接续转移问题会影响劳动力在流动时养老金的正常领取。

三 人口老龄化导致的给付风险

人口老龄化所导致的风险属于外生风险的一种。根据辽宁大学人口所课题组的预测,从 2001~2050 年,中国的老年抚养比将从 8.9% 上升到 40.83%;少儿抚养比将从 23.61% 上升到 33.38%;总抚养比将从 32.51% 上升到 74.21%;制度赡养比将从 19.13% 上升到 75.7%;65 岁以上人口占总人口比重将从 6.71% 上升到 23.44%。②

根据课题组的测算结果,在 2025 年以前,制度本身仍然存在基金积累,总量为 10.12 万亿元;从 2026 年开始出现年度赤字,累计债务为 10.96 万亿元。如果用 2001~2025 年的基金积累弥补 2026 年开始出现的年度赤字,大约 2048 年开始收不抵支。养老金需求占 GDP 的比重呈浅抛物线状变化趋势,在 2035 年左右达到峰值,以后的年份开始下降。这表明 2035 年左右中国人口老龄化危机加重,养老金收支均衡面临极大的压力。③

---

① 岳彩虹:《我国养老保险基金投资运营研究》,山西财经大学硕士论文,2010。
② 柳清瑞:《人口老龄化背景下的养老保障策略——以东北地区为例》,《社会保障研究》2005 年第 2 期。
③ 武萍:《从内生警源和外生警源看我国社会保障危机预警》,《中国软科学》2006 年第 5 期。

在覆盖率和遵缴率为100%的条件下，课题组可以预测：社会统筹基金从2019年开始出现年度赤字，2019~2050年累计债务为18.6万亿元，2001~2050年净债务为15.3万亿元，占2050年GDP的17%。如果用2001~2018年的基金积累弥补2019年开始出现的债务，大约从2029年开始收不抵支。

根据辽宁省城镇养老保险制度改革试点方案，个体工商户等从业人员的缴费率为18%，其中10%划入社会统筹，8%计入个人账户，养老金待遇不变。假定养老保险制度不包含农村迁移的老年人口，在合意条件下，如果个体工商户缴费20%，则社会统筹基金从2020年开始出现年度赤字，累计缺口为11.87万亿元；① 如果个体工商户缴费10%，则社会统筹基金从2018年开始出现年度赤字，累计缺口为19.19万亿元，缺口增加了61.5%。

如果个体工商户缴费10%，将导致社会统筹基金缺口加大。伴随城市化进程的加快，城镇中个体工商户等从业人员的比重将在2035年左右大幅增加，而这一时期正是人口老龄化的高峰期。这将给中国养老保险制度的收支平衡带来巨大的压力，也给养老保险基金制度带来巨大的风险。②

第五节 逆向选择风险和道德风险

"建立多层次的社会保障制度"的基本思路是在中共十四届三中全会上提出的。与此同时，我国基本养老保险制度框架规定已经建立起来，征缴对象已经覆盖多个主体，企业和个人两者依法缴纳费用；职工缴费满15年，在退休时可以享受基本养老金待遇；基本养老保险基金收支两条线管理，被纳入财政专户进行管理，严禁挤占、挪用和截留。

在我国，政府、企业和个人是养老保险的参与主体，每一个主体都要行使自己的权利，同时也要尽到自己的义务。每个主体的问题会危及整个养老保险体系的正常运转。在养老保险体系中总会存在一些风险影响整个

---

① 张思锋、张文学、周华：《城镇职工基本养老保险需求模型的构建及应用——以陕西省为例》，《社会保障研究》2006年第2期。
② 曾超：《养老保险基金投资风险与防范对策研究》，江西财经大学硕士论文，2010。

制度的正常运营，其中道德风险和逆向选择风险是很重要的两个风险。

一 我国养老保险制度中的道德风险和逆向选择风险

（一）道德风险

养老保险基金的缴费者（雇主、职工）、受益者（职工）以及管理者（政府及其授权的社会化管理组织）是养老保险制度所涉及的三大利益主体。这三大利益主体相互之间及内部都存在非常复杂的利益关系，作为理性经济人的他们会将自身利益最大化。

在养老保险制度运营中出现的道德风险，首先表现为养老保险者方面的道德风险。在我国城镇职工基本养老保险制度中，养老保险的费用是由职工及其所在企业共同进行缴纳的。与企业相比，职工个人在缴费这个环节发生道德风险的概率要小很多，因此，在这里主要分析企业的道德风险问题。在养老保险运营过程中，企业的道德风险主要表现为通过少报瞒报职工人数、少报缴费基数以及不参加基本养老保险等形式来偷逃养老保险费用。

企业之所以要偷逃养老保险费用的缴纳，是因为其要追求自身利益的最大化，这是企业在经济人假设下的合理选择（但不是合规选择，并且从长远来看也不是一个合理选择）。养老保险费用的缴纳无疑增加了企业的生产成本，过高的缴纳费率使得有些企业无法获得竞争优势，甚至处于劣势地位，尤其是一些私营企业，这些企业的职工年龄结构较年轻，养老负担轻，加上企业职工参保意识不强，导致企业在是否参加养老保险上持消极态度，并想极力逃避缴费责任。

在一般情况下，绝大部分缴费型社会保险缴费基数是应缴企业职工的工资总额。在缴费型社会保险制度下，各种社会保险制度的有序运行都与缴费基数统计的准确程度有着十分密切的关系。随着经济的不断发展以及改革的不断深入，我国的分配制度也经历着剧烈变化，原有的职工"账面工资单"已经不能有效地反映个人的实际收入。①

---

① 陈晓岚：《我国养老保险制度运行中的道德风险》，《湖北社会科学》2006年第6期。

"账面工资单"之外的工资外收入没有被纳入社会保险缴费基数中，这会对社会保险制度产生两方面的不利影响。首先是社会保险基金的缴费基数会下降，因为企业向社会保险经办机构提交的职工工资总额仅仅是职工的"账面工资"，而没有报或者瞒报、少报了工资外收入。虽然这种行为减轻了企业的负担，但是毫无疑问的是造成了养老保险金收入的减少。其次，造成了国家财政对社会保险项目投入的减少。个人所得税收入是我国税收体系的重要税种之一，而税收收入对国家财政的影响是不言而喻的，个人所得税收入的减少无疑降低了国家财政的收入。在现有国家财政分配制度下，个人所得税收入也就对社会保险基金的运营产生着重要作用。

再者，要分析一下养老保险管理者的道德风险。养老保险基金的管理运营是养老保险管理者道德风险发生的主要领域，主要表现为挪用、挤占以及违规投资基金。从全国范围来看，社保基金在1996年被挤占、挪用的数量达到92亿元，仅此一项便达到社保基金余额的15.9%；全国社会保险基金在1986~1997年大概有上百亿元被违规动用，其中被政府行政动用的占31.63%，社保经办机构私自动用的占28.81%。[1] 在被违规占用的社保基金只有50%得到回收。这些巨量社保基金被挤占、挪用影响的不仅是养老基金支付能力，同时还降低了社保基金抵抗风险的能力，不利于建立政府信誉，不利于提升人们对社会保险制度的信心，不利于社会保险制度的有序发展。作为参保者共同财产的基本养老保险金主要是依靠公权力从企业和职工处依法提取的，由社会保险经办机构依法对其进行管理。在基金管理中普遍存在的挪用、挤占等现象都与政府以及公职人员的道德风险有着密切的关系。从本质上来说，此种道德风险是滥用国家权力。[2]

（二）逆向选择风险在养老保险基金筹集过程中的表现

古典经济学基本假设是"经济人"拥有完全的信息，但是在现实生活中不存在一个市场主体拥有完全的市场信息。在市场交易中，当一方比另

---

[1] 王延中：《中国社会保险基金管理的问题与对策》，《合肥学院学报（自然科学版）》2002年第3期。

[2] 杨嵘均：《我国转型期道德对权力的约束机制研究》，南京师范大学硕士论文，2006。

一方拥有更多的信息时，就会产生逆向选择的问题，出现劣币驱逐良币的现象。在保险市场中，这种现象非常突出。养老保险逆向选择是指在养老保险框架内进行交易的双方（政府、企业和职工）之间存在信息不对称，出现劣质客户对优质客户进行驱逐的现象。在现阶段，中国养老保险中所出现的逆向选择现象主要为：那些员工年龄结构较轻，当前社会保险支付负担不重的企业参保不积极，极力逃避社会保险的缴纳；其他员工年龄结构较老，当前社会保险支付负担较重的企业参保积极，但提前退休现象较严重。[1] 根据国家劳动和社会保障部的统计资料，在1998年全国共有71.3万人违反规定而提前退休，从而使部分员工工资支付转到养老保险系统内，这样一方面使养老保险基金的支出增加，另一方面使养老保险基金的收入减少，总体上加重了养老保险社会统筹的负担。提前退休是企业减少员工使用成本的公开"秘密"。不过在提前退休问题上，企业与职工是利益共同体，因此对这种现象的发生很难控制。在我国养老保险领域，逆向选择的主要表现为高风险客户驱逐低风险客户。

衡量养老保险制度有效程度的标准是其能承载多少人的老年养老。逆向选择时的养老保险覆盖面缩窄，弱化了养老保险"安全保障网"的作用，这是与扩大养老保险覆盖面的目标相违背的。社会保险制度是社会"安全保障网"，但是其必须拥有很高的覆盖范围才有可能发挥作用，凡是企业都应该是参保人，凡是社会劳动者都应该是受益人。逆向选择使得一部分企业从养老保险制度"出走"，这不仅减少了养老保险基金的收入，也缩窄了养老保险的覆盖面，忽视了企业职工的长远利益，为社会留下了安全隐患，使得社会"安全保障网"功能弱化。

逆向选择的存在不是市场可以自发解决的，需要国家对社会保险进行有效的干预。逆向选择问题是国家建立强制性社会保险制度的理论依据。[2]

二 风险产生的原因

在养老保险制度运营中，形成道德风险与逆向选择风险的原因有以下

---

[1] 武萍：《社会养老保险基金运行风险管理存在的问题及对策》，《中国行政管理》2012年第3期。
[2] 高陶：《医疗保障中的逆向选择问题研究——以我国新农合为例》，南开大学硕士论文，2009。

几个方面。

（一）经济利益的驱动

从经济学角度来说，道德风险来源于人的机会主义行为。威廉姆森（Williamson）指出，通过不正当的途径获得自身利益的行为被称为机会主义行为。根据事情发生前后，可以把机会主义分为事前机会主义（逆向选择）和事后机会主义（道德风险）。作为独立个体的各个养老保险参与主体会产生利益冲突和矛盾，此时，道德风险在很大程度上直接与各方逐利行为相关。[①]

（二）信息的不对称性

信息的不对称性和不确定性在很大程度上是道德风险存在的重要条件。信息的不对称性和不确定性在社会保障的各个领域都不同程度地存在。[②] 所谓信息不对称，是指特定的信息在参与者之间不均匀的存在，一部分参与人拥有的信息比其他人多，并且已知这种信息分布的状态。当各参与主体之间的信息越复杂时，信息的不对称性程度就会变得越大，所造成的道德风险也就越大。在职工享受养老金待遇时，职工所掌握的个人信息是最多的，其次是企业，最后是管理者。各个参与主体可以利用自己的信息优势来获得不当利益以及逃脱应承担的责任。这会影响制度运行的公平公正，使得参与者对制度失去信心。

（三）法制管理的缺失

在《社会保障法》制定酝酿阶段，与养老保险相关的法律法规很不健全。当某一参与者在养老保险运行中违规时，也不会或者很难让其在法律层面上承担相应的责任。因而，在选择制度的弱势约束下，很多人选择了违规获利，进而形成恶性循环。另外，不但对制度管理者的监督力度薄弱，而且对出资者和受益者的监督力度也同样薄弱。

[①] 王振华：《中国社会保险道德风险分析》，《南北桥》2010 年第 8 期。
[②] 陈晓岚：《我国养老保险制度运行中的道德风险》，《湖北社会科学》2006 年第 6 期。

第四章 中国社会保障基金运营监管机制的重点问题

第一节 社会保障基金监督主体资格认定的完善

社会保障基金监督体系最基本的构成要素是监督的主体与客体。监督主体与监督客体的状况及两者之间的分工关系如何，决定监督系统的基本框架。社会保障基金监督主体是根据法律规定，有权利和义务对经济活动实施监督的组织或个人，它运用特定的监督手段并依据具体的评判标准，对监督客体实施监督。社会保障基金监督客体即监督对象，它是整个社会保障活动及其载体。概括地说，社会保障活动涉及各个行为主体（社会保障行政管理部门及经办机构、企业和职工）以及社会保障活动状况（特别是社会保障基金运行状况）。总之，监督客体的行为、行为当事人及行为的结果，均是被监督的具体对象。

所谓社会保障基金监督主体资格认定，是指利用法律法规方式来对监督责任人担任条件、提请监督的程序、监督资格证明、监督资格注销程序、监督成立要求以及监督的具体形式等内容进行明确规定。通过认定工作来确保社会保障基金监督工作做到有法可依、权责明确、有序运行。与此同时，监督资格认定制度有利于促进公众信心的建立，确保监督主体的专业性、科学性以及有效性符合社会保障基金监督客观要求。

社会保险基金监督司就是在人力资源和社会保障部加强社会保险基金

监督工作的背景下，经国务院批准的社会保障基金监督机构。[①] 与此同时，根据社会保障基金运营特点，又增设了内部和外部的审计监督主体。近年来，社会保障行政管理机构在社会保障基金监督上做了一些有益的探索，取得了一些成果，但是相关的基金监督机制还没有实质性地建立起来，监督的强度、方式、手段还需要提高改进[②]，尤其是在监督主体资格认定工作上。目前我国社会保障基金监督主体分为内部监督部门和外部监督部门，内部监督部门包括会计监督（各级社会保障经办、管理机构会计部门或会计人员）和内部审计（各级社会保障经管机构内部控制部门或审计人员）；外部监督部门包括行政监督（上级行政部门对下级的监督及行政监察部门、机构）、外部审计（国家审计署及各级派出审计部门、各级财政部门）和社会监督（工会、社会保障基金理事会、社会大众等）。

一 社保基金监督部门及职权分析

（一）内部监督

1. 会计职权分析

会计职能包含以下几个部分：预算监督、建立会计约束机制、清查监督、会计信息质量保障、披露财务信息等。预算监督包括三方面的内容：预算是否符合财政和相关主管部门的要求；社保基金计划与预算是否一致；预算、决算是否描述清楚、报送及时。建立会计约束机制是指，按照会计制度规定以及业务管理流程建立会计岗位责任制，与此同时增强稽核力量进行例行稽核工作，借此形成互相联系和制约的机制。清查监督制度是指，鉴于频繁的社会保障各项目资金收支活动以及存在较大的基金余额，应该对社会保障基金的运行情况、收入支出账户、往来款项等进行定期的清理。保障会计信息质量，对大量的会计信息做好会计信息的筛选、组合和加工，可以保障会计信息的及时、准确、科学。披露财务信息的目

---

① 王野：《中国养老保险基金监管体系研究》，黑龙江大学硕士论文，2010。
② 林用三：《借鉴国际经验完善中国社会保障基金监管》，载孙建勇《社会保障基金监管制度国际比较》，中国财政经济出版社，2004。

的是，通过披露相关真实的财务信息来提高社会保障基金运营的透明度，降低因为信息不对称以及虚假信息所带来的风险损失。

社会保障会计制度的制订与实施可以真实地记录和反映社会保障基金的收支、结余、投资。这有利于对社会保障相关会计资料进行分析、评价以及考核，有利于监督主体正确地判断社会保障基金的运营情况和政策执行情况，有利于提出相应的调整政策来促进社会保障基金的管理部门对社会保障基金进行加强管理。①

2. 内部审计监督部门及职权分析

内部审计监督是针对基金经办机构而言的，主要从财务管理、岗位匹配等方面来考察内部管理是否到位。从社保基金运行层面上来说，内部审计监督属于基金运营过程中第二层面的监督。虽然在《社会保险费征缴暂行条例》《企业职工养老保险基金管理规定》和《国务院关于建立城镇职工基本医疗保险制度的决定》中涉及了内部审计监督的条款，但是这些条款的法律效力以及法律隶属层次比较低。② 这些条款仅仅规定了内部审计的范围，而没有就审计的标准化操作做出更明确的规定。

（二）外部监督

1. 行政监督部门及职权分析

社会保障基金行政监督是对社会保障基金运行情况进行外部监督的体制，监督主体是国家权力机关和各级政府行政管理机构③。从监督的效率层面上来说，社会保障基金行政监督是第一层次的外部监督，主要作用在事中和事后。行政监察部门主要是对同级人民政府各组成部门及下级人民政府的行政行为进行监督，并具有独立行使行政监督的权力。

2. 审计监督部门及职权分析

所谓的社会保障基金审计监督，是指按照相关的法律法规规定，专门

---

① 江军辉：《我国社会保障基金监管体制的反思与重塑》，《中国劳动关系学院学报》2009年第4期。
② 游钰：《反垄断执法规章若干问题探讨》，《中国工商管理研究》2012年第11期。
③ 薛建强：《论监督主体》，《组织人事学研究》2000年第4期。

从事审计业务的部门对社会保障基金的资金收支、运行效率以及违法层次进行的外部监督，主要集中在事中和事后。

在我国，对社会保障基金具有外部审计权力的机构主要是审计署及其各地派出机构。审计署及其派出机构负责对社会保障基金的财务报表、预算决算情况以及基金余额管理等进行监督。这种监督采取的主要方式是审计署定期与不定期地对社会保障基金管理进行审查。这样能比较好地保持监督的独立和权威。与审计机构审查监督社会保障基金相关的法律规定分散在不同的法律法规条文中（《社会保险费征缴暂行条例》《社会保险基金财务制度》和《关于加强社会保障基金监督管理工作的通知》）。然而，不可否认的是，这些法律条文的效力和隶属层次都比较低，仅就外部审计范围做出了框架性规定，而没有给出具体的操作指南。

3. 社会监督部门及职权分析

社会监督是一种独立的、社会的、非强制的监督形式，是在正式监督系统之外的。在外部监督层次上，社会保障基金社会监督是第三层次的外部监督，主要为事前、事中以及事后监督。社会监督的形式比较灵活，可以借助中介机构对社会保障基金的缴纳和支付进行监督，同样也可以通过工会、基金理事会等社会团体以及社会公众监督社会保障基金的运营情况。通过社会监督与其他监督形式的配合，能多角度地对社会保障基金的运营情况进行有效反映。[①] 在现阶段，我国社会保障基金的社会监督还没有实质性地形成，社会保障基金相关信息开放程度不够，仅就外部监督的结果定期向公众开放，公众缺少对基金监督的参与权。在借鉴国际有关社会保障基金监督相关经验的基础上，我国应充分发挥工会、企业及其团体和非营利机构的社会监督的功能，拓展社会保障基金的社会监督途径，让参保人以及社会化监督主体能获取更多的社会保障基金运营管理情况信息，提高社会保障基金的社会监督效率。[②]

[①] 孟庆瑜、种朝晖:《社会保障税法律制度研究——基于我国社会保障基金"费改税"模式的视角》，《经济法论坛》2012年第1期。

[②] 路丽华:《我国社会保障基金监管研究》，山西财经大学硕士论文，2007。

二 我国社会保障基金监督主体资格认定存在问题

(一) 监督主体资格认定的方式不规范

在现阶段,我国的社会保障基金监督机构主要分为三类:各级社会保障系统内的基金监督机构,全国社会保障基金理事会,各级财政部门系统内的社会保障基金财务管理机构。从社会保障基金监管部门属性上来看,这些机构一般是社会保障体系和财务系统的主管业务部门,很少具有独立法人的资质。这就造成了这些监督部门既是"裁判员"又是"运动员"情况的产生,监督部门没有独立于管理机构。在目前,社会保障基金的监督主体比较单一化,基本上靠的是自我监督,缺乏必要的相互独立的制约机制。由地方政府组建的社会保障基金管理中心与政府有着密切关系,其主要负责社会保障基金的管理和监督。该机构独立性较差,并且缺少专业的金融知识和技能,可以说,它不能有效地对社会保障基金运营管理进行监督。

缺乏独立性的社会保障基金监管主体发挥的监督力度小,是现阶段各地出现一系列社会保障基金违规操作案件的诱因。2006 年全国社会保障基金使用情况的审查报告显示,部分地区出现了一些违规挤占、挪用社会保障基金的案例;浙江省温州市劳动保障局挤占、挪用 600 多万元的社会保障基金购买股票;黑龙江省阿城区劳动保障局将 900 多万元的社会保障基金当作银行贷款抵押出去①。这些案件的发生与社会保障基金的监督主体的效率有着密切的关系,因此要加强对社会保障主体资格的认定工作。②

(二) 监督主体资格认定缺乏有效依据

在现阶段,我国主要依靠内部财务控制和审计等手段来对社会保障基金的运营管理进行监督。虽然我国实行严格限量型监督方式,但是在政府

---

① 冯果、李安安:《滥用与规制:我国社保基金的监督缺失及其补救》,《当代法学》2007 年第 4 期。
② 刘灿:《提高我国农村社会保障能力的思考》,《农村经济与科技》2007 年第 9 期。

作为社会保障基金监督主体的监督体系下仍出现了挤占、挪用社会保障基金的情况。因此，要对现有的社会保障基金监督主体资格进行重设。由于在理论上和实践上都缺乏社会保障基金监督主体资格认定的根据，因此现有社会保障基金监督主体资格认定工作没有取得实质性进展。

第一，缺少相关监督主体资格认定工作法律根据。虽然《社会保障基金行政监督办法》把社会保障基金监督主体规定为行政权力部门，然而除此之外，我国不存在其他可以界定社会保障基金监督主体资格的法律和政策规定[1]，这就在客观上造成了监督主体资格认定的困难性。第二，缺少监督主体资格认定的理论依据。国内外对社会保障基金运营管理内容进行研究的比较多，而对社会保障基金监督主体资格进行认定的则比较少。现阶段还没有一个成体系的可提供指导意义的理论。这导致在社会保障基金监督主体资格认定工作上缺少方向性、充满盲目性，使得政府对社会保障基金监督主体资格认定改革持保守态度。第三，监督主体资格认定工作缺少人才资源的支持。目前我国已经培养出一大批拥有社会保障理论背景、掌握社会保障经办业务的优秀人才，但是还缺乏社会保障基金投资以及监督的专业人才。社会保障监督人才一定得是复合型人才，需要掌握复杂的多学科理论知识，需要有财务、法律、社会保障、公共管理、经济学等学科的背景。只有具备这些专业知识，才能对社会保障基金运营管理中出现的隐蔽性违法行为进行有效的处理。

（三）监督主体间职能职责配置不清晰

根据上述分析，我国社会保障基金内外部监督的组织体系已经初步构建起来了。内部监督主体主要分为以下几类：社会保障基金管理服务机构、社会保障经办机构、社会保障基金财政专户管理机构以及社会保障基金运营机构等。通过采取内部审计和会计财务控制的监督方式，这些机构

---

[1] 目前在中国社会保障领域涉及主体资格认定的条例是2004年12月24日由劳动和社会保障部公布的《企业年金基金管理机构资格认定暂行办法》。该办法是我国在社会保障领域涉及主体资格认定方面的第一部政策法令，它为社会保障基金主体资格认定的法律制定工作提供了可借鉴的经验。

对社会保障基金运营管理进行监督。外部监督主体主要分为以下几类：社会保障行政管理部门、法律部门以及社会大众等。通过行政规制、法律规范等方式监督社会保障基金的安全运营和保值增值。[①] 与此同时，部分省市地区建立了社会保障监督委员会、社会保障监督管理办事处等专门机构，对社会保障基金的收支结余以及社会保障业务经办情况进行定期检查，并向社会定期发布监督检查的结果。

（四）监督主体认定不明确导致低效率

造成我国社会保障基金监督工作效率较低的原因之一是社会保障基金监督主体认定不明确。[②] 社会保障基金监督的范围因为监督主体的单一化而缩窄。因此，政府部门选择监督强度比较大的监督方式来应对监督不足。通常而言，社会保障基金监督强度与监督收益呈倒 U 型关系，适中的监督强度才能产生较高的监督收益；另外监督强度与监督成本呈正相关关系。当社会保障基金监管的强度过高，基金监管的成本大于基金监管所带来的收益时，社会保障基金监督就会降低社会保障基金运营管理效率。如果社会保障基金监督主体在社会保障基金具有详细法律规则的背景下朝着多元化方向发展，那么我国社会保障基金监督方式就可以从严格限量监督模式转变到审慎监督模式，在降低监督成本的同时，提高监督收益，更好地确保社会保障基金参保人的合法权益。

三 监督主体资格认定优化路径

（一）制定社会保障基金监督主体资格认定办法

社会保障基金监督主体资格认定办法的作用就是将监督主体资格认定工作规范化。认定办法是根据监督主体发展规律和国内外发展经验进行制订的。专门从事社会保障基金监督工作的机构要经过认定办法中规定的程

---

① 安庆英：《关于社保基金现状及安全运营的若干思考》，《企业文化月刊》2010 年第 3 期。
② 孙岩：《基于监管主体多元化的社会保障基金监管体系构建》，《合作经济与科技》2013 年第 17 期。

序,才能获得相应的社会保障基金监督主体资格,进而才能对社会保障基金进行监督。监督主体认定工作应该由人力资源与社会保障部成立专门机构进行认定。[①]

社会保障基金监督主体资格应该具备以下条件:一是监督主体必须是在中国境内注册并经人力资源和社会保障部批准的机构;二是监督主体的法人治理结构必须是完善的;三是监督主体需要拥有规定人数的专业专职人员(审计、会计、法律、社会保障等);四是监督主体必须具有齐备的内部稽核监控和风险管控制度;五是监督主体在认定的最近3年里没有重大的违规违法行为;六是社会保障基金监督主体要具有组织的独立性,要完全独立于社会保障基金运营管理部门;七是监督主体的设立要遵循多元化原则,合理设置监督主体的数量,此外不对监督主体的属性做限制。

另外,在对社会保障基金监督主体资格认定办法进行指定的同时,要从监管、风险管理、投资方式、管理方法以及长期战略设定五个领域进行考察,对监管的方法体系进行创新。监管是从决策、控制和遵守制度的实施和监督来保证基金在履行法律义务的同时能有效识别和处理其他潜在风险。风险要求存在一个全面的风险评估制度,这一制度能识别潜在的风险问题。投资要求基金拥有一个全面合理的并与基金投资目标相一致的投资战略。管理要求基金相关管理和监督人员具备较高水平的专业能力和较高层次的职业道德。战略指社会保障基金长期关注参保人长远的战略利益。

(二)加强社会保障基金监督管理立法

全国人大或者常委会对社会保障基金监督法律进行立法,提高其法律规范层次。明确相关的职能职责,提高社会保障基金监督的影响范围,对全国社会保障基金监督其他规则进行指导。

在法律关系中,应该设置独立的监督机构,不依附于某一机构。如果监督结构隶属于政府行政机构,那就有可能导致无效率的监督。按照我国的立法层次,不同立法层次的法律所具有的效力是不同的。若部门

[①] 刘春华:《社保基金法律监管问题研究》,哈尔滨工程大学硕士论文,2009。

规章所具有的法律效力较低,就会影响监管主体实施监管行为的权威性。法律的权威性和实际实施的合意性依赖于法律依据问题。若这个问题无法得到妥善解决,基金的监督工作就无法得到有效开展。在立法的历程中,事前的规范监督要优于事后的法律制裁。现阶段关于基金管理的法律法规政策规定比较概括化、原则化。虽然存在相关的监督法规,但是规范化程度不高,法律效力层次比较低,因此应该进一步将社会保障基金的法律性质、相关监督主体、监督方式途径、监督所涵盖的内容、具体的监督流程以及违法制裁等具体化。在未来,应该加快制度走向定型和稳定。

(三) 完善社会保障基金监督管理体制

为了做到社会保障制度的公开、透明和公平,就要对社会保障基金监督主体资源进行整合,改革现有社会保障基金监管模式,建立一个结构完整、内容完善的社会保障基金监督体系。我国社会保障基金监督体系的改革要界定好各个监督主体的工作职能,重点解决各监督部门职能界定不清、管理混乱等问题。现有的社会保障基金监督主体有财政部门、税务部门、审计部门以及人力资源和社会保障部门。这四种行政部门要重新界定好它们的职能。财政部门主管社会保障基金的收支;税务部门主要负责社会保障资金流动报表的编制,并要承担征缴社会保障费用的责任;审计部门主要的职能是审计社会保障基金运营管理的合法性以及管理效率;社会保障部门专职于社会保障基金使用策划的编制,另外通过市场金融机构来实现社会化的发放。社会保障基金管理在社会保障整个制度中扮演着非常重要的角色,需要整合国外社会保障基金监管经验、中国基本国情以及优秀人力资源等各种要素,才能够做到社会公平与经济效率的统一。[①]

(四) 明确社会保障基金内外部监督部门及职责

我们可以从以下几个方面对社会保障基金内部监督部门职责进行明

[①] 王玲俐、赵峰:《公平与效率兼顾的最佳解:城乡一体化》,《成都理工大学学报》(社会科学版) 2011 年第 5 期。

确：首先，以基金预算和决算为主线，构建社会保障各级经办机构内部各项管理制度；其次，根据相关会计制度法律法规构建社会保障业务管理岗位体系；最后，要在机构内设立内部审计部门，其主要负责审查社会保障基金收支业务管理的合法性和合理性，发现问题时要进行反馈，监督经办机构修正不规范的财务管理方式。

构建完善合理的社会保障基金监督体系，需要有效地把内部监督和外部监督结合起来。内部监督通过内部的审计控制、行政管制等方式，监督社会保障费用的征缴和发放，确保社会保障基金及时到账。内部监督的实质是把会计监督与内部审计方式结合起来，对社会保障经办业务流进行规范。外部监督是社会保障经办机构之外的其他监督主体对社会保障基金的运营管理进行审查监督。外部监督的形式主要为以下几类：一是法律监督，根据法律法规规定对基金征缴、支付、管理运营进行审查，减少违法行为的产生；二是行政监督，在明确各自监督责任的情况下，各个外部监督主体分别对社会保障基金的政策和财务执行情况、资金运营管理、社会保障费用的征缴情况进行监督审查。

（五）建立社会保障基金监督主体多元化及协调机制

根据中国的具体国情，可以从以下几个方面来构建多元化的监督主体：

第一，工会。工会具有重要的社会政治意义，伴随着经济社会的发展，工会发挥的作用越来越不可忽视。借鉴国际经验以及结合我国具体国情，我国应提高工会参与政治决策的层次，给予工会利益诉求表达机制，在适当的时候下放社会保障基金监督权到工会组织。

第二，企业团体。作为一个非常重要的社会保障费用缴纳者，企业组织应该对社会保障基金的运营有知情权、参与权以及监督权。德国通过成立专门的养老保险公司来对社会保障基金进行运营管理，充分发挥了企业组织力量。我国可以借鉴德国的做法，以企业联盟协会的方式监督社会保障基金的运营管理。与此同时，企业联盟协会也可以对社会保障基金提供运营建议。

第三，非政府组织。非政府组织是存在于行政系统之外的社会组织，是在经济社会大发展的背景下应运而生的，在市场失灵和政府失灵的解决上发挥着积极的作用。我国应鼓励并设立社会保障基金监督的非政府组织，用专业会计、审计、投资、法律、信息技术人才从专业的视角提供完善社会保障基金管理运营的建议。

第四，社会公众以及新闻媒介。社会公众以及新闻媒介可以被称为社会政治权力中心，是社会治理的重要力量。由于具有较快的传播速度和独特的传播方式，因此社会公众及新闻媒介享有很强的话语权力。

此外，中国的社会保障基金监督体制改革时应该保留多部门行政监督体制。不过要对各个行政部门的职能划分进行明确，并构建各部门的协调机制，统筹各个行政主体监督资源。

第二节　全国社会保障基金规模适度增长问题[①]

人口老龄化、养老保险制度转轨成本以及农村养老保险制度的资金需求交织在一起，使中国养老保险制度在未来面临着较大的资金支付压力，能否有效弥补养老保险制度的资金缺口，已成为中国养老保险制度能否持续健康发展的决定性问题。在这样的背景之下，"全国社会保障基金"在党中央、国务院的批准下于2000年8月成立了。

一　全国社会保障基金主要资金来源与资产规模

目前，全国社会保障基金最主要的资金来源渠道为中央财政拨付资金，尤其国有股"转持"是全国社会保障基金现阶段最稳定有效的资金来源。从总体上来看，全国社会保障基金投资收益呈上升态势，对全国社会保障基金保值增值方面起着促进作用，不过在年份上收益有一定的波动。全国社会保障基金的资本总额从2000年建立初期的200亿元增长至2008年的5623.7亿元，规模不断扩大。[②] 各年主要资金来源及规模见表4-1。

[①] 李月：《全国社会保障基金规模适度增长研究》，辽宁大学硕士论文，2011。
[②] 周艳：《中国社会保障基金运行机制研究》，安徽大学硕士论文，2008。

第四章 中国社会保障基金运营监管机制的重点问题

表 4-1　2000~2012 年全国社会保障基金主要资金来源及资产总额

单位：亿元

	2000	2001	2002	2003	2004	2005	2006	2007	2008	2009	2010	2011	2012
财政性净拨入[1]	200	595.3	415.8	49.1	278.5	229	574	308.1	326.95	890.59	750.84	570.19	1440.81
投资收益	0.17	7.42	19.8	44.7	36.7	71.2	619.8	1453.5	-393.7	850.49	321.22	73.37	646.59
资产总额[2]	200	805	1242	1325	1711	2118	2724	4396.9	5623.7	7766.2	8566.9	8688.2	11060.4

注：1. 包括中央财政预算拨款、国有股减持收入、彩票公益金收入等；
　　2. 资产总额中包括受托管理运营的个人账户中央财政补助资金，2012 年包括广东委托基金权益 1034.09 亿元。

资料来源：全国社会保障基金理事会网站，http://www.ssf.gov.cn。

全国社会保障基金主要依靠财政性净拨入和投资收益这两个主要资金来源来扩大规模。财政性净拨入主要包括中央预算拨款、国有股减持收入以及彩票公益金收入。由于中国尚未建立社会保障预算制度，因此中央预算拨款的规模具有不确定性。彩票公益金收入是依据《国务院关于进一步规范彩票管理的通知》（国发〔2001〕35 号）的有关规定，对超过基数的彩票公益金的 80% 通过财政部门纳入全国社会保障基金。① 国有股减持收入的政策变化较大，从最初《减持国有股筹集社会保障资金管理暂行办法》（国发〔2001〕22 号）开始，到该《暂行办法》对国内减持暂停，只保留海外国有企业 IPO 时减持或转持，得益于《境内证券市场转持部分国有股充实全国社会保障基金实施办法》的颁布实施（2009 年 6 月），国有股充实全国社会保障基金的方式最终从"减持"转变为"转持"。② 全国社会保障基金获得的国有股"减持"和"转持"的累积收入在 2008 年 5 月 31 日时点上达到 894.65 亿元。"转持"方式能深入地推进国有资产充实全国社会保障基金进程。在基金资产规模不断扩大、投资方式不断丰富扩展的背景下，投资收益总体呈上升趋势，特别是 2006 年和 2007 年投资收益大幅上升，超过财政净拨入规模而成为全国社会保障基金的第一大资

---

① 张金辉：《我国社会保障基金的投资运营模式研究》，南开大学硕士论文，2007。
② 王文捷：《针对国有股转持政策的分析和对策》，《投资与合作》2013 年第 12 期。

金来源，但是 2008 年由于中国股市的整体下跌，投资首次出现亏损。

二　全国社会保障基金的投资运营和资产结构

在现阶段，《全国社会保障基金投资管理暂行办法》是全国社会保障基金进行投资运营的主要法规依据。《暂行办法》对投资资产的比例做出了规定：按成本计算，银行存款和国债投资的比例不得低于 50%，其中银行存款的比例不得低于 10%；企业债、金融债投资的比例不得高于 10%；证券投资基金、股票投资的比例不得高于 40%。[1] 全国社会保障基金实业投资主要集中在中央直管企业改制或改革试点项目，投资总额按成本计算不超过划入基金货币资产的 20%，投资单一项目的比例不超过该项目总规模的 20%。目前社保基金实业投资包括交通银行 100 亿元、中国银行 100 亿元、工商银行 100 亿元、京沪高速铁路股份有限公司 100 亿元，在已有的投资项目中，工商银行、中国银行、交通银行已经上市，在 2007 年 12 月 31 日时点上，这三大银行的市值总值达到了 1272 亿元，收益率较高[2]。2008 年 4 月，经国务院批准，全国社保基金可以投资经发展改革委批准的产业基金和在发展改革委备案的市场化股权投资基金，总体投资比例不超过全国社保基金总资产按成本计的 10%[3]。

在现阶段，经全国社保基金理事会批准，有 10 家金融机构获得了境内投资管理人的资格，另外有 3 家金融机构获得了投资托管人的资格[4]，境内委托投资共有 12 只股票型资产组合、6 只债券型资产组合和 4 只稳健配置型资产组合。2006 年 5 月 1 日《全国社会保障基金境外投资管理

---

[1] 周华敏：《中美社会保障基金运营管理的理论与实践研究》，南开大学博士论文，2007。
[2] 全国社会保障基金理事会网站，http://www.ssf.gov.cn/tzyy/sytzdt/200812/t20081208_1586.html。
[3] 全国社会保障基金理事会网站，http://www.ssf.gov.cn/tzyy/sytzdt/200812/t20081208_1546.html。
[4] 境内投资管理人分别是 2002 年确定的南方基金管理有限公司、博时基金管理有限公司、华夏基金管理有限公司、鹏华基金管理有限公司、长盛基金管理有限公司、嘉实基金管理有限公司和 2004 年确定的易方达基金管理有限公司、招商基金管理有限公司、国泰基金管理有限公司、中国国际金融有限公司；境内投资托管人为交通银行、中国银行和中国工商银行。

暂行规定》开始实施后，全国社会保障基金理事会又给予了美国北美信托银行和花旗银行以全国社会保障基金境外投资全球托管人的资格，以及10家境外委托投资管理人的资格①。目前全国社会保障基金境外委托投资共有积极型全球（美国除外）股票、香港股票和全球债券型资产组合各一只，指数增强型美国股票资产组合1只，现金组合一只。《2008年全国社会保障基金年度报告》显示，全国社会保障基金直接投资的资产达到了3057.89亿元，所占比重为54.38%；委托进行投资的资产达到了2565.81亿元，所占比重达到了45.62%。以下为2011年末全国社会保障基金主要资产结构（见表4-2）。②

表4-2　2011年末全国社会保障基金主要资产结构

主要资产类别	资产规模（亿元人民币）	占总资产比例（%）
银行存款	158.39	1.82
交易类金融资产	2294.50	26.41
可供出售金融资产	1859.50	21.40
持有至到期投资	3389.32	39.01
长期股权投资	683.32	7.86
总资产	8688.20	

资料来源：根据全国社会保障基金理事会2011年资产负债表数据整理得出。（http://www.ssf.gov.cn/cwsj/ndbg/201206/t20120618_5601.html）

三　全国社会保障基金投资收益水平

全国社会保障基金建立伊始便确立了价值投资、长期投资和责任投资的理念，随着投资渠道的拓宽、投资策略的完善和投资方式的调整，风险管控能力大幅提高，基金的总体收益率呈上升的趋势。③ 2001~2007年，全国社会保障基金投资收益率从1.73%提高至43.19%，2006、2007两年

---

① 10家境外委托投资管理人分别为道富、联博、安盛罗森堡、普信、骏利英达资产管理、德盛安联、瑞士银行、景顺投资、贝莱德、PIMCO。
② 王丽丽：《公共养老储备基金投资管理策略——国际比较与中国启示》，西南财经大学硕士论文，2010。
③ 黄熙：《社保基金筹资模式选择与投资运营管理》，天津大学博士论文，2005。

投资收益率超过财政净拨入，成为全国社会保障基金规模增长的第一大资金来源。2008年中国股市的大幅下挫，上证指数从年初5500多点的高位跌至年末1820点，下跌幅度达66.9%，深成指数从年初17731点跌至年末6485点，下跌幅度达63.4%。受此影响，全国社会保障基金的投资收益率出现较大幅度下降，但由于对股票投资实行了比例管理，严格执行设定的股票资产的投资比例区间，因此较为有效地控制了资产损失程度，2008年全国社会保障基金投资收益率为-6.75%。2001~2008年全国社会保障基金年均投资收益率为8.98%，较好地完成了全国社会保障基金保值增值任务，有力地促进了全国社会保障基金的规模增长。[①]（见表4-3）

表4-3 全国社会保障基金历年投资收益率

年份	投资收益（亿元人民币）	投资收益率（%）	通货膨胀率（%）
2000	0.17	—	—
2001	7.42	1.73	0.7
2002	19.76	2.59	-0.8
2003	44.71	3.56	1.2
2004	36.73	2.61	3.9
2005	71.22	4.16	1.8
2006	619.79	29.01	1.5
2007	1453.5	43.19	4.8
2008	-393.72	-6.75	5.9
2009	850.49	16.12	-0.7
2010	321.22	4.23	3.3
2011	73.37	0.84	5.4
2012	646.59	—	2.6
累计投资收益	2845.93	8.40（年均）	2.47（年均）

注：投资收益率以及通货膨胀率均值为简单平均值。

资料来源：投资收益、投资收益率根据全国社会保障基金理事会历年全国社会保障基金年度报告整理可得；通货膨胀率来源于2013年中国统计年鉴，http://www.stats.gov.cn/tjsj/ndsj/2013/indexch.htm。

---

① 金刚、柳清瑞：《全国社会保障基金发展的问题与展望》，《社会保障研究》2010年第5期。

四 全国社会保障基金规模适度增长问题

全国社会保障基金 2000 年建立伊始就确立了其功能：为应对人口老龄化高峰的养老金支付风险而进行战略储备，保障老年人的基本生活水平。全国社会保障基金规模应该是适度的。[①] 一方面，过度地扩大规模会影响国家财力的合理支出，造成基金冗余，另外还会给基金的运营投资管理带来风险；另一方面，过小的基金规模会造成养老金支付不足等后果。因此，要从适度的角度来看待社会保障基金的规模，一方面要弥补未来养老保险基金的收支缺口，另一方面也要避免扩大后的基金规模所产生的高风险运营管理。总体而言，应当建立一个全国社会保障基金适度增长的制度。

（一）全国社会保障基金适度增长的依据

与社会保障适度水平的"度"相类似，全国社会保障基金适度增长的"度"存在"质"与"量"的统一。不过，全国社会保障基金适度增长"量"的测度是根据未来基本养老金收支缺口的预测进行的；另外，对于适度增长"质"的判断是依据以下标准进行的：既能弥补未来养老金缺口，也能不影响国民经济的健康发展。因此，构建合理的全国社会保障基金增长模式具有非常重要的意义。

全国社会保障基金适度增长模型是以未来 40 年城镇职工基本养老保险基金收支为依据来进行预测的，预测的曲线略呈倒"U"型。根据假设：确保财政投入和全国社会保障基金波动一致；确保全国社会保障基金每年都能按照一定速度得到财政的投入。在此基础上，全国社会保障基金适度增长及其速度的模型可以表示为：

$$y = f(x) = ax^2 + bx + c \quad y' = f'(x)$$

将相关数据输入上述模型，可以得出全国社会保障基金增长适度增长

[①] 吴美华：《机构投资者独立性与公司绩效关系的研究》，西安电子科技大学硕士论文，2013。

速度的上限和下限。

（二）全国社会保障基金适度增长模式研究及测算

1. 全国社会保障基金适度增长模式的模型假设

国家在最近几年对全国社会保障基金投入的不确定性直接造成了对未来基金缺口弥补的不确定性。上述模型的目的就是测度国家应该对养老金缺口进行适度规模投入，以规避基金未来支出不足对退休人员基本生活造成的影响，同时亦规避基金规模过大而导致的管理运营风险。

A. 模型成立的前提条件：

  a. 确保财政投入和全国社会保障基金波动一致；

  b. 确保全国社会保障基金每年都能按照一定速度得到财政的投入。

模型：$y = ax^2 + bx + c$ 为一元二次方程

$$A = \int_{X1}^{X2}(ax^2 + bx + c)dx = \left[\frac{a}{3}x^3 + \frac{b}{2}x^2 + cx\right]_{X1}^{X2} = Dt - St =$$

养老金的总缺口 6928 亿元（$x_1 < x_2$）

在进行模型计算时，应该从总缺口中减去之前已经投入的资金，因为 2000~2009 年全国社会保障基金的权益总额达到了 6927.73 亿元。

假设：1. 为方便计算，对年份进行换算，换算公式如下：2010 = 10，2011 = 11，…，2050 = 50。

2. 在 2010 年，全国社会保障基金累积额是 2000~2009 年国家财政投入的平均值 693 亿元。

B. 已知条件：

  a. 模型的对称轴为缺口最大年，假如按照覆盖率和遵缴率为 100% 的情形，其最大缺口年为：2045，有 $\frac{b}{2a} = 45$。

  b. 假设 2010 年全国社会保障基金的投入为前十年的平均数，且这一点也在假设的模型上，便有模型上的一点坐标（10, 693）。

  c. 养老金缺口的总金额（A）。

可以计算出 a, b, c 的值，从而全国社会保障基金每年可按照 $2ax + b$ 的速度进行稳健的投入。

如图4-1：2010~2050年，合意缺口下的适度增长模式的模型，此函数的斜率为$f(x)$即为全国社会保障基金筹集的适度年增长速度。

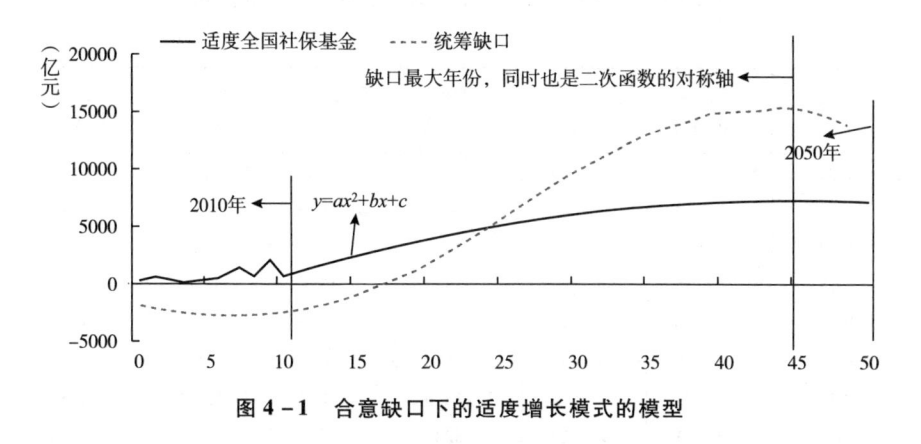

图4-1　合意缺口下的适度增长模式的模型

2. 全国社会保障基金适度增长模式的测算

（1）全国社会保障基金缺口最值区间的计算

如表4-4所示：遵缴率最高时，覆盖率越小，缺口越小。当遵缴率为100%时，覆盖率为60%，缺口最小约为17.65万亿元。

表4-4　遵缴率最高时，计算不同覆盖率下的缺口值

单位：亿元

年　份	遵缴分段 覆盖分段	遵缴1 覆盖0.6	遵缴1 覆盖分段	遵缴1 覆盖0.8	遵缴1 覆盖0.9	遵缴1 覆盖1
2001	327	1171	1171	1562	1757	1952
2005	429	1536	1536	2048	2304	2560
2010	845	1629	1901	2173	2444	2716
2015	115	832	1110	1110	1248	1387
2020	-2430	-718	-1077	-957	-1077	-1196
2025	-6129	-2999	-4498	-3999	-4498	-4998
2030	-10292	-5533	-8300	-7378	-8300	-9222
2035	-13301	-7620	-12065	-10160	-11430	-12700
2040	-15624	-8953	-14176	-11938	-13430	-14922
2045	-16368	-9263	-14666	-12350	-13894	-15438
2050	-14883	-8114	-12847	-10819	-12171	-13523
缺口总额	-352952	-176505	-285759	-235340	-264757	-294175

如表 4-5 所示：当遵缴率为最低时，覆盖率越大，缺口越大。当遵缴率为 75% 时，覆盖率为 100%，缺口最大约为 55 万亿元。

表 4-5　遵缴率最低时，计算不同覆盖率下的缺口值

单位：亿元

年　份	遵缴分段 覆盖分段	遵缴 0.75 覆盖 0.6	遵缴 0.75 覆盖分段	遵缴 0.75 覆盖 0.8	遵缴 0.75 覆盖 0.9	遵缴 0.75 覆盖 1
2001	327	327	327	436	490	545
2005	429	429	429	573	644	716
2010	845	121	141	161	182	202
2015	115	-1032	-1376	-1376	-1548	-1720
2020	-2430	-2973	-4460	-3965	-4460	-4956
2025	-6129	-5717	-8576	-7623	-8576	-9529
2030	-10292	-8852	-13279	-11803	-13279	-14754
2035	-13301	-11523	-18245	-15365	-17285	-19206
2040	-15624	-13526	-21417	-18035	-20289	-22544
2045	-16368	-14637	-23176	-19516	-21956	-24395
2050	-14883	-14543	-23026	-19390	-21814	-24238
缺口总额	-352952	-329857	-517574	-439810	-494786	-549762

计算出来的缺口上限值与下限值是基金缺口的极端值，不过可以推出 2001~2050 年城镇职工养老金统筹资金缺口在 17.65 万亿~55 万亿元的范围内。政府对基金缺口的财政投入不能低于或者超过该范围。当依照覆盖率与遵缴率分段提高的方式计算时，最合乎实际情况的缺口为 35 万亿元左右。

（2）全国社会保障基金适度增长速度的计算

A. 缺口最大时

按照前面一节的方法可以计算

已知条件：

缺口最大年份为 2047 年即为 $x=47$，$(x=1, 2, \cdots, 50)$，如图 4-2。

2010 年坐标为 (10, 693)，

缺口 A = 549762 - 6928 = 542834（亿元）

列三元一次方程组为：

$$\begin{cases} A = \int_{10}^{50} f(x)\,dx \\ 693 = a \times 10^2 + b \times 10 + c \\ -\dfrac{b}{2a} = 47 \end{cases} \rightarrow \begin{cases} a = -\dfrac{3090684}{227200} \approx -13.6 \\ b = \dfrac{290524296}{227200} \approx 1278.7 \\ c = -\dfrac{2438694720}{227200} \approx -10733.7 \end{cases}$$

$$y = -13.6x^2 + 1278.7x - 10733.7$$

$$f'(x) = -27.2x + 1278.7$$

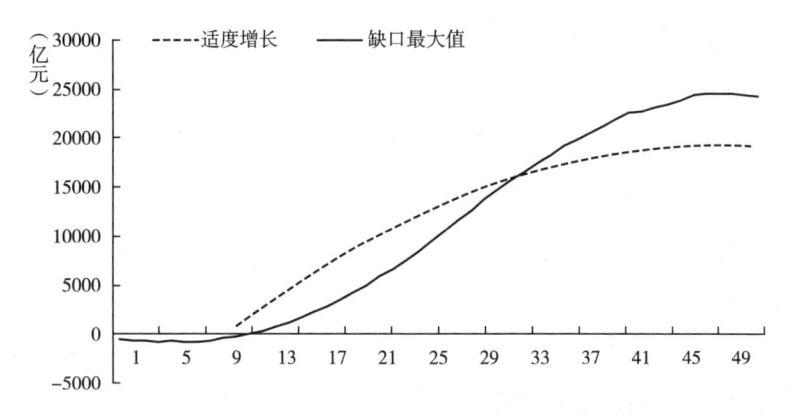

图 4-2 缺口最大值时的适度增长模型

B. 缺口最小时

同理计算

已知条件：

缺口最大年份为 2045 年即为 $x=45$，（$x=1, 2, \cdots, 50$），如图 4-3。

2010 年坐标为 (10, 693)

缺口 $A = 176505 - 6928 = 169577$（亿元）

列三元一次方程组为：

$$\begin{cases} A = \int_{10}^{50} f(x)\,dx \\ 693 = a \times 10^2 + b \times 10 + c \\ -\dfrac{b}{2a} = 45 \end{cases} \rightarrow \begin{cases} a = -\dfrac{851142}{208000} \approx -4.1 \\ b = \dfrac{76602780}{208000} \approx 368.3 \\ c = -\dfrac{536769600}{208000} \approx -2580.6 \end{cases}$$

$$y = -4.1x^2 + 368.3x - 2580.6$$

$$f'(x) = -8.2x + 368.3$$

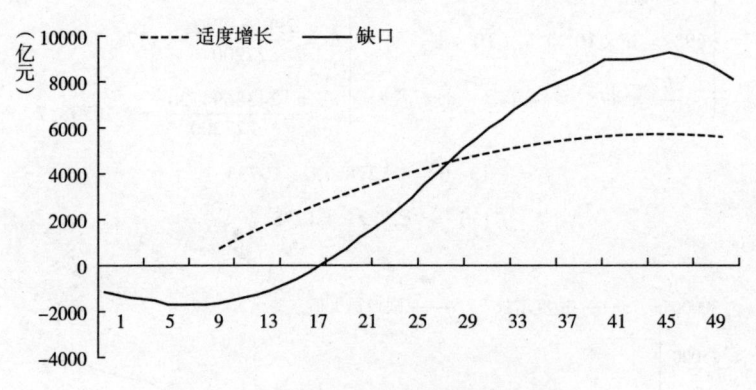

图 4-3 缺口最小值时的适度增长模型

C. 分段提高时

同理计算

已知条件：

缺口最大年份为 2045 年即为 $x = 45$，（$x = 1, 2, \cdots, 50$），如图 4-4。

2010 年坐标为（10，693）

缺口 A = 352952 - 6928 = 346024（亿元）

列三元一次方程组为：

$$\begin{cases} A = \int_{10}^{50} f(x)dx \\ 693 = a \times 10^2 + b \times 10 + c \\ -\dfrac{b}{2a} = 45 \end{cases} \rightarrow \begin{cases} a = -\dfrac{1928574}{208000} \approx -9.3 \\ b = \dfrac{173571660}{208000} \approx 834.5 \\ c = -\dfrac{1398715200}{208000} \approx -6724.6 \end{cases}$$

$$y = -9.3x^2 + 834.5x - 6724.6$$
$$f'(x) = -18.6x + 834.5$$

汇总上述三种情况：如图 4-5 国家的财政对全国社会保障基金投入的钱应该在 [$-4.1x^2 + 368.3x - 2580.6$，$-13.6x^2 + 1278.7x - 10733.7$] 这个区间内，不能高于或低于这个区间，最合理的值应该在 $y = -9.3x^2 + 834.5x - 6724.6$ 线上。速度在 [$-8.2x + 368.3$，$-27.2x + 1278.7$] 区间内，最合理的值应该是 $-18.6x + 834.5$（$x = 1, 2, \cdots, 50$）。

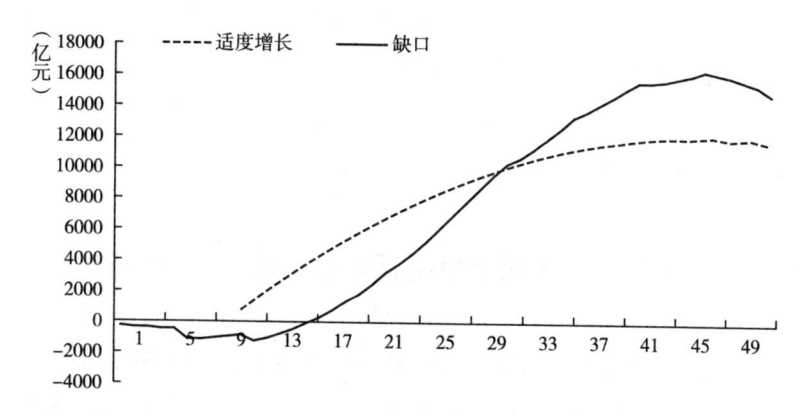

第四章 中国社会保障基金运营监管机制的重点问题

图 4-4 缺口分段增长时的适度增长模型

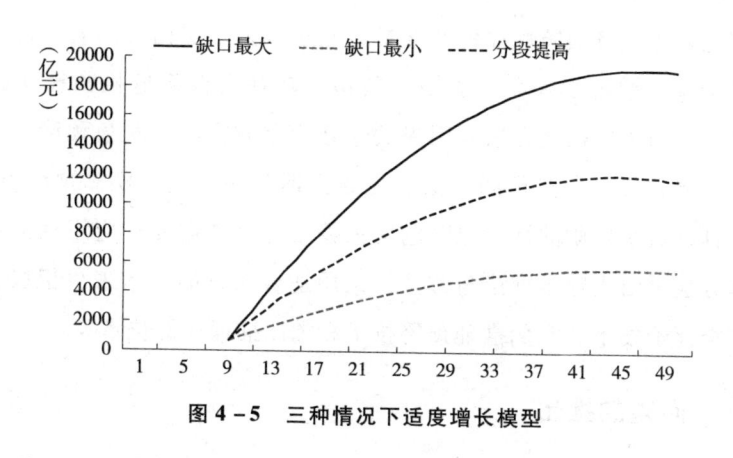

图 4-5 三种情况下适度增长模型

（3）全国社会保障基金保值增值下的适度增长

根据前文计算结果可以得知，在稳定保值的情况下，全国社会保障基金的适度增长值取值于一个区间范围。国家财政对全国社会保障基金的支持应该在这个区间里，不应该低于该范围的下限值，也不应该高于该范围的上限值。低于下限值时，基金就可能无法保障退休人员的基本生活水平；高于上限值时，国家财政的负担会加重，另外基金资产也会面临着运营投资的风险。因此，合理适度的增长是很重要的，是基金实现增值的研究重点。通过分析全国社会保障基金理事会年度报告，可以看出在 2001~2009 年，全国社会保障基金的年平均收益率可以达到 7.97%，累积收益率是 71.51%。假设 2010~2050 年的基金年均投资收益率达到 7.97%，那么国家财政每年就能减少对全国社会保障基金投资700多亿元。可以说，基金的投资情况对全国社会保障基金的持续运营起着十分关键的作用。所以，我国应该基金投资运营和监管两条线都抓，只有这样，财政对全国社会保障基金的有效作用才能真正地发挥出来。①

第三节　社会保障危机预警的理论与方法问题

社会保障危机预警是确保社会保障制度良性运行的关键工作之一，它主要关注于社会保障运行中的负面信息，并适时自动发布社会保障负面质变临变值检测报告。从理论上看，社会保障危机预警是对社会保障系统的未来演化趋势进行预防性评价和度量，它包含五个层面的内容，即社会保障危机警情、警源、警兆、警限和警级。在社会保障危机预警实践过程中，可采用的主要预测方法有因果关系建模预测方法、灰色预测方法、时间序列预测方法、专家预测方法、先导指标预测方法、模糊预测方法等。同时，具有数学性质的社会保障危机预警目标事件需要在应用社会保障危机预测方法时引入数学理论与方法，采用适合预测的技术来承担操作，如预警综合评价技术、案例推理预警技术和类比推理评价技术等。

一　问题的提出

社会保障是维护经济社会良性运行与协调发展的长效机制，社会保障自身运行的安全性、稳定性与可持续性关乎整个经济社会系统的稳定与发展。各国的经验教训已多次证明，社会保障危机预警是确保社会保障制度良性运行的关键工作之一。② 社会保障危机预警既是社会保障理论的前沿问题，同时又是受多因素制约的实践难点问题。本文立足于国内外实践经验和研究基础，拟解决以下几个问题：第一，社会保障危机预警的理论内涵是什么？第二，社会保障危机预警有哪些方法体系？第三，社会保障危

---

① 张金辉：《我国社会保障基金的投资运营模式研究》，南开大学硕士论文，2007。
② 武萍：《从内生警源和外生警源看我国社会保障危机预警》，《中国软科学》2006年第5期。

机预警有哪些可操作技术？

随着世界各国社会保障实践的深入，社会保障现期与未来的潜在危机受到了广泛的关注，特别是一些发达国家社会保障支出规模盲目膨胀，导致财务收不抵支和赤字累累的状况引发了对社会保障危机预警的重视。例如法国和希腊缺乏预警性或预防性的监控体系，导致福利政策的过度扩张，最终引发了福利支付危机并加剧了欧洲债务危机的局势。当前中国正处于经济转轨、社会转型、人口转变的关键时期，人口老龄化、城市化、就业方式多样化等给中国社会保障制度带来了冲击和挑战。从替代率、待遇率、养老金支出占 GDP 比重等指标来看，中国养老金制度已存在潜在的风险因素和倾向（郑秉文，2011），面对潜在危机因素的挑战，应及时建立社会保障危机预警机制和相应预防性政策。

对于社会保障危机预警的研究，国内外学者研究的着重点在社会保障危机影响因素和对策上，系统研究危机预警理论与方法的则较少。① World Bank（1994）较早注意到人口老龄化对养老金系统的冲击，并出版《防止老龄危机》建议构建多支柱的制度体系来预防老龄危机。阿克瑟·博西—苏潘（2004）指出社会保障危机的影响因素有人口结构、公共投资的治理机制、政治风险与资本市场风险等。Dean Baker & Mark Weisbrot（2005）分析了面对社会保障危机的两难困境，对福利开支的消减有可能导致老年人贫困率的上升，并反过来增加对财政需求的压力。武萍（2006、2009）较早地研究了社会保障危机预警的指标体系以及警源和警级的分类。本文立足现有研究基础，针对社会保障危机预警理论与方法研究的不足，借鉴经济领域的宏观与微观预警系统，筛选出社会保障危机预警可操作的方法和技术体系。

二　社会保障危机预警理论内涵

1. 概念梳理

人类具有趋利避害的本能，在远古时期即有预警的意识了，常用占

---

① 武萍：《社会保障危机预警亟待走出的五大误区》，《中国行政管理》2006 年第 7 期。

星、龟卜、蓍筮等方式来对事物的变化发展进行预测,把"天变示警""神谕示警"等视为不可违抗的"天命"。具有现代意义的预警概念出自军事,主要借助于飞机、雷达、卫星等工具对敌人的进攻信号进行提前发现、分析和判断,并对进攻信号威胁程度进行分级呈报指挥部门,以提前应对突发情况。目前,预警已经裹挟于人类经济、政治、文化、社会生活的各个方面。所谓预警,一般是指对于某一系统未来的演化趋势进行预期性评价,以提前发现特定系统未来运行可能出现的问题及其成因,为提前进行某些决策、实施某些防范措施和化解措施提供依据,即预警是度量某种状态偏离预警线的强弱程度、发出预警信号的过程(武萍,2006)。①

2. 基本内涵

社会保障危机预警是对社会保障系统的未来演化趋势进行预防性评价和度量。具体来说,社会保障危机预警要合理评估不利于社会保障发展的潜在危机事件,制订相应的危机防范应对预案,从而控制或利用该类事件来维护社会保障的健康发展。社会保障危机预警是在社会保障运行顺境状态下的超前预控机制,它通过对社会保障运行负变量的监测和评估,对社会保障运行接近负向质变的临界值的程度做出判断和早期预报。

社会保障危机预警的概念内涵包括以下五个方面:一是社会保障危机警情,它是社会保障危机预警的前提,指社会保障运行中出现的负面扰动因素发展到一定程度时的外部形态表现,这些外部形态通常以与社会保障运行负面状态相联系的社会保障运行指标来表示。二是社会保障危机警源,它是社会保障危机预警过程的逻辑起点,指产生社会保障危机警情的根源,根据警源的产生原因及生成机制来看,它可分为内生警源和外生警源。三是社会保障危机警兆,它是社会保障危机预警过程中的关键环节,社会保障危机警情在孕育与滋生过程中先行暴露出来的某些现象被称为"警兆",警兆是警源演变成警情的外部表现。四是社会保障危机警限,它是警情由量变转化为质变的临界点,是由此事物过渡到彼事物的中介,是横亘于安全与危险之间的一条警戒线。警源发展到

---

① 武萍:《从内生警源和外生警源看我国社会保障危机预警》,《中国软科学》2006年第5期。

警情是一个从量变到质变的过程，这一过程包含着警情的孕育、发展、扩大、爆发等若干阶段，警限就是对于这些阶段之间的"度"的主观判断，也就是社会保障危机爆发的"临界点"和"拐点"。五是社会保障危机警级，它是为表达警情严重程度而划分的预警级别，警级一般划分为轻警、中警、重警、巨警等级别，在预警图上常常以绿灯区、蓝灯区、黄灯区、红灯区表示。

3. 指标体系

社会保障危机预警指标体系的建立是一项复杂的系统工程，它要求准确、全面、有效地反映社会保障危机预警的内涵，以及客观、系统地反映社会保障活动的本质特征。在选择社会保障危机预警指标时应满足以下基本要求：一是指标的科学性；二是指标的代表性；三是指标的可比性；四是指标的关联性与独立性的统一；五是指标的系统性与层次性的统一；六是定量指标与定性指标相结合。社会保障危机预警指标选取可以从社会保障危机的内生警源和外生警源入手，根据所分析对象的属性进行调整并在预警实践中修正完善。

社会保障危机的内生警源和外生警源是指社会保障制度内外部不良扰动因素的滋生地，如果这些不良扰动因素出现了异变或超过了控制范围，那么就有可能会产生社会保障危机警情。根据对社会保障制度运行特征以及与外部相关因素的分析，社会保障危机预警的指标体系大体可分为以下内容（见表4-6）。

表4-6 社会保障危机预警指标体系

分类	引发社会保障危机内生警源的指标	引发社会保障危机外生警源的指标
一级指标	社会保障水平	社会保障法制健全程度
	社会保障支出占国家财政支出比重	行政管理体制有效性
	劳动者退休年龄	监督控制机制完善度
	社会保障覆盖范围	国内经济发展状况
	养老保险支出水平	计划调控水平与结构
	社会保险基金滚存结余	失业率水平
	社会保障运行成本水平；……	其他社会配套政策完善度；……

续表

分　类	引发社会保障危机内生警源的指标	引发社会保障危机外生警源的指标
二级指标	养老保险费征缴比 养老保险基金收支比 养老金保值率与通货膨胀率 行政管理成本 社会保障待遇支付漏洞……	GDP 增长率 人均 GDP 增长率 社会保障基金案件率 社会保障全国统筹实现率 生育率……

资料来源：武萍：《从内生警源和外生警源看我国社会保障危机预警》，《中国软科学》2006年第 5 期。

值得指出的是，社会保障危机预警指标体系是判断社会保障危机警情显现的度量标尺，它必须与合意的社会保障危机预警指标的警限相互配套使用才能综合做出预警判断。社会保障危机预警指标的警限可以根据国际经验以及各国社会保障体制特征来设定。例如社会保障水平警限一般不应超过适度水平区间上限标准；养老保险费征缴比警戒线是 24%；养老保险基金保值率的警戒线是收益率等于通货膨胀率；社会保障基金滚存结余警戒线是满足四个月支付需要；社会保障行政管理成本的警限一般不超过社会保障基金的 2% 等。

三　社会保障危机预警方法体系

社会保障危机预警与一般社会保障预测并不相同，它主要关注社会保障运行中的负面信息，并适时自动发布社会保障负面质变临变值检测报告。社会保障危机预警是一项复杂的系统工程，依赖于一系列专门的评估与预测方法及技术测算出社会保障负面变化的警戒线和趋近临界变化的程度。在社会保障危机预警过程中，可采用的主要预测方法如下。

1. 因果关系建模预测方法

社会保障系统中存在各变量之间的因果关系，是一个巨型复杂系统。如果想对社会保障运营变量（因变量）进行预测，那么必须首先找到该变量有影响作用的变量（自变量），然后通过数学模型拟合因变量和自变量的因果关系，从而以自变量的变化来预测因变量的变化。

由于在时间上因果模型中的因变量和自变量是并行关系，因此这种方法被称为横截面预测方法或者结构性预测方法。单方程因果回归模型、联立方程的计量经济模型、系统动力学模型以及投入产出模型都属于因果模型。对历史数据要求高、工作量大是因果关系建模的重要特征。与此同时，基于历史数据模拟回归的因果关系建模预测方法无法准确地描绘出复杂的社会保障系统，存在回归误差。存在很多非线性运行机制的复杂社会保障系统在演化过程中往往会使得原有的预测误差迅速放大，造成因果模型预测结果随着时间的推进而偏离实际的情况。所以，因果模型的预测结果更多的是用做趋势判断和对有关政策的定性评价。

2. 灰色预测方法

灰色理论把信息不完全显示的系统称为灰色系统。基于灰色系统理论模型的预测，被称为灰色预测。社会保障危机预警也是部分信息已知、部分信息未知的灰色运行系统，可以采用灰色预测方法。[①]

灰色预测的基本思路是：将已知的时间序列数据，按某种变换规则建立灰色系统模型，通常是用微分方程描述的动态方程，如 GM（1，1）和 GM（1，N）模型；当模型通过残差检验、后验差检验和关联度检验后，利用合格的模型进行预测。[②]

灰色预测的优点是对时间序列数据的需求量比较少，计算相对而言比较简单；时间序列数据呈现出比较明显的上升趋势，预测的精度相对比较高。

3. 时间序列预测方法

作为应用最为广泛的社会保障运行预测方法——时间序列预测方法，其对社会保障运行变量之间的因果关系不进行考虑，而是对变量自身时间变化规律进行考虑，利用社会保障运行中的历史数据，通过建立时间序列模型来进行外推预测的方法。[③]

传统的时间序列分析方法有移动平均法、指数平滑法、趋势曲线拟合法等。随着统计技术和计算技术的发展，传统的时间序列分析方法发展为

---

① 王毅：《基于灰色理论的企业资金链风险灾变预测》，《中国商贸》2011 年第 27 期。
② 王秀玲：《农业气象灾害监测、预测、预警和评估1976～2005年唐山地区降水变化规律及干旱预测》，全国农业气象学术年会，2008 年 11 月。
③ 胡俊胜：《证券价格的预测方法研究》，南京信息工程大学硕士论文，2005。

随机、非线性的时间序列分析方法，目前主要有博克斯—詹金斯法（Box-Jenkins Method）、门限自回归模型、自适应过滤法和频谱分析法等。时间序列法具有数学基础理论完备以及应用简单的特点，不过该方法是根据时间历史数据来外推将来指标值的，所以一般只适合进行短期预测。

4. 专家预测方法

专家预测方法主要是依靠相关预测人员的主观经验判断来进行预测的方法。该应用是利用"专家"的学问、经验以及智慧对预测所需要的事实、知识和信息进行综合分析，进而得出相关的预测结果。[1]

在历史数据不全、社会保障运行波动以及存在不易进行信息量化的情况时，运用专家预测方法比较适合。头脑风暴法、德尔菲法以及主观概率预测法等都属于专家预测方法。可以看出，专家预测方法是一种定性预测法，应用的核心在于专家的经验、学识以及洞察力。

5. 先导指标预测方法

先导指标预测方法的基本原理是通过分析社会保障运行系统运行中具有先兆性功能的指标预测相关指标的变化趋势。

先导指标预测方法应用的步骤如下：第一步，挑选若干预测指标的先导指标；第二步，综合整理已挑选好的先导指标，对先导指标的扩散指数和合成指数进行计算，对相应指标变化范围进行预测。简单易行、预测结果较可靠是先导指标预测方法的主要优点，但是不能充分反映社会保障运行系统的本质关系是先导指标预测方法的缺点。此外，由于对预测指标有时间限制，先导指标预测方法所做出的预测只适合预测短期的社会保障运营。基于此，该方法在社会保障危机语境中的应用受到一定的限制。[2]

6. 模糊预测方法

模糊性指客观事物的性质和类别的亦此亦彼性。输入、输出及其特性是模糊的系统被称为模糊系统。基于模糊数学理论来预测模糊系统行为的预测方法，被称为模糊预测方法，这主要有模糊回归分析预测、模糊聚类

---

[1] 倪筱楠：《企业财务系统论》，天津财经大学博士论文，2008。
[2] 武萍：《从内生警源和外生警源看我国社会保障危机预警》，《中国软科学》2006 年第 5 期。

分析预测和模糊推理预测技术等。①

模糊预测方法的主要优点是：对数据质量要求不高，计算简单，且能利用定性信息来较好地处理复杂经济系统的模糊性。

从以上介绍可以看出，各种社会保障危机预警的预测方法都有其优点和缺点，其应用范围也各有侧重。在预警方法实践应用中经常是采用多种不同的方法来相互印证，同时根据社会保障危机预警的阶段性特征和不同时段要求对预警方法也有不同的侧重。

四 社会保障危机预警技术选择

1. 数学理论在社会保障危机预警技术中的地位

相对于单纯的数学计算方法，社会保障危机预警更加需要完整的数学思想对其进行支持。数学理论通过提供数学模型来对社会保障危机预警目标时间本质以及发展规律进行揭示。数学模型与社会保障危机预警目标事件是合理匹配的，或者说社会保障危机预警目标事件的数学性质比较明显。所谓社会保障危机预警目标事件具有明显的数学性质，是指社会保障危机预警目标事件具有确定性、随机性、模糊性、不确定性这4种数学性质。②

第一，确定性。虽然社会保障危机预警的目标事件主要为意外事件，无法事先预测好其发生的时空以及损失量，但是对社会保障危机预警目标事件的预测也是具有一定规律性的。人们通过对社会保障危机预警目标事件的研究，能掌握一部分确定的规律，并做出相关的描述。从数学角度来看，社会保障目标事件本身就包含确定性，可以据此进行社会保障危机预警。

第二，随机性。社会保障危机目标事件是复杂事件并受大量因素相互交融影响。故考虑社会保障危机目标事件不可能在事件前就确定事件发生与否，而只可以确定事件发生与不发生的概率大小。不过应该明确的是，社会保障危机目标事件本身不存在随机性，只有在对社会保障危机目标事件的人始终才存在

---

① 李西灿：《土地资源评价的多维模糊决策模型研究及应用》，山东农业大学博士论文，2010。
② 潘洁珠、朱强、郭玉堂：《预警理论方法及其应用研究》，《合肥师范学院学报》2010年第3期。

随机性,这主要是因为人们认识目标事件时会受主客观条件的限制。

第三,模糊性。目标事件所固有的一个性质就是模糊性,这是指事物具有不确定性,可以是这种状态也可以是那种状态的性质。社会保障危机目标事件只是在一定程度上安全和危险,没有绝对的安全和危险。模糊性是相对于目标事件评估而言的,模糊性通过隶属度进行表达。

第四,不确定性。社会保障危机目标事件在发生前,人们对它是未知或者是部分未知的,无法估算出它发生的概率和隶属度,可以认为目标事件或多或少地存在不确定性,这使得人们无法准确而有效地应对目标事件。

社会保障危机目标事件的上述特性或特征就使人们可以以数学理论为指导对社会保障危机目标事件进行预警。

2. 社会保障危机预警综合评价技术

(1) 综合评价技术基本内涵

综合评价技术是指依据预定的指标预警阈值,把指标的观测值转化为各个指标安全状态的评价值,然后按照某种方式对各个指标的安全状态进行综合,便可得出一国总体的社会保障预警状态的评价值。例如,将一国整体社会保障安全、经济安全态势划分为"安全、潜在非安全、显在非安全、危机"[①] 四种态势。将四种安全态势皆量化为分值,如"安全"设为1分、"潜在非安全"设为2分、"显在非安全"设为3分、"危机"设为4分;为使预警的结果更加形象,也可以运用类似交通信号灯的标志来代表不同的社会保障安全、经济安全态势,如可以用"绿灯区、浅黄灯区、深黄灯区、红灯区"来形象地表示国家整体经济"安全、潜在非安全、显在非安全、危机"等状态;还可以将不同时期的国家整体社会保障预警状态评价结果依照时间顺序在坐标图(横坐标为时间轴,纵坐标为整体安全状态评价值)中连续地描述出来,借此就可以形象地反映一国整体社会保障安全、经济安全的变动情况。

(2) 综合评价技术实施步骤

由于社会保障系统是一个巨型的复杂系统,社会保障危机指标体系对

---

① 张士铨:《国家经济安全研究主要内容之我见》,《国际关系学院学报》2005年第5期。

应地也是一个复杂系统，可以遵照系统递阶分解原则，构造成一个分层的树状结构。具体而言，每层指标从层次上来说，不但是上层指标的子类指标，而且还是下一层的父类指标。衡量国家总体社会保障安全、经济安全态势的指标是整个社会保障危机预警指标体系的最上层指标。首先，把各最下层指标的观测值在对应的预警界限内转化成安全状态评价值。一般采用百分制的方式，不过也可以采取其他的形式。然后，根据最下层的指标安全状态评价值，计算出次一层指标所拥有的安全状态评价值。[1] 以此类推，可以获得倒数第三层的安全状态评价值，一直到整体的社会保障安全、经济安全态势的评价值。

（3）综合评价技术中权值的确定

国家整体社会保障的"安全、潜在非安全、显在非安全、危机"四种态势对应于评价值的不同取值区间。对每一中间指标，设该指标的直接子层有 n 个指标，每个指标均可得出具体的安全状态评价分值 g_i，$i = 1, 2, \cdots, n$（n 为指标个数），该中间指标的分值为各指标分值的函数 $G = f(g_i, i = 1, 2, \cdots, n)$。在实际评价中，一般是采用加权求和的形式，即 $G = \sum \omega_i g_i$，$\sum \omega_i = 1, 2, \cdots, n$。

在实际应用中，中间指标的安全状态评价值一般为其直接子层中 n 个指标安全态势评价值的加权和。确定权值的常用的方法是层次分析法（AHP）。

评估过程易操作，评估结果意思确定是综合评价技术的优点。不过如何合理设定各指标预警界限以及真实反映各个指标现实重要性的权重值是应用综合评价技术的难点。当上述两个问题不能很好地得到解决时，易造成对社会保障危机预警与实际情况可能存在偏差。

3. 基于案例推理的社会保障危机预警技术

（1）基于案例推理技术的基本思路

案例推理（Case-Based Reasoning）是一种在人工智能认知领域新出现的推理方法。该方法是由耶鲁大学教授 Roger Schank 在其 *Oynamic Memory*

---

[1] 张超：《面向服务的城市公共汽车交通评价方法研究》，同济大学博士论文，2008。

一书中提出的,并相应地创建了案例推理的基本理论。案例推理方法通过模拟人类认知过程来解决问题,即求解问题时,不是从"原点"出发,而是在以前解决过的成功案例的基础上进行各种推理以达到解决问题的目的。首先,根据有关学科的领域知识,我们可以整理出国内外或历史上有代表性的社会保障危机案例,提取有关社会保障危机案例的特征。在通常情况下,社会保障预警状态的特征指标值可以表征案例的状态和特征,因而,可以通过整合这些特征指标值获得整体社会保障预警状态的评价值,并对其定性:"安全""不安全""危机"("安全""潜在非安全""显在非安全""危机")。然后,在案例库中搜索相应的案例以匹配当前问题,当搜索到与当前案例完全匹配的案例时,复制该方案的求解方法,否则,要修正当前案例,产生当前问题的解;最后要评价当前案例的求解,并把当前已求解案例加入案例库,方便以后案例的求解。每个案例都以特征值和整体社会保障预警状态的评价值来表示,并用计算机可以识别的形式来存储,这样就形成了研究工作所需要的社会保障安全与经济安全案例库。由此可见,案例推理方法实际上是一种类比推理方法。

(2)基于案例推理的社会保障危机预警系统中的关键技术

在对外社会保障危机预警领域应用案例推理法,首先需要解决的是各种社会保障危机案例的收集、整理、分析、分类;其次是表达对外社会保障危机案例以及组织、建立和维护社会保障危机案例库;再次是对案例进行检索,并对算法进行匹配;最后是输入案例的调节策略以及案例学习策略等。

第一,社会保障危机案例的收集、整理、分析、分类。

要对社会保障危机的各种案例进行重点搜集,并按照一定规则对这些案例进行编码整理、分析以及分类。按照一定的分类标准利用分析的结果对这些案例进行特征描写,并按一定的组织结构把这些案例存储成案例库。案例推理方法应用的有效与否在较大程度上与案例库的规模、案例治疗、案例表示方法以及索引机制有关系。可以说,案例的收集、整理、分析、分类是一项很重要的工作。[①]

---

① 路云:《基于核心能力理论的企业动态危机管理系统的设计》,东南大学博士论文,2006。

第二，社会保障危机案例知识的表示方法。

在经过众多社会保障危机案例的收集、整理、分析、分类之后，要将待求解的问题转化成案例的形式，这可以被称为案例的知识表示。案例是一种知识表达方式，它把专家知识和经验与数据结构和案例融合起来，形成自己的表示系统，本质上是专家解决问题的具体例子。

第三，社会保障危机案例的检索方法。

案例推理的基本思想就是在案例库中检索与待解答问题匹配度最高的案例，并根据该案例的解决方法进行提炼，形成对当前待解决问题的解决方案，所以检索方法的效率高低对于应用该方法具有重要意义。案例推理有两种检索策略，一种是串行检索策略，一种是并行检索策略。串行检索是一种自上而下的逐步接近底层的方式，越接近底层，相似度就会越高；并行检索策略是一种多任务检索方法，它会返回一个相似度最高的案例。最近相邻法、归纳法以及知识导引法这3种方法属于常用的案例推理方法。在社会保障危机预警系统中，采用的案例推理方法是最近相邻法，其算法如下：[1]

$Sim_i = \sum_{i=1}^{n} \omega_j Sim_{ij}$，式中 Sim_i 指案例库中第 i 个旧案例与问题案例的综合相似度；ω_j 是第 j 个属性或特征在参与匹配检索的属性或特征指标中所占的权重，称为第 j 个指标的权重；Sim_{ij} 是第 i 个旧案例的第 j 个属性指标与问题案例的每 j 个属性指标的相似度。[2]

应用最近相邻法的关键是明确属性指标权重和计算单个属性指标的匹配度或者相似度。通常采用专家评分法、统计分析法以及主观概率法等方法来设置属性指标，单个属性指标的相似度可以利用以下这个公式进行计算：$Sim_{ij} = |Y_j^* - Y_{ij}|/Y_{ij}$，式中 Y_j^* 是问题案例第 j 个属性指标的值，Y_{ij} 是案例库中第 i 个旧案例的第 j 个属性指标的值。[3]

---

[1] 柳炳祥、盛昭翰：《基于案例推理的企业危机预警系统设计》，《中国软科学》2003年第3期。

[2] 韩仁均：《基于案例推理的航天发射应急空间智能决策支持系统的应用》，重庆大学硕士论文，2007。

[3] 雷萍、雷战波：《基于案例推理的成本定性控制研究》，《科技创业月刊》2007年第3期。

表4-7 社会保障危机案例结构框架

社会保障危机案例编号
框架名. 社会保障危机案例名称
层次1. 社会保障危机信息描述
层次1.1 社会保障危机种类
层次1.2 社会保障危机描述
层次1.3 社会保障危机产生原因
层次2. 社会保障危机特征描述
层次2.1 社会保障危机指标1（指标1，值1，权重1；指标2，值2，权重2；…）
层次2.2 社会保障危机指标2（指标1，值1，权重1；指标2，值2，权重2；…）
…
层次2.n 社会保障危机指标n（指标1，值1，权重1；指标2，值2，权重2；…）
层次3. 社会保障危机结果集
层次3.1 社会保障危机延续的时间
层次3.2 社会保障危机带来的损失
层次3.3 控制社会保障危机的成本
层次4. 社会保障危机相关知识
层次4.1 社会保障危机产生的背景
层次4.2 引发社会保障危机的外部环境变化
层次4.3 引发社会保障危机的国内管理的变化
层次4.4 社会保障危机爆发的切入点
层次4.5 社会保障危机发生的过程
层次4.6 社会保障危机发生后的相关对策

资料来源：作者绘制。

第四，社会保障危机案例的学习机制。

可以把案例推理学习分为两种类型：成功学习和失败学习。成功学习有推理成功和案例库学习的两层意思，推理成功是指经过对较高匹配度的解修正后，形成了问题案例的解。案例库学习是指当前问题案例在与案例库某一案例存在的相似度大于预设的阈值时，就不能把该案例加入案例库中，否则，应该加入进来。[①] 与成功学习类似的，失败学习可以分为推理不成功和案例库学习两层意思，推理不成功是指问题案例不能从案例库中找到的相似案例解中找到适用于自己的问题的解，产生的原因或者是因为案例库中的案例与当前问题案例相似度都低于阈值，或者案例的解经过修

---

① 金水英：《基于知识资本的城市核心竞争力研究》，东南大学博士论文，2010。

正后还是无法给当前问题案例提供解决方案。案例库学习是指如果有专家提供了当前问题案例的解,那么就可以把该案例纳入案例库,否则,不纳入案例库。

4. 社会保障危机预警类比推理的评价技术

（1）基本原理

类比推理是人们处理一种常见的比较复杂的问题时会采用的思维方式,这是一种基于比较的思维形式。基于相似性的类比推理往往具有一定程度的稳定性。

类比推理的一般形式化定义为:

B、T（B、T 分别为基对象和目标对象）

SIM（B·Ψ_1,T·Φ_1）（B 与 T 存在相似属性集 Ψ_1,Φ_1）

SIM – add（B·Ψ_2,T·Φ_2）（推出 B 与 T 存在进一步的相似属性集 Ψ_2,Φ_2）ANSWER（T）（推出 T 的结论或求解策略）

需要说明的是,对不同领域事物的类比,首先要建立不同领域事物属性之间的同构关系,即 B 的属性 B·Ψ_1,B·Ψ_2 与 T 的属性 T·Φ_1,T·Φ_2 一一对应;对同一领域的事物 B 与 T,显然有 B·Ψ_1 = T·Φ_1,B·Ψ_2 = T·Φ_2。

这里所谓相似,是指:设 B、T 分别为基对象和目标对象,SIM（）为相似度函数,e 为相似度阀值,则:

B 与 T 相似 $\Leftrightarrow$ SIM（B·Ψ,T·Φ）$\geq e$

（2）在社会保障危机预警中的应用

应用类比推理技术对国家社会保障危机进行预警,需要用社会保障安全案例特征指标集来构建类比推理的相似属性集 Ψ_2,并用整体社会保障预警状态评价值构建类比推理的附加相似属性 Ψ_2（由于类比推理的基对象和目标对象均为同一领域,显然 $\Psi_2 = \Phi_1$）;由特征指标集的相似度 SIM（）,通过类比映射得到安全状态评价值的相似度 SIM – add（）;由附加相似度 SIM – add（）,经类比转换过程得出社会保障预警状态评价结果。显然,因为类比推理是基于相似性的推理,其推理过程清楚,推理结果易于解释。

为了确保类比推理预测结果的稳定性，相应要求：

①直接的逻辑联系要存在于相似属性集 $\Psi 2$ 与附加相似属性 $\Psi 2$ 之间（两者之间并不要求有显式的逻辑关系），这一点可以由案例的特征指标与整体安全状态的逻辑关系来保证；

②定义合适的相似性测度 SIM ( ) 和附加相似性测度 SIM - add ( )，并需要研究符合领域知识的、基于相似性测度的类比映射和类比转换方式；

③基于相似性推理形式的类比推理，当案例库中的案例少，缺乏代表性时，在进行类比推理的工作中，容易造成找不到与当前状态匹配的相似案例，进而造成类比推理流程终止。不过，由于案例不足而不给出结果，也可能比根据不足的事实给出一个不可解释的结果要明智一些。

基于案例的评价方法需要有较多具有代表性的案例，而且其评价的运算过程比综合评价法更为复杂，但它克服了综合评价法依赖于预警界限和指标权值的缺点，同时对少数敏感因素的变化也能较为准确地给出判断。另外，案例评价方法有自我扩充案例库的生长能力，可以达到不断对知识进行积累，从而更有效地实现社会保障安全、经济安全的动态评价。

五　主要结论

社会保障危机预警是对社会保障系统的未来演化趋势进行预防性评价和度量，它主要关注社会保障运行中的负面信息，并适时自动发布社会保障负面质变临变值检测报告。社会保障危机预警的概念体系由以下几个方面组成：社会保障危机警情、警源、警兆、警限和警级。[①] 其中，社会保障危机警源提供了一个可供社会保障危机预警指标参考的"坐标轴"，可以从内生警源和外生警源入手来确立社会保障危机预警警兆的指标。除了建立社会保障危机预警指标体系之外，还需要在社会保障危机预警过程中采用科学的预测方法来对社会保障目标事件的变化进行判断。一般可采用的方法有因果关系建模预测方法、灰色预测方法、时间序列预测方法、专

---

① 武萍：《从内生警源和外生警源看我国社会保障危机预警》，《中国软科学》2006 年第 5 期。

家预测方法、先导指标预测方法、模糊预测方法等，这些方法各有优缺点及其适用范围。由于社会保障危机预警目标事件具有明显的数学性质，在应用社会保障危机预测方法时需要引入数学理论与方法，采用适合预测社会保障危机目标事件的技术来承担操作，如预警综合评价技术、案例推理预警技术和类比推理评价技术等。[1] 社会保障危机预警是一项复杂的系统工程，需要多学科、多方法、多技术的支撑研究和精细操作，并且在预警过程中要以提高综合预测能力为核心彼此相互交叉与融合。

由于社会保障危机产生的原因纷繁复杂，具有半结构化和非结构化的特征，再加上社会保障危机预警又是一个多学科交叉的前沿问题，因此，社会保障危机预警存在不少的理论与实践误区（武萍，2006）。[2] 在实际预警政策操作过程中应深刻认识社会保障危机预警的重大意义，坚持不懈地进行社会保障危机预警事业，把事中的管理、事后的监管监督与预警密切结合，建立一套科学的、行之有效的中国社会保障危机预警方法与技术体系。

第四节 社会保障基金运营与社会保障水平的关系判定问题

社会保障水平一般都是用社会保障支出总额占国内生产总值的比重来衡量的。[3] 从各国社会保障时间经验来看，养老保障资金支出占有社会保障总支出的首要份额，主要指养老保险基金支出。可以认为，如果养老保险基金的投资收益率决定着社会保障的总支出能力，那它也对社会保障水平具有决定作用。

现阶段的养老保险制度规定，参保人员的退休金账户分为两部分：社会统筹养老金和个人账户养老金。社会统筹养老金基本上是现收现付；而个人账户养老金是职工将工作期间的部分收入储蓄起来，退休后把这部分收入取出来养老。在这个过程中，个人账户基金储蓄时间长、积累规模大。因此，能对未来养老待遇水平产生直接作用的基金收益具有非常重要

---

[1] 陈新伟：《贸易摩擦的预警机制研究》，苏州大学硕士论文，2006。
[2] 武萍：《社会保障危机预警亟待走出的五大误区》，《中国行政管理》2006年第7期。
[3] 姜欣：《我国最优的社会保障支出水平研究》，《中国软科学》2012年第5期。

的地位。本文探寻基本养老保险个人账户基金投资收益率与社会保障水平之间的相关关系，分析养老保险基金投资收益率在多少时可以让社会保障水平达到适度范围。①

一 基本养老保险基金个人账户余额预测模型的建立

（一）模型建立的假设条件

假设条件1：从2010年开始，按照8%的比例做实城镇基本养老保险个人账户。

假设条件2：职工工作的起始年龄。法律规定参加工作的最小年龄为16周岁。不过随着我国教育水平的不断提高，受教育的人口不断增加，受教育的年限不断提高，所以假定职工工作的起始年龄为25岁。

假设条件3：缴费规则假定为每年年初缴纳一次，费率为工资总额的一定比例。在计算过程中，不把职工养老保险费用的缴纳中断、缴费基数的缩小、资金的流失等情况考虑进来。在社会保险现实操作中，养老保险费用的缴纳是按照职工工资总额的一定比例每月进行缴纳的。但是，为了简化模型构建，就假定职工每年年初按照工资的一定比例缴纳养老保险费用。其中原有的养老保险费用缴纳基数变为年工资收入总额，缴费的比例变为年工资收入总额的一定比例。②

假设条件4：职工工资增长率一定。工资是劳动者依据自己劳动力的贡献而取得的国民收入分配，是劳动者最直接并且是最重要的经济收入获得来源。在本假定中的工资增长率是扣除通货膨胀的真实工资增长率。

假设条件5：忽略基金管理费用支出。

（二）模型的建立

1. 参保人数预测

本节中的职工人数以及退休人数都不包含机关事业单位的职工，仅包

---

① http://lw.3edu.net/bxxt/lw_167975.html.
② 张在萍：《社会保障适度水平的测定与分析》，山东大学硕士论文，2008。

含被基本养老保险制度覆盖的城镇各类企业职工和个体劳动者。参保人数的规模取决于城镇劳动适龄人口中实际就业的人数以及参保在职职工占城镇从业人员的比例。

按照2009年《中国统计年鉴》的统计数据,我国2008年的城镇就业人数达到3.021亿人。如果按照城镇居民就业率最近十年的平均增长率3.4%进行计算,那么2010年的城镇就业人数将达到3.2299亿人。如果职工在25岁参加工作,那么在现行法定退休年龄下(男性60岁,女性55岁),男性的工作年限是35年,女性的工作年限是30年,女性大约在2040年步入退休年龄,男性大约在2045年步入退休年龄。依照辽宁大学人口研究所的预测,2045年我国城镇的退休人口将达到3.0459亿人,2050年城镇的退休人口将达到3.11亿人,人口数量数据比较契合。因此本文把2010年就业的这一期人口作为研究对象。

城镇职工养老保险参保人数在2008年为21891.1万人,假定参保的在职人数年增长率是g,那么可以根据下列公式计算出各个年份的参保缴费人数。

$$g = [(1+本期劳动人口增长率) * 本期覆盖率/上一期覆盖率] - 1 \quad (4-1)$$ ①

依据上面公式(4-1),可以计算出城镇职工养老保险缴费人数2010年为22657万人。

2. 宏观经济指标预测

缴费率的预测:缴费率是指缴纳的养老保险费用占职工缴费基数工资的比例。根据2005年《决定》里的有关条例规定,企业要缴纳不超过工资总额20%的养老保险费用,个人要缴纳缴费工资基数8%的养老保险费用,养老保险缴纳费率的上限为28%,其中个人缴费部分全部计入个人账户中。

缴费年限:个人账户基金资金的积累额和投资收益额受缴费年限长短的影响,缴费年限与回报额成正比,缴费年限越长,回报率越高。但根据模型的假设条件,把工作年限为30年的职工当成研究对象。因此,在这里假定缴费年限为30年。

年平均工资和年社会平均工资增长率预测:根据1998年至2009年中

---

① 沈君霞:《中国基本养老保险基金收支平衡研究》,天津财经大学硕士论文,2009。

国城镇职工平均工资统计数据,扣除通货膨胀率后,平均工资的年平均实际增长率为7.99%,并呈不断下降的趋势,预计2010年达到6%,以后年份会保持在4%左右,因此可以预测2010年的中国城镇职工年平均工资水平将为31614元。

表4-8 1998~2012年中国城镇职工平均工资水平

单位:元

年 份	平均工资	平均工资指数 上年=100	平均实际工资指数 上年=100
1998	7479	106.6	107.2
1999	8346	111.6	113.1
2000	9371	112.3	111.4
2001	10870	116	113.2
2002	12422	113.3	115.5
2003	14040	113	112
2004	16024	114.1	110.5
2005	18364	114.6	112.8
2006	21001	114.4	112.7
2007	24932	118.7	113.6
2008	29229	117.2	111
2009	32736	112.0	113.0
2010	37147	113.5	110.0
2011	42452	114.3	108.5
2012	47593	112.1	109.2

资料来源:《中国统计年鉴(2013)》,http://www.stats.gov.cn/tjsj/ndsj/2013/indexch.htm。

(三)根据给付期限测定基本养老保险个人账户基金投资回报率

个人账户养老金的收支平衡对于维持目前社会统筹和个人账户相结合的养老保险体系有着非常重要的作用。收支不平衡的个人账户会不利于养老保险个人账户作用的发挥。当个人账户养老金出现收不抵支时,会导致职工在退休后无法获得充足的养老金以保障基本的生活水平,如果此时不降低养老金待遇水平,就会加大社会统筹的支付压力;当个人账户出现资金结余时，职工退休时个人账户养老金储存额大于职工未来领取的在退休时的现值，此时子女将继承这一部分资金，使得这部分资金失去基本的养老金功能，而没有发挥保障退休职工的作用。基于此，养老保险个人账户基金的投资运营应该保持自身的收支平衡。

依照个人账户养老金的平衡模型，可以构建养老金投资回报率 i、给付期限 m 和给付系数 α 之间的关系，即

$$\alpha = \frac{1}{\dfrac{[(1+i)^m - 1]}{[i \times (1+i)^{m-1}]}} \tag{4-2}$$

参照中国2000年的人口生命表，我国职工退休后，男性职工平均的预期余命能达到17.9年，而女性的平均预期余命能达到23.25年。为了维持退休员工的生活水平，给付系数要处在1/10~1/15范围内。按照这种给付系数范围，投资回报率必须要在3%~9%范围内。

（四）同期人个人账户中的养老保险基金在退休时的终值

现在假设开始工作的年龄为 a 岁，并在此刻就参加了养老保险，首年的工资收入为 w，工资增长率为 g，缴费率为 c，不间断地缴纳养老保险个人账户费用 n 年直到 b 岁退休。个人账户的资金由国家指定的机构进行投资运营，设定投资回报率为 i，设职工所拥有的个人账户在其退休时的终值即个人账户的储存额为 S，那么 S 可以表示为：

$$S = c \times w \times (1+i)^n + c \times w \times (1+g) \times (1+i)^{n-1} + \cdots + c \times w \times (1+g)^{n-1} \times (1+i) \tag{4-3}$$

当 $i = g$ 时：

$$S = n \times c \times w \times (1+i)^n \tag{4-4}$$

当 $i \neq g$ 时：

$$S = \frac{c \times w \times (1+i) \times [(1+i)^n - (1+g)^n]}{i - g} \tag{4-5}$$

$$S' = N \times S \tag{4-6}$$

表4-9 基本养老保险基金个人账户余额预测模型相关参数汇总

参数符号	参数名称	参数估计值
W	年社会平均工资（元）	31614
G	年社会平均工资增长率（%）	4
C	缴费率（%）	8
N	缴费年限（年）	30
I	投资回报率（%）	3、3.5、4、4.5、5、5.5、6、6.5、7、7.5、8、8.5、9
N	参保人数（万人）	22657

表4-10 不同基金投资回报率下同期人退休时个人账户基金终值

单位：亿元

I	G	C	W	S	S = s * N
1.03	1.04	0.08	31614	212602.66	481693.84
1.035	1.04	0.08	31614	220844.68	500367.80
1.04	1.04	0.08	31614	246088.25	557562.14
1.045	1.04	0.08	31614	253883.50	575223.84
1.05	1.04	0.08	31614	286415.79	648932.25
1.055	1.04	0.08	31614	293471.29	664917.91
1.06	1.04	0.08	31614	331959.44	752120.50
1.065	1.04	0.08	31614	341023.37	772656.65
1.07	1.04	0.08	31614	394094.02	892898.81
1.075	1.04	0.08	31614	398268.31	902356.50
1.08	1.04	0.08	31614	465661.58	1055049.45
1.085	1.04	0.08	31614	467316.98	1058800.07
1.09	1.04	0.08	31614	552686.89	1252222.68

资料来源：根据表4-8数据整理计算得出。

二　社会保障水平"度"的测算

社会保障水平的"度"，指的是维持社会保障水平量的限度和升降幅度，即对社会保障的支出投入应该处于什么样的水平，一方面技能保障退休人员的基本生活水平，另一方面又要能激励参保人员积极工作，促进国民经济社会发展的健康持续发展。当超过这个限度时，参保人员的工作积极性和经济社会发展水平也会受到不同程度的影响。"度"是事物保持自我属性的范畴，当超过这个范畴时，事物的属性将发生变化。过度的社会保障水平会抑制经济社会的健康发展。

一般认为，社会保障水平的测算公式可以表示为：社会保障水平 = 社会保障支出总额/国内生产总值。

$$\bar{S} = \frac{S_a}{G} \quad (4-7)$$

为了进一步深入分析，引入一个中间要素"工资等收入总额"，它是与劳动生产要素投入所创造的总产值相对应的一级分配内容，这样就可以把社会保障支出占国内生产总值的比重这种宏观意义上的社会保障水平测定公式进一步分解为两个测定指标，一个是"社会保障支出"占"工资收入总额"的比重，可以称其为社会保障负担比重系数：为了从本质上揭示社会保障水平公式的含义，现引入一个中间要素"工资等收入总额"，它的含义是劳动生产因素投入生产中所得到的一级分配。因此，可以把社会保障支出占国内生产总值比重中宏观的测度公式分解成两个测度公式：社会保障负担比重系数以及劳动生产要素分配比例系数。社会保障负担系数可以表达为"社会保障支出"占"工资收入总额"的比重：

$$Q = \frac{S_a}{W} \quad (4-8)$$

该指标主要用于测度社会保障支出份额是否能保障退休人员生活水平的同时又能激励参保人员积极地去工作劳动。经验数据表明，这一指标值过低会造成退休人员的生活水平不能得到保障，指标值过高则会造成参保人员不积极去工作，形成惰性习惯。劳动生产要素分配比例系数可以表示为"工资收入总额"占"国内生产总值"的比重，即：

$$H = \frac{W}{G} \quad (4-9)$$

该指标主要测定的是国民经济的生产和扩大再生产是否正常进行着。该指标值过低说明劳动者的劳动收入较低，影响劳动者的工作积极性；指标值过高则会影响资金的积累，抑制生产和扩大再生产。

将以上公式组合整理得出：

$$\bar{S} = \frac{S_a}{G} = \frac{S_a}{W} \times \frac{W}{G} = Q \times H \qquad (4-10)$$

（一）社会保障负担系数的数理分析

由上文可知，社会保障负担系数模型公式可以表达为：

$$Q = \frac{S_a}{W} \qquad (4-11)$$

由于社会保险支出项目由养老保险、医疗保险、失业保险、工伤保险和生育保险等构成，所以可以用以下公式来表达Q：

$$Q = O + Z + E + J + M \qquad (4-12)$$

式4-12中各个参数的含义：Q代表社会保障支出占工资收入总额的比重，O代表养老保险支出占工资收入总额的比重，Z代表医疗保险支出占工资收入总额的比重，E代表失业保险支出占工资收入总额的比重，J代表工伤生育保险支出占工资收入总额的比重，M代表社会福利优抚支出占工资收入总额的比重。

$$O = O_a C \qquad (4-13)$$

式4-13中，O代表养老金支出占工资收入总额的比重，O_a代表老年人口占总人口的比重，C代表养老金的替代率。

$$Z = 0.5DF \qquad (4-14)$$

式4-14中，Z代表失业金支出占工资收入总额的比重，D代表自然失业率，F代表劳动力人口占总人口的比重，0.5为失业金年获得系数。

参考国内外的经验和相关社会保障法规，医疗保障费用支出占到工资收入总额的范围为10%~12%，工伤、剩余保障支出占工资收入总额大概有 1.5%，社会福利和优抚支出占工资收入总额大概有 1.5%，这些是社会保障水平的限度。

(二) 劳动生产要素分配系数的数理分析

根据前文可知，劳动生产要素分配系数的计算公式可以是：

$$H = \frac{W}{G} \tag{4-15}$$

如果劳动生产要素分配系数值过低，就说明劳动生产要素没有因为总产值的提高而获得分配比例，对劳动力的投入以及工作积极性将产生不利影响。如果该值较高，则会影响资本积累，不利于生产以及扩大再生产。"柯布—道格拉斯总量生产函数"原理是研究劳动生产要素分配系数值的重要理论依据，其具体公式是：

$$Y = AL^{a}K^{1-a} \tag{4-16}$$

该函数表明，在一定社会技术水平 A 下，劳动和资本这两种生产要素在创造生产总量上发挥着多大程度的作用以及有着什么样的影响。该理论在验证的基础上认为，$a = 3/4$，$1 - a = 1/4$。因此，可以认为劳动生产要素分配的比例系数是 75%，资本生产要素分配的系数为 25%。

三 不同基金投资回报率下的社会保障水平测定

因为本文主要就基本养老保险基金运营对社会保障水平的影响展开研究，所以对医疗保险、工伤保险、失业保险以及社会优抚水平系数进行了假定，取它们的系数值为适度水平的系数值。

我国养老保险制度的账户分为两个部分：社会统筹账户以及个人账户。个人从社会统筹账户获取的养老金额度主要与个人过去的工作经历、工作贡献水平以及在职期间的薪酬待遇有关；个人从个人账户获取的养老金额度主要与个人账户投入资金、投资收益率有关，投资收益率对个人账户资金的保值增值有非常大的影响。随着个人账户制度的不断完善与发展，个人账户必然会在养老保障上发挥出重要作用。相关研究显示，未来个人账户养老金的替代率将占整体替代率水平的 55%。

依据《中国统计年鉴（2009）》的有关统计数据，GDP 增长率在不断下降，2010 年将降到 7%，2050 年将降到 4%，预计在 2040 年 GDP 将达到 1299478.4 亿元。

表 4-11　不同投资收益率下测定的社会保障水平

I	个人账户基金余额	每年个人账户支出额	个人账户支出/GDP	社会保障水平
1.03	481693.84	26760.77	0.020593469	0.212493469
1.035	500367.80	27798.21	0.021391822	0.213291822
1.04	557562.14	30975.67	0.023837006	0.215737006
1.045	575223.84	31956.88	0.024592083	0.216492083
1.05	648932.25	36051.79	0.027743279	0.219643279
1.055	664917.91	36939.88	0.028426701	0.220326701
1.06	752120.50	41784.47	0.032154803	0.224054803
1.065	772656.65	42925.37	0.033032769	0.224932769
1.07	892898.81	49605.49	0.038173385	0.230073385
1.075	902356.50	50130.92	0.038577722	0.230477722
1.08	1055049.45	58613.86	0.045105681	0.237005681
1.085	1058800.07	58822.23	0.045266028	0.237166028
1.09	1252222.68	69567.93	0.05353527	0.24543527

资料来源：根据社会保障水平测定公式以及文中相关假设条件计算可得。

社会保障的主要对象是退休的老年人，养老保险基金的投资运营是重中之重，养老保险基金的支付能力直接影响社会保障的支出能力，而养老保险基金的支付能力受养老保险基金投资运营的影响，因此可以说，养老保险基金投资运营对社会保障支出能力有很大的影响。个人账户的资金积累具有长期性，能够形成投资的规模效应，实现基金的保值增值目标。

经过对相关数据的统计研究分析，可以发现，个人账户基金投资收益率与社会保障水平呈高度相关的关系。如图 4-6 所示。

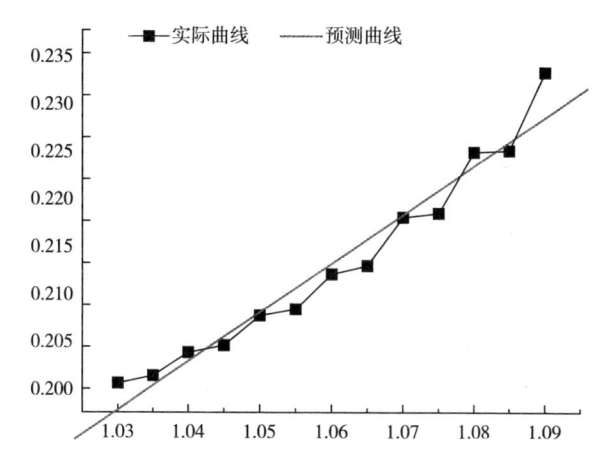

图 4 - 6　养老保险基金投资运营对社会保障水平的影响曲线

利用个人账户基金投资收益率与社会保障水平之间的关系，应用 origin 软件计算得出回归方程。

表 4 - 12　个人账户投资收益率与社会保障水平之间的回归方程

回归方程	Y = A + BX					
参　数	A	B	R	SD	N	P
数　值	0.33365	0.51596	0.97727	0.00228	13	<0.0001

资料来源：根据表 4 - 11 中的数据，应用 Origin 软件绘制得出。

统计分析结果说明：

第一，个人账户基金投资收益率和社会保障水平高度相关，相关系数可以达到 $R = 0.97$。可以认为，个人账户投资收益率的增加能提高基金的积累额，从而职工可以在退休时从个人账户中获得更多的养老金，得到相对更高的保障水平。

第二，回归方程自变量 B 的取值说明，每提高个人账户基金投资收益率，社会保障水平会得到 0.51 个百分点的提高。因此，个人账户基金的投资收益率对社会保障水平有着非常大的影响。如果城镇职工的养老金替代率被设定为 60%，那么较高的个人账户基金投资就会减轻统筹基金的支付压力，减少弥补养老保险基金缺口问题。

第三，辽宁大学穆怀中教授初步测定了我国中长期社会保障适度水平情况，测定情况如下表4–13。

表4–13 我国中远期适度社会保障水平

单位：%

年 份	2020	2025	2030	2040	2050
适度上限	19.62	22.55	24.18	23.28	26.57
适度下限	17.76	20.68	22.31	22.42	24.70

资料来源：穆怀中：《中国社会保障适度水平研究》，辽宁大学出版社。

在2040年，当个人账户的平均收益率处于6%时，社会保障水平会达到适度水平的下限；当平均收益率处于8.5%～9%的范围时，社会保障水平会达到适度水平的上限。在现阶段，我国城镇职工基本养老保险个人账户的投资收益率较低，为了能在以后达到适度的社会保障水平，应该采取措施提高养老保险基金的投资收益率。

第五节 中国社会保障基金诸风险之间的传递机制

社会养老保险制度风险，是指由于制度的环境变量、设计缺陷以及实施等因素的影响，政府对社会养老保险制度进行正式制度安排时会出现实际效果差于预期效果的情况。[1]

一 社会养老保险制度风险的"传导性"

社会保险制度的风险具有以下六大特征：客观性，社会养老保险制度风险是客观存在的，不以人的意志为转移；损害性，社会养老保险风险能在不同程度上对养老保障参与主体产生利益损害；随机性，社会养老保险制度风险产生原因的不确定性使得社会养老保险的发生具有随机性的特点；传导性，社会养老保险制度风险会经过一个子系统而传递到其他子系统，严重时会传导至整体的社会保障制度，造成系统整体危机；放大性，在社会养老保险制度中存在复杂的非线性关系，子系统风险出现会在这种

---

[1] 邓大松：《社会保险》，中国劳动社会保障出版社，2002，第67页。

关系中急剧放大，形成"蝴蝶效应"；① 可控性，虽然社会保险制度风险不能被完全排除，但是可以通过一定的安排得到一定程度的控制，这种可控性成为构建社会养老保险制度防范机制的前提。

二 社会养老保险制度风险的传导机制

社会养老保险制度是一个宏观的大系统，它包含着政治、经济、文化、法律、道德等诸多微观系统，这些微观系统相互依赖、相互影响，社会养老保险制度风险据此可以分为社会养老保险制度宏观传导机制以及微观传导机制。

（一）社会养老保险制度风险的宏观传导机制

制度环境风险的含义是相关经济社会环境变量以及其他制度安排等因素所造成的社会养老保险风险；制度风险是制度设计风险的简称，其含义是政府在制度制定设计、实施以及保障等制度安排环节对社会养老保险制度所产生的风险；制度实施风险或者技术操作流程风险，是指社会养老保险资金由收到支的过程中产生的风险。

假定基金的制度环境风险为上游环节风险，基金的技术操作流程风险为下游环节风险，那么，社会养老保险制度的风险传导机制是：如果把基金的制度环境风险定义为上游环节风险，把基金的技术操作流程风险定义为下游环节风险，那么，社会养老保险制度的风险传导机制可以分为以下两种：

1. 自上而下的风险传导机制

首先，制度环境中的各种风险因素会施加风险到社会养老保险制度上；其次，社会养老保险制度设计缺陷也会施加风险影响到其技术操作流程中；

---

① 蝴蝶效应是气象学家洛伦兹提出来的。为了预报天气，他用计算机求解仿真地球大气的13个方程式，意图是利用计算机的高速运算来提高长期天气预报的准确性。在1963年的一次试验中，为了更细致地考察结果，他把一个中间解 0.506 取出，提高精度到 0.506127 再送回。而当他到咖啡馆喝了杯咖啡以后回来再看时竟大吃一惊：本来很小的差异，结果却偏离了十万八千里！再次验算洛伦兹（Lorenz）发现，由于误差会以指数形式增长，在这种情况下，一个微小的误差随着不断推移造成了巨大的后果。他于是认定为："对初始值的极端不稳定性"，即："混沌"，又称"蝴蝶效应"，一只蝴蝶在巴西扇动翅膀，有可能在美国的得克萨斯州引起一场龙卷风。

最后，筹资风险还会施加风险影响到给付环节等技术流程中。上述风险传导机制可以简单表达为：制度环境风险—制度设计风险—技术操作流程风险。从传导路径上来看，可以把这种风险传导机制称为自上而下的风险传导机制。

2. 自下而上的风险传导机制

首先，在社会养老保险技术过程中，给付风险会对筹资等技术流程造成影响；其次，诸多技术操作流程风险也会对社会养老保险制度产生影响；最后，社会养老保险制度风险还会对制度存在的环境产生影响。可以把这种机制表达为：技术操作流程风险—制度设计风险—制度环境风险。这种路径传导机制可以被称为自下而上的风险传导机制。①

从上述两种风险传导机制可以看出，社会养老保险制度风险的主要风险源于制度设计风险。

（二）社会养老保险制度风险的微观传导机制

1. 制度环境风险的微观传导机制

制度环境风险在微观上的传导，主要是指制度环境存在一个或者多个风险扰动，使得社会养老保险制度整体处于风险状态。

制度环境风险因素主要有以下方面。（1）世界经济形势。在开放经济下世界各国之间的经济发展影响非常明显。主要体现在：当外部经济形势良好时，经济社会发展、社会养老保险制度运行也会因此而受到积极影响，反之亦然。（2）国内经济周期。从历史和现实的经验来看，一国的社会养老保险制度运行态势与该国的经济周期有着密切的关系：当经济处于高涨时期的时候，一国的社会养老保险制度运行态势倾向于良好状态；而当经济处于萧条或危机时期的时候，经济增长缓慢，失业率居高不下，就必然影响社会养老保险制度的安全运行，甚至导致社会保障危机的爆发。②（3）人口老龄化。世界人口老龄化发展的历史表明，人口老龄化对人类生

---

① 《从风险传导机制看社会保障制度风险防范机制的构建——培训资料》，http://www.doc88.com/P-379145756345.html。
② 李珍：《论社会保障个人账户制度的风险及其控制》，《管理世界》1997年第6期。

活的所有方面都会产生重大的影响。在经济领域，人口老龄化将对经济增长、储蓄、投资与消费、劳动力市场、养老金、税收等产生冲击。① 在社会方面，人口老龄化将影响社会福利、医疗制度、家庭构成以及生活安排、住房和迁移，影响社会养老保险制度的正常运行。（4）其他社会政策。如倡导保险公司发展商业保险业务，鼓励民营慈善事业发展，控制医疗卫生费用的过快增长，等等。

2. 制度设计风险的微观传导机制

制度设计风险的微观传导机制，是指制度设计存在一个或者多个具体制度在风险状态，对其他具体制度产生影响，从而使得社会养老保险制度总体上处于风险状态。

制度设计风险包括以下方面。（1）社会保障支出占国家财政支出的高低。国家财政收入用于社会保障方面的支出应当有"度"。如果适度，必定会取得社会保障与经济发展相得益彰的效果；如果偏高，就会影响国家的宏观调控能力并影响经济增长；如果偏低，可能造成社会保障不足并导致社会问题趋向严重化。②（2）社会保障覆盖范围的确定。由于社会保障具有刚性增长的特性，项目的增设和覆盖范围的扩大都应该是逐步的，否则便可能造成基金支出的快速膨胀，引发社会保障财政危机。（3）养老保险费征缴比。该指标取实际征缴的养老保险费占一个国家或一个地区或行业的职工工资总额的比率，它反映着劳动者代际的养老负担转移情况。（4）劳动者退休年龄的确定。在人均预期寿命延长的条件下，退休年龄的确定直接影响养老基金的收支规模，退休年龄越高，则劳动者缴纳养老保险费的年限越长，养老保险基金积累就越多，需要社会保险机构支付的养老金却会相对减少，反之亦然。（5）养老保险基金收支比。即养老保险基金支出与收入之比，当该指标小于 1 时，基金会有结余；当该指标大于 1 时，则会出现基金亏空。（6）养老保险金保值率与通货膨胀率。养老保险

---

① 张敏杰、鲍烨明：《论政府主导的居家养老服务模式》，纪念改革开放 30 周年暨浙江省人口老龄化 20 年论坛，2008 年 10 月 28 日。
② 武萍：《从内生警源和外生警源看我国社会保障危机预警》，《中国软科学》2006 年第 5 期。

的长期积累性决定了其存在着潜在的贬值风险。如果积累的养老保险基金不能保值，则必定会成为社会养老保险制度的一个沉重包袱。① （7）监控机制完善程度。社会保障法律制度是否能够得到有效的、规范化的实施，社会保障管理系统的行为是否符合法律制度的规范，社会保障实施系统是否处于正常运行状态，均需要通过监控机制来进行监察和督促。因此，对整个社会保障运行机制而言，监控机制是不可缺少的环节。社会保障监控机构的健全，将会促使整个社会保障制度得到健康的、正常的发展，即使在实施过程中有失误，也会得到及时的纠正，反之就会造成整个运行机制的紊乱与危机的发生②。

3. 制度实施风险的微观传导机制

筹资过程、管理过程、投资过程以及给付过程是社会养老保险的收支环节，因此，相应地有筹资风险、管理风险以及给付风险等技术操作流程上的风险。

制度实施风险主要表现在：

（1）筹资风险。筹资风险主要来源于遵缴率的高低。遵缴率不高被认为是引起养老金收支失衡的原因之一。在扩大覆盖面的同时，如果遵缴率不能提高，覆盖率越高，基金缺口就越大，导致社会保障危机的发生。③

（2）管理风险。管理风险包括社会保险基金滚存结余。在现收现付制条件下，公认的警戒指标是滚存结余的社会保险基金能够满足四个月的支付需要，反之则被认为是有风险的；如果滚存结余的社会保险基金少于两个月的支付需要，则该制度已处于危险境地④；社会保障运行成本控制水平：一是应当控制管理成本，国际上的社会保障管理成本一般按基金的2%掌握；二是杜绝社会保障待遇支付中的漏洞；三是不确定经济因素造

---

① 《从风险传导机制看社会保障制度风险防范机制的构建——培训资料》，http://www.doc88.com/p-397145756345.html。
② 郑功成：《社会保障学——理念、制度、实践与思辨》，商务印书馆，2004，第478~480页。
③ 从风险传导机制看社会保障制度风险防范机制的构建——培训资料，http://www.doc88.com/p-397145756345.html。
④ 郑功成：《社会保障学——理念、制度、实践与思辨》，商务印书馆，2004，第476~478页。

成的投资风险。①

（3）给付风险。社会养老保险制度因为人口老龄化、人均预期寿命提高、物价发展水平等因素的影响而产生财政危机，基金支出大于收入。

第六节　社保基金经办机构经办人员违规行为研究

2012 年社会保险基金审计数据表明，社保机构经办人员已成为社会保险基金的违规主体。通过运用完全信息下静态博弈和动态博弈模型，对社保机构经办人员进行研究，并求解博弈双方混合策略下的纳什均衡。对纳什均衡的进一步分析表明，影响博弈双方策略的因素主要包括：监督机构的成本、对自身名誉的重视程度、社会绩效奖励和惩罚力度，以及社保机构经办人员的违规收益等。在此基础上构建了经办人员违规行为的监管效果模型，为下一步实现社保经办机构内部的有效监管提供了理论依据，同时对监管机构和地方社保行政管理机构而言，也具有较强的指导意义。

一　问题的提出

过去十年是我国社会保险事业迅速发展的十年，伴随着以城镇职工基本养老保险制度和基本医疗保险制度为重点的社会保险制度的改革和完善，社会保险经办机构（以下简称社保经办机构）也取得了长足的发展。②然而，社保经办机构在管理和服务水平不断提高的前提下，机构内部存在财务风险和道德风险等风险控制能力不足的现象，财务风险表现在社会保险基金挪用、欺诈、冒领行为等方面，同时社保经办机构内部经办人员在操作流程中由于信息不对称，同样存在道德风险，如欺诈、冒领养老金、医疗保险金事件时有发生。由于一些社保经办机构的风险控制能力不足，因此机构内部经办人员在社会保险基金运营管理中存在挪用、骗取社保基

---

① 《从风险传导机制看社会保障制度风险防范机制的构建——培训资料》，http://www.doc88.com/p-397145756345.html。
② 黄寅桓：《基本养老保险关系转移接续中社会保险政策的比较分析及启迪》，《中国市场》2012 年第 5 期。

金行为，如宁夏石嘴山医保案就引起了全社会的关注。因此，为了探究影响社保经办机构经办人员（以下简称经办人员）违规行为的深层次原因，本文在对 2006 年和 2012 年审计署公布审计公告的基础上，对经办人员违规行为进行博弈研究。

根据国家审计署 2006 年第 6 号公告（总第 18 号）①《企业职工基本养老保险基金、城镇职工基本医疗保险基金和失业保险基金审计结果》（2006 年 11 月 24 日）的审计结果显示，三项保险基金在部分地区存在违规情况，违规金额总计 42.07 亿元左右。从审计结果看，1999 年之前和 2000 年以来的这两个时期，社会保险基金违规操作主体是社会保险经办机构，如用于委托金融机构贷款、动用保险基金对外投资及违规担保等违规操作行为。

根据国家审计署 2012 年第 34 号公告（总第 141 号）②《全国社会保障资金审计结果》（2012 年 8 月 2 日）的审计结果显示，养老、医疗及失业三项保险基金违规金额共计 8.36 亿元左右。公告显示，经办人员因审核不严，向不符合条件人员违规发放、报销资金及费用等 3.29 亿元，因采取隐瞒人员死亡信息、收入不入账等手段骗取基金 1.21 亿元，两项违规基金共计 4.5 亿元，占违规金额的 53.8%。这表明，经办人员已成为社保基金违规主体。

通过对 2006 年和 2012 年审计结果的分析比较可得出两点结论，一是在社会保险基金违规资金总量上，相比较 2006 年的 42.07 亿元，2012 年的违规金额显著下降，为 8.36 亿元。违规金额的显著下降说明，随着 2006 年以来社会保险基金监管体系的逐步建立以及对社保经办机构监管力度的加强，社保基金的安全性得到了一定程度的保障，但是 2012 年的违规数据也表明，监督机构对经办人员的监管效果仍不理想。二是在基金违规主体上，2006 年的审计结果显示，社保经办机构是违规操作的主体；2012 年的审计结果显示，不仅有社保经办机构，经办人员也成为社会保险基金

---

① 审计署对 29 个省（自治区、直辖市）和 5 个计划单列市的养老、医疗及失业保险基金进行了审计，所用数据为 2006 年第 6 号公告中的审计结果数据。
② 审计署对 31 个省（区、市）、5 个计划单列市和新疆生产建设兵团管理的 18 项社会保障资金以及人民银行、农业发展银行实施行业统筹管理的职工基本养老保险基金进行了审计，所用数据为 2012 年第 34 号公告中的审计结果数据。

违规的主体，因此有必要对经办人员的违规行为加以研究。

从我国社会保险基金的监管实践来看，主要是行政性监督较多，内部监管较弱。所谓内部监管，即社保经办机构、社保基金运营机构、社保基金管理服务机构及社保基金财政专户机构通过内部的财务监督和审计监督，以实现从源头上解决违纪违规行为的发生。① 正如胡继晔在《社保基金监管立法调研报告（2008～2010）》一书中所述，通过对13个省份的调研，指出了社保经办机构内部普遍存在的主要问题，如社保经办机构内部管理不规范、内控机制不健全等，使得政府无法从源头上及时发现经办人员因道德风险问题而产生的违规行为。

国外学者从不同的角度对社会保险基金监管进行了理论研究。Holmstorom（1970）从委托—代理理论视角出发，较早地研究了社保基金运营管理存在的基金管理人与代理人之间的关系，并论证了可通过较合理的委托代理制度安排实现对社保基金委托代理风险的有效防范。Parniczky Tibor（2002）是从监管的组织结构角度研究私人养老金，提出了政府应根据国家行政管理的组织结构、不同层级政府和不同机构间的权限分配及金融市场的发展水平等来建立承担监管职能所需要的组织结构。Takashi Oshio（2004）以简单交叠世代模型为基础，分析了在面对严峻的人口老龄化背景影响下，政府应该采取什么样的措施建立一个有效的社保基金信托机构来加强社保基金投资的安全性监管。

也有部分学者从社会保险监管制度实践入手对社会保险基金监管进行了研究。Iwry J. Mark（2002）从美国私营养老金监管与规制的角度来研究，提出了美国多重监管体系的重要性，并通过战略规划、运作规划及评估策略确保私营养老金的规范化运作。Mark W. Frazier（2004）通过分析中国城镇职工的养老金隐形债务问题，提出了目前在"碎片化"的养老金制度基础上建立完善的监管体系是不切实际的。

当前，国内学者对社会保险基金监管大多集中于制度、监管体系及模式等方面的研究。郑秉文（2007）从社保基金不同违规情况的角度对中国

---

① 姚春辉：《从武汉市社会保障基金监管体系看社保基金的监管》，《四川行政学院学报》2009年第2期。

社保制度存在的制度缺陷进行了分析，文章认为，社保制度设计的不科学与存在的问题是导致社保资金违规的根本原因，并指出社保资金面临的主要是管理风险和制度风险。巴曙松（2007）从世界范围社会保障基金监管实践角度进行研究，提出我国社会保险基金的监管应提高立法层次，建立完善的法律体制，强化监管力量，适当集中，构建主辅分明、多重监管的社保基金监管结构。① 杨燕绥（2010）在社保基金的历史和现状分析的基础上，对社会保险基金的内外部风险进行了研究，提出了在面对投资风险和委托—代理风险及支付风险方面应发展多元投资渠道、加强养老基金的监管立法、建立协同监管体系及全程监管制度。

上述国内外学者分别从不同的角度对社会保险基金监管进行了研究，但大多是从制度和监管体系等角度来研究社会保险基金的监管，缺乏对经办人员违规行为的研究。本部分以博弈均衡的视角，对作为内部监督主体的监管机构（如社保经办机构、社保行政管理机构、审计机构等）与经办人员间的行为进行研究，并通过混合策略博弈的纳什均衡结果分析影响博弈主体策略的因素，从而实现社会保险基金的有效监管。

二 社保机构经办人员违规行为的博弈分析

（一）理论介绍及模型假设

博弈论是研究利益关联（包括利益冲突）的主体人的对局的理论，是分析人们在博弈中理性行为的理论，也是讨论人们在博弈的交互作用中如何决策的理论。② 根据博弈论的一般假设，博弈的参与者为监管机构和经办人员。假定两个行为主体都是理性的"经济人"，即在博弈中均是在一定约束条件下以实现自身利益最大化为目的。并假定博弈双方所获得的收益信息是完全的，即每个参与者在选择策略的时候要针对对手的可能行动而选择一个最优策略的得益。

---

① 巴曙松、谭迎庆、丁波：《社保基金监管的现状、问题与建议》，《金融管理与研究》2007年第7期。
② http://www.doc88.com/p-9082054131972.html.

纳什均衡是一种博弈策略组合，由所有参与人最优策略构成，在别人的策略确定的情况下，所有参与人都没有积极性选择其他的策略。因此，从博弈均衡的视角来看，对于监管的诠释，可通过采取博弈中的不同监管策略来实现。

基于监管机构是否一定能查出经办人员存在违规行为，又具体分为两种情况：一是监管机构一定能查出经办人员是否存在违规行为；二是监管机构不一定能查出经办人员是否存在违规行为。下面将分别分析监管机构与经办人员在完全信息静态博弈和动态博弈模型下的策略选择以及混合策略下的纳什均衡。[①]

（二）经办人员违规行为的完全信息静态博弈分析

在该博弈中，假定监管机构一定能查出经办人员是否存在违规操作行为。

1. 模型构建

双方参与者均有两个可供选择的策略。监管机构的策略为：监管和不监管；经办人员的策略为：骗取和不骗取。双方参与者依据上述假设展开博弈，如表4-14所示。

表4-14 监管机构与经办人员间的博弈矩阵

		经办人员	
		骗取（α_1）	不骗取（$1-\alpha_1$）
监管机构	监管（β_1）	$-F$ $B-C$	W $-C$
	不监管（$1-\beta_1$）	$E+W$ $-R$	W 0

当监管机构采取不监管，经办人员采取不骗取策略时，监管机构没有额外的收益或损失，故额外收益为0；经办人员只能获得正常的工资 W（Wage）。当监管机构采取不监管，经办人员采取骗取策略时，经办人员可获取额外的收益 E（Extra Benefit），总收益为 $E+W$。此时，稽核部门遭受由于经办人员骗取社会保险基金牟取私利而带来的声誉损失 R（Reputation），其

---

① 谌忠瑞：《多目标优化设计博弈分析方法的研究与应用》，浙江大学硕士论文，2013。

额外收益为 $-R$，当经办人员采取骗取策略被监管机构查处时，除没收骗取的社会保险基金之外，还要对其进行经济性处罚，使得经办人员的额外损失 F 要远远大于其骗取社会保险基金获得的总收益 $E+W$，此时，总收益为 $-F$（Fine）。监管机构需要付出一定的监管成本 C（Cost），如人力、物力、时间等，此时监管机构因查处经办人员骗取行为而获得上级管理部门和社会的绩效奖励 B（Bonus），总收益为 $B-C$。在此，假设 $B-C>-R$，即 $B+R>C$，即监管机构对自身声誉以及绩效奖励之和会大于监管所支付的成本。而监管机构采取监管策略，经办人员选择不骗取策略时，监管机构的收益为 $-C$，经办人员无法获得额外收益，只能获得正常工资 W。

2. 博弈分析

表 4-14 博弈矩阵不存在纯策略纳什均衡，运用箭头指向法并不能找出该博弈的纳什均衡。因此，运用关系函数法来求解该博弈的混合策略纳什均衡。[①]

在给定经办人员骗取概率为 α_1 的情况下，监管机构选择监管（概率 $\beta=1$）和不监管（概率 $\beta=0$）的期望收益分别为：

$$\pi_G = (1, \alpha_1) = (B-C)\alpha_1 + (-C)(1-\alpha_1) = B\alpha_1 - C \quad (4-17)$$

$$\pi_G = (0, \alpha_1) = (-R)\alpha_1 + 0 \times (1-\alpha_1) = R\alpha_1 \quad (4-18)$$

根据经办人员不让监管机构有查处到的可乘之机的假设，经办人员在选择最优的骗取概率 α_1^* 时，监管机构选择监管和不监管的期望收益应该是相等的，即令式（4-17）=式（4-18），得出经办人员的最优骗取概率 α_1^*，即 $\alpha_1^* = \dfrac{C}{B+R}$。

同样，在给定监管概率为 β_1 的情况下，经办人员选择骗取（$\alpha_1=1$）和不骗取（$\alpha_1=0$）的期望收益分别为：

$$\pi_G(\beta,1) = (-F)\beta_1 + (E+W)(1-\beta_1) = E+W-\beta_1(E+W+F) \quad (4-19)$$

$$\pi_G(\beta,0) = W \times \beta_1 + W(1-\beta_1) = W \quad (4-20)$$

同理，令式（4-19）=式（4-20），可得监管机构的最优监管概率

---

① 陈淑敏：《三方博弈的纳什均衡求解》，《科教文汇》2007 年第 3 期。

β_1^*，即 $\beta_1^* = \dfrac{E}{E+W+F}$。

则混合策略下参与双方的纳什均衡为：$\beta_1^* = \dfrac{E}{E+W+F}$；$\alpha_1^* = \dfrac{C}{B+R}$。

静态博弈模型的纳什均衡说明，经办人员会以 $\dfrac{C}{B+R}$ 的概率采取骗取社会保险基金策略，而监管机构会以 $\dfrac{E}{E+W+F}$ 的概率选择采取监管策略。

（三）经办人员违规行为的完全信息动态博弈分析

由于骗取社会保险基金给其带来的"额外收益"是相当可观的，因此不乏存在经办人员冒险采取违规骗取行为，如 2006 年宁夏石嘴山医保案就属于典型案例。因此，基于监管机构不一定能查出经办人员是否存在骗取行为这一前提，通过三阶段博弈模型来具体分析博弈双方的最优策略以及混合策略下的纳什均衡。

1. 模型构建

在此博弈模型中，将博弈过程分为三个阶段：前两个阶段与两阶段博弈矩阵相同，第三阶段表示监管机构对社会保险基金进行审核后以一定的概率 $Y = AL^a K^{1-a}$ 发现经办人员是否存在违规骗取行为，并且假定经办人员先采取行为。基于以上假设来构建参与双方的博弈扩展式表述，博弈树中支付向量的第一个数字是经办人员的支付，第二个数字是监管机构的支付。[①] 具体见图 4-7 所示。

2. 博弈分析

上述三阶段博弈扩展式中，经办人员的期望收益为：

$$\pi_G = \alpha_2\{\beta_2[\gamma \times (-F) + (1-\gamma)(E+W)] + (1-\beta_2)(E+W)\} + $$
$$(1-\alpha_2)[\beta_2 \times W + (1-\beta_2)W]$$
$$= W + \alpha_2 E - (E+W+F)\alpha_2\beta_2\gamma \qquad (4-21)$$

---

① 刘建勇、王火欣、陈赞赞、魏明：《企业和谐发展的博弈探析》，《现代企业》2005 年第 10 期。

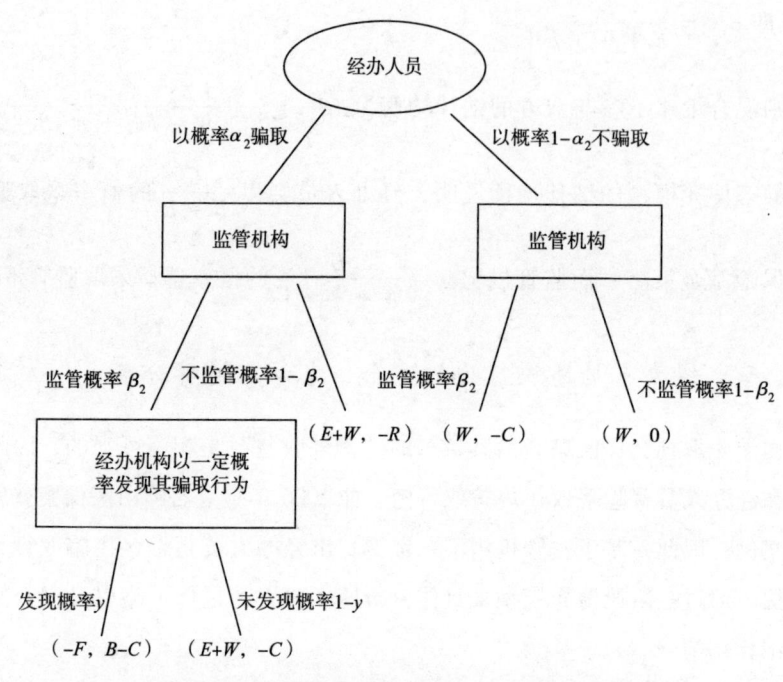

```
                    ┌─────────┐
                    │ 经办人员 │
                    └─────────┘
         以概率α₂骗取        以概率1-α₂不骗取
          ┌─────────┐        ┌─────────┐
          │ 监管机构 │        │ 监管机构 │
          └─────────┘        └─────────┘
   监管概率β₂  不监管概率1-β₂  监管概率β₂  不监管概率1-β₂
  ┌─────────┐   (E+W, -R)    (W, -C)    (W, 0)
  │经办机构以一定│
  │率发现其骗取行为│
  └─────────┘
 发现概率γ    未发现概率1-γ
 (-F, B-C)   (E+W, -C)
```

图 4-7 监管机构与经办人员间的博弈扩展式

给定监管机构混合策略 $(\beta_2, 1-\beta_2)$ 前提下，求解 α_2 的取值以使经办人员的期望收益最大化，即对式 (4-21) 中 α_2 求导并令其导数为零，可得监管机构的监管概率，即 $\beta_2^* = \dfrac{E}{(E+W+F)\gamma}$。

同理，社保经办机构的期望收益为：

$$\begin{aligned}\pi_G &= \beta_2\{\alpha_2[\gamma(B-C)+(1-\gamma)(-C)]+(1-\alpha_2)(-C)\}+\\&\quad (1-\beta_2)[(-R)\alpha_2+0\times(1-\alpha_2)]\\&= \beta_2[\alpha_2(B\gamma+R)-C]-R\alpha_2\end{aligned} \quad (4-22)$$

给定经办人员混合策略 $(\alpha_2, 1-\alpha_2)$ 前提下，求解 β_2 的取值以使监管机构的期望收益最大化，即对式 (4-22) 中 β_2 求导并令其导数为零，可得经办人员的骗取概率，即 $\alpha_2^* = \dfrac{C}{\gamma B+R}$。

在完全信息动态博弈模型中，可以看出影响经办人员最优骗取概率的因素多了一个监管机构的发现概率 γ，且该发现概率 γ 与经办人员骗取的

最优概率 α_2 成反比例关系，即监管机构的检查概率越大，经办人员的骗取概率越小。

（四）结 论

通过求解监管机构与经办人员间的完全信息下静态和动态博弈的纳什均衡，可得出以下结论：一是对经办人员而言，其违规骗取的最优概率与监管机构对自身名誉（R）的重视和社会绩效奖励（B）成反比，即监管机构对自身名誉越重视，社会绩效奖励越大，经办人员违规骗取的可能性就越小。二是经办人员违规骗取的最优概率与监管机构的监管成本成正比，即监管成本越大，经办人员就越认为监管机构进行检查的可能性小，就越倾向于采取违规骗取社会保险基金行为。三是监管机构的检查概率 γ 与经办人员违规概率 β_2^* 成反比，即监管机构越加强检查力度，经办人员采取违规策略的可能性就越小。

三 博弈纳什均衡的进一步分析

（一）纳什均衡结果对经办人员的影响

由公式 $\alpha_1^* = \dfrac{C}{B+R}$、$\alpha_2^* = \dfrac{C}{(\gamma B + R)}$，可求得以下几个结论：

1. $\dfrac{\partial \alpha_1^*}{\partial C} = \dfrac{1}{B+R} > 0$，$\dfrac{\partial \alpha_2^*}{\partial C} = \dfrac{1}{(\gamma B + R)} > 0$，说明在其他条件或因素不变时，经办人员是否采取违规策略，直接取决于监管机构的监管成本。若监管成本 C 较高，经办人员采取违规骗取策略的可能性就越大。

一般认为，监管机构的监管强度与监管成本正相关，如图 4-8 中左图所示，而与监管收益的关系则比较复杂，呈倒 U 型，即初期随着监管机构监管强度的增加，经办人员的行为将会加以规范，社保基金的安全性也会增强，即监管收益呈上升趋势，但当监管强度达到某一点时（即图 4-8 中右图所示的 M 点，此时监管收益 = 监管成本），监管处于均衡监管状态，均衡监管强度为 x^* 点，此后，监管所获得的收益将会随着监管强度的增加而下降。因此，一味地强调加强监管强度并不符合监管的成本—收益原

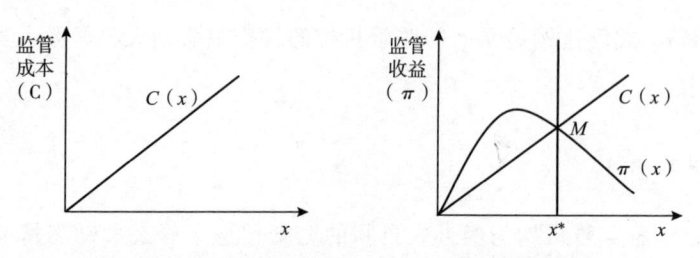

图 4-8 监管强度与监管成本、监管收益关系图

则，不利于监管机构的正常运营。①

由于监管机构的检查成本与执法成本是随机性的，它们的取值大小与监管机构在检查经办人员所管理的基金项目、所违规案件的时间跨度及复杂程度等因素有关。因此，降低监管成本的关键在于降低检查成本和执法成本。这就要求监管机构在监管实践中，应通过非日常检查和电子化审计等手段实现降低检查成本和执法成本的目标，从而有效降低监管成本 $y(c)$，继而大大降低经办人员违规操作的可能性。

2. $\dfrac{\partial \alpha_1^*}{\partial B} = -\dfrac{C}{(B+R)^2} < 0$，$\dfrac{\partial \alpha_1^*}{\partial R} = -\dfrac{C}{(B+R)^2} < 0$，$\dfrac{\partial \alpha_2^*}{\partial B} = -\dfrac{\gamma C}{(\gamma B+R)^2} < 0$，$\dfrac{\partial \alpha_2^*}{\partial R} = -\dfrac{C}{(\gamma B+R)^2} < 0$，说明在其他条件或因素一定时，经办人员是否采取违规策略，会受到社会绩效奖励（B）和监管机构对自身名誉（R）重视程度的影响。若监管机构获得的社会绩效奖励较小，或监管机构对自身名誉的重视程度较差，监管机构就没有动力去行使监管权力，这将使经办人员越倾向于采取违规策略，反之亦然。

同时，监管机构对自身名誉越重视，越倾向于对经办人员操作行为进行监督，从而获得潜在的社会绩效奖励就越多，因此，两者具有正相关关系，即 $y(B) = f(R)$。然而，在我国社保经办机构内部控制管理中，$B+R$（表示监管机构对自身名誉 R 和社会绩效奖励 B 之和）这个值始终较小，换言之，经办人员是否会采取违规策略更多地会受监管机构对自身名誉的重视程度的影响。假定监管成本 C 一定，监管机构对自身

---

① 姚春辉：《从武汉市社会保障基金监管体系看社保基金的监管》，《四川行政学院学报》2009 年第 2 期。

名誉的重视程度主要由监管者的理念、监管者的责任意识、法律赋予的责任、民众的要求等一些因素共同影响。其中，法律赋予的责任对监管机构自身名誉程度的影响较大，这是因为，对经办人员监管的法律缺失，会造成社会保险基金运营过程中存在违规挪用、骗取的可能性；另外，监管理念或认识的偏差，也会导致监管机构在政策执行效果上较差，导致监管效果不显著，极大地损害了参保人员的社会保险基金利益。如图4-9所示。

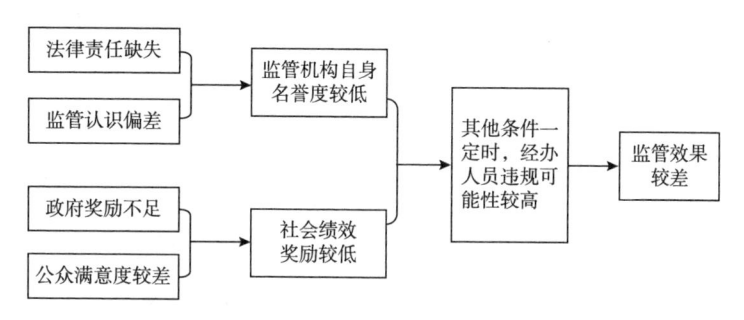

图4-9 监管机构自身名誉度、社会绩效奖励与监管效果关联图

3. $\dfrac{\partial \alpha_2^*}{\partial \gamma} = -\dfrac{BC}{(B\gamma+R)^2} < 0$，说明在其他条件或因素一定时，经办人员采取违规的可能性会随着监管机构检查的增加而减少，在完全信息下的动态博弈中，监管机构在一定的监管概率下，通过增加检查的可能性，可大大减少经办人员的违规操作行为。

综上所述，可以发现监管机构的监管成本C、监管机构对自身名誉R的重视程度、监管机构获得的社会绩效奖励B以及监管机构的检查概率γ共同影响经办人员是否采取违规策略。在理性状态下，这些因素中某一个或多个变量值在其他变量不变时上升或下降，均会给经办人员的行为策略带来影响，从而也会造成监管机构在监管效果方面产生两种状态：监管有效和监管失效，如图4-10所示。

（二）纳什均衡结果对监管机构的影响

由公式$\beta_1^* = \dfrac{E}{E+F}$以及$\beta_2^* = \dfrac{E}{(E+W+F)\gamma}$，可得出以下结论：

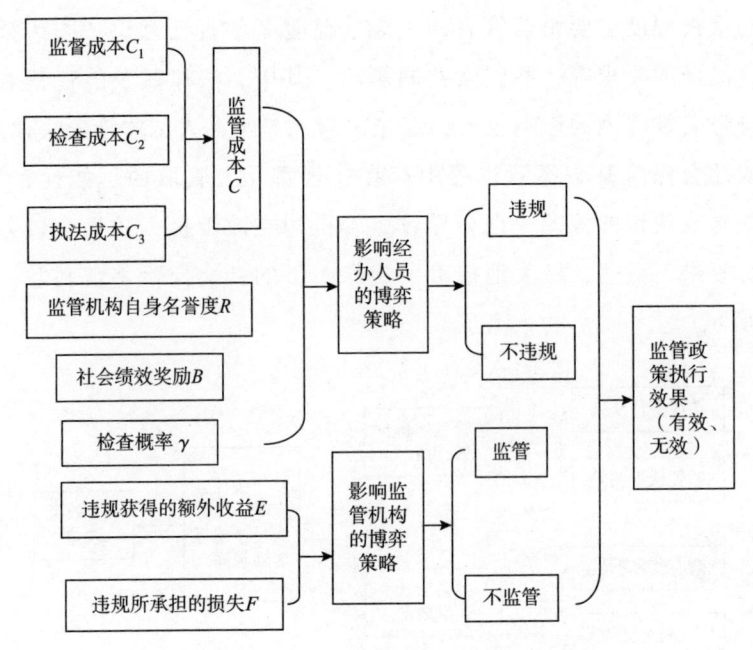

图 4-10 经办人员违规行为的监管效果模型

1. $\dfrac{\partial \beta_1^*}{\partial F} = -\dfrac{E}{(E+F)^2} < 0$，$\dfrac{\partial \beta_2^*}{\partial F} = -\dfrac{E}{(E+W+F)^2\gamma} < 0$，说明在其他条件或因素一定时，经办人员采取骗取策略的可能性会随着监管机构惩罚金额 F 的增加而下降。若惩罚金额 F 增加，则经办人员采取违规行为的可能性就较小。一方面，监管机构加大惩罚力度，对经办人员而言，具有一定的威慑力，这种威慑力还会起到示范作用，从而减少其违规操作的可能性。但由于目前经办人员违规的法律惩罚措施仅限于行政处罚，惩罚方式单一以及量刑过轻，加之社保制度的"碎片化"，各地对经办人员违规的惩罚措施不尽相同，因此使得监管机构的惩罚力度起不到足够的震慑作用；另一方面，对监管机构而言，经办人员的违规收益并不能由监管机构的自身因素决定，但可通过其惩罚力度来影响违规收益的大小。过低的惩罚力度无法有效实现监管的效果，而过高的惩罚力度会加重监管机构的执法成本。如图 4-11 所示。

在无监管状态下，不存在惩罚力度，或者说惩罚力度为零，此时违规收益呈单调上升趋势；在有限监管状态下，违规收益呈倒 U 型，在惩罚力

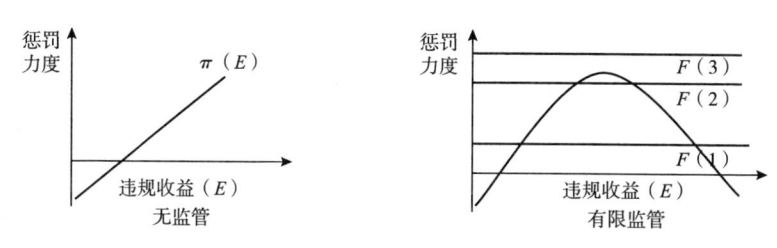

图4-11 无监管和有限监管下违规收益与惩罚力度关系图

度 $F(1)$ 处,较低的惩罚力度无法实现其监管效果,在惩罚力度 $F(3)$ 处,较高的惩罚力度会带来执法成本过高,造成监管机构福利的额外损失,而在惩罚力度 $F(2)$ 处,一方面通过提高惩罚力度可有效避免违规行为的可能性,另一方面也可避免过高的惩罚力度造成执法成本的上升。因此,对监管机构而言,设计一个较合理的惩罚力度以保障社会保险基金的安全运营也是至关重要的。

2. $\frac{\partial \beta_1^*}{\partial E} = \frac{F}{(E+F)} > 0$,$\frac{\partial \beta_2^*}{\partial E} = \frac{W+F}{(E+W+F)^2 \gamma} > 0$,说明在其他条件或因素一定时,经办人员违规骗取所获得的基金收益越多,监管机构越倾向于加强监管。作为符合理性"经济人"假设的经办人员,在管理社会保险基金的过程中,也会考虑实现自身利益最大化的可能。2012年审计结果就表明,经办人员违规金额占比为53.8%,这说明作为社会保险基金二级代理人的社保经办机构官员具有追求个人效用最大化的倾向,一些地方社会保险经办机构官员通过非法努力,借助已经获得的对社保基金管理的垄断权力,以获取高额垄断利润。

同时,在经办人员自身利益无法满足的条件下,如工资待遇较低及福利待遇相对于其他部门较差等,若仅仅依靠立法及制度性的监督,无法避免其违规骗取社保基金的行为。因此,当经办人员采取违规骗取行为时,地方政府及监管机构一定要从实际出发,除对其违规行为进行处罚之外,也要充分考虑经办人员的个人利益及福利待遇。否则,即使再完美的监管制度和措施,也无法避免违规行为的发生。

四 结语及进一步探讨

模型本身只是对现实的一种模拟,本文通过对博弈模型的拟合解释,能够使我们更清晰地看到影响经办人员违规行为的深层次因素。

从博弈的纳什均衡来看,一是影响经办人员是否采取违规策略的因素包括:监督成本(C)、监督机构的自身名誉(R)、社会绩效奖励(B)以及监督机构的检查概率(γ)。从短期来看,R,B以及γ三个因素对经办人员采取违规策略的影响较大。这是因为,短期内监管机构的监督成本(C)具有稳定性和连续性。但是从长期来看,以上四个因素将共同影响经办人员是否采取违规策略。二是影响监管机构是否采取监管的因素包括:经办人员的违规收益(E)和监管机构的惩罚力度(F)。从短期来看,通过加大惩罚力度可在一定程度上遏制经办人员管理社会保险基金过程中的违规骗取行为,但不断加大惩罚力度并不是一剂良药,它会造成监管机构的执法成本过高以及带来社会福利损失,应通过制订一个较好的惩罚力度机制来实现其最优目标。从长期来看,违规收益的大小是经办人员作为"理性经济人"假设是否采取违规策略的出发点,获取的违规收益越大,经办人员越倾向于采取违规策略。因此,怎样避免经办人员采取违规策略以获取巨大的违规收益,不仅仅需要监管机构考虑,也需要政府对目前社保机构经办人员的薪金制度进行改革。

另外,在社会保险基金监管实践中,《社会保险法》规定了社保经办机构违规违法行为的行政处罚和刑事责任,但对社会保险基金违规挪用、骗取等行为的罪名界定不清,从所查处的社会保险违规案件可以看出,在经办人员的法律处罚方面,多以挪用公款罪进行惩罚,缺乏对社会保险基金监管责任人的有力制约,可参考《刑法》中所规定的保险诈骗罪等罪名,增加对经办人员的"挪用社会保险基金罪"罪名,以解决目前对经办人员的法律惩罚只能以其他罪名起诉的尴尬局面。同时,各地颁布的《社会保险基金内部控制条例》的实施,通过建立岗位之间、业务环节之间相互监督、相互制衡的机制,保证了相关法律法规和行政规章的贯彻执行、业务活动的规范有序以及基金资产的安全等,中央可借鉴各地的法律监督实践,在全国层面上建立健全社会保险基金内部控制制度,避免各地在实施法律监督方面的"碎片化",加强对经办人员法律监督的实施效果。

通过对2012年社保基金审计数据的分析,指出了社保基金的违规主体。进一步地，从博弈均衡视角对监管机构与经办人员间的行为策略进行了研究，分析了现阶段影响经办人员违规行为的深层次原因，为下一步实现社保经办机构内部的有效监管提供了理论依据，同时对监管机构和地方社会保险行政管理部门而言，也具有较强的指导意义。

第七节 个人账户投资选择权问题

目前，流动性产品及货币市场基金类工具、可转换债券类工具以及固定收益产品等流动性较快、安全性较高的投资工具是我国城镇企业职工养老保险个人账户使用的主要投资工具。从具体的投资工具来看，个人账户的主要投资方向是银行活期、定期存款以及政府债券，其中前两者占有绝对投资比重，可以忽略其他的投资方式。如果从保障短期安全性以及较好的资金流动性这两个目的出发，那么上述的投资方式是可取的，但是会导致偏低的实际收益率。个人账户的年名义收益率（年记账率）是按照中国人民银行一年期定期储蓄利率计算出来的。[①] 中国人民银行一年期定期储蓄利率在1997~2011年平均水平为2.83%，不过与此同时CPI的增长率却达到了1.87%，因此，个人账户实际收益率的简单移动平均值仅仅为1%的水平。可以说，个人账户的实际年收益率水平偏低。

在对上述问题的认识上，李振和王海东（2009）指出市场化运营应该是个人账户资金进行有效积累的主要途径。沈澈和邓大松（2013）认为个人账户可以借鉴全国社保基金的成功经验，拓展投资渠道，加大在股市市场的投资，把个人账户资金交由单独成立的个人账户投资公司来进行投资运营。郭席四和陈伟诚（2005）认为独立的民营养老基金管理公司是对个人账户投资运营的一种优化。另外，刘江军（2011）从产权的角度出发，指出市场运营属性的私营竞争型管理模式是个人账户基金的最优投资选择。[②] 面对偏低的个人账户年收益率以及由此引发的偏低的替代率，市场

---

① 根据每年的一年期定期储蓄利率加权计算得出。
② 刘江军：《基本养老保险个人账户基金投资管理模式研究——基于产权视角的分析》，《国家行政学院学报》2011年第5期。

化运营可能是改变现状的一种选择。倘若不进行改革,个人账户替代率的提高将无法实现。

在20世纪80年代,智利拥有很小的国内资本市场,银行业支撑着整个金融行业的发展,缺乏健全的投资渠道,金融监管也相对薄弱。就是在这种初期情况下,智利个人账户的投资渠道从政府债券、可抵押债券等固定收益类投资产品发展到公司债券、股份、投资基金以及国外金融证券等类投资产品,并且保持着年均10%的收益率。[①] 改革开放后,中国经济保持着国内生产总值年均7%以上的快速发展速度,经济环境发生了非常巨大的变化。自2000年全国社会保障基金成立以来,其累计投资收益额达到3492.45亿元,年均投资收益率能达到8.29%的水平,2012年社保基金年报显示,报告期的投资收益率达到了7.01%的水平。[②] 因此,不能仅仅用"现阶段我国金融市场环境不发达"来当作个人账户不能进行市场投资的有效理由。个人账户基金不进行市场化投资更多地从一个侧面反映出政府对于投资的风险规避态度。

由于政府在社会保险制度转轨时没有对这个成本进行有效补偿,因此,在养老统筹基金出现缺口时,政府采取挪用个人账户资金来对其进行补偿。没有做实的个人账户无法进行有效的投资,无法再扩展投资渠道。因为在此时,在个人账户里不存在实有资金存量可以进行投资。如果此时进行市场化投资,那么政府就要面对双重的损失风险:首先是已经亏空的个人账户资金以及相应的投资收益额;其次是市场化运营个人账户必然要面对资本金损失的风险。

综上所述,不能进行个人账户投资运营的原因可以总结为:政府对于实行个人账户市场化不存有主观意愿。这也导致了个人账户的资金收益率一直保持着较低水平。可以看出,政府的风险态度决定着个人账户投资渠道的选择。本文将用期望效用理论深层次地分析政府在个人账户投资上的风险态度,从微观经济学的视角来分析个人账户基金如何进行市场化运营。

[①] 郑秉文、房连泉:《智利养老金改革25周年:养老金投资与资本市场》,《国际经济评论》2006年第6期。

[②] 2012年全国社会保障基金年报。

一 个人账户市场化投资政府意愿分析

理性人所具有的寻求自身效用最大化倾向，作为理性人的政府也会有。在这里，假设政府会把财政负债当作一种负效用。

（一）个人账户市场化投资政府经验分析

在 2012 年期末，原有 13 个已经做实城镇企业职工基本养老保险个人账户试点的省份，个人账户一共积累了 3396 亿元（2012 年度人力资源和社会保障事业发展统计公报）。如果把这些资金投入市场当中，以市场的方式进行投资运营，那么，任何较小比例的投资损失都会造成巨量的绝对数额损失量。当个人账户投资权属于政府时，这些巨量损失应该由政府进行补偿。如果不让个人账户的资金进行市场化投资，而是按照固定利率进行记账，那么政府就不用承担通货膨胀对个人账户所造成的侵蚀损失，而这个损失最终将会由参保者进行负担。此时，政府面临更多的是舆论风险，而不是实质上的财富转移风险。

从会计学的角度来看，个人账户所拥有的资金实际上是政府从参保者处收到的"预付账款"——一项政府负债。这个"账款"在参保者退休时必须得支付给参保者，对于社会保障主管部门而言，可以说这是一项政府负债，需要以每月发放养老金摊销这种"预收账款"的方式来降低政府负债水平。在现实合意的情况下，如果参保者在退休时所得到的摊销额度总和的现值[①]不大于参保者一生缴纳个人账户保费的终值，那么政府极有可能要通过向个人账户注资来减少政府责任。因此，如果让个人账户进行市场化投资运营，政府所做出的任何不利于个人账户保值增值的投资决定都将由政府承担，这降低了政府自身的效用。

（二）个人账户市场化投资政府风险态度分析

现假设政府对个人账户投资的期望函数为 $u(x)$。在一般情况下，当

[①] 包含因死亡而未全部领完但属于参保者权益的部分。

个人账户收益率不断提高时，个人账户基金面对的投资损失风险也在逐步提高，这是与政府自身效用最大化相左的，政府所拥有的边际期望效用会得到递减。因此，在这种情况下，可以把政府的期望效用函数 $u(x)$ 假定为凹函数。

现在给定一个任意个人账户市场化投资组合（相当于"公平赌局"①）以及个人账户的收入水平，由凹函数的性质可得：

$$p^* u(\omega + x^*) + (1 + p^*) u(\omega + y^*)$$
$$\leq u[p^*(\omega + x^*) + (1 - p^*)(\omega + y^*)]$$
$$= u\{\omega + [p^* x^* + (1 - p^*)(\omega + y^*)]\}$$
$$= u(\omega) \tag{4-23}$$

对式（4-23）进行数学公式变形，可以得到式（4-24）：

$$u[p^* x^* + (1 - p^*) y^*] \geq u([p^*; x^*; y^*]) \tag{4-24}$$

公式中各个字母的含义如下：$p^* x^* + (1 - p^*) y^*$ 代表的是政府在个人账户投资组合的期望收益（平均收益），它是一个确定值；$[p^*; x^*; y^*]$ 是一个不确定性风险收入，它是一个不确定的值。

从上述的式子可以推理出，政府倾向于逃避市场化投资组合 β，因为政府在不确定性收入上（$[p^*; x^*; y^*]$）的效用小于或等于在确定性期望收入上（$p^* x^* + (1 - p^*) y^*$）。作为理性人的政府会逃避前者而更喜欢选择后者。因此，可以得出政府在个人账户投资上是一个风险厌恶者。

风险厌恶者具有寻求稳定收益的特征。因此，政府会倾向于选择运用固定收益类投资工具以获得确定收益，而倾向于逃避个人账户投资多样化的市场运营。这种逃避不确定投资组合的个人账户投资运营模式反映了个人账户投资现状。这种个人账户投资模式不能有效地提高个人账户的投资收益率以及个人账户养老金替代率，对个人账户制度的持续发展起到了阻碍作用。

这个问题可以用风险升水概念从深层次角度来加以体现。已知有 B、

---

① 假定政府现在拥有了这样的投资组合，如果个人账户拥有资金为 ω，而该投资组合的期望收益也为 ω，期望净盈利为零，那么该个人账户投资组合也可以认定为公平赌局。

C 两个点，两者的期望效用是相等的，B 点代表的是风险性收入效用，而 C 点代表的是确定性收入效用。（如图 4-12 所示）倘若让政府为了获得风险性收入效用 B 而去选择投资组合，那么需要在稳定收入 D 的基础上再增加 P 值额度的个人账户投资收益才可以，在这里，P 值就被称为风险升水。这可以认为是对政府采取风险投资的鼓励而进行的风险补偿，不过，这个补偿主要来源于政府，此外，当个人账户由于政府的市场化投资失误而导致资金产生损失时，进行补偿的主体仍然是政府。因此，政府在这种情况下，更倾向于选择确定性收入而逃避选择风险性投资收入。利用图4-12来阐述，为了获得确定性收入 C 点的期望效用水平，政府会放弃个人账户收益增加值 P，即不选择不确定性情况下的投资组合。

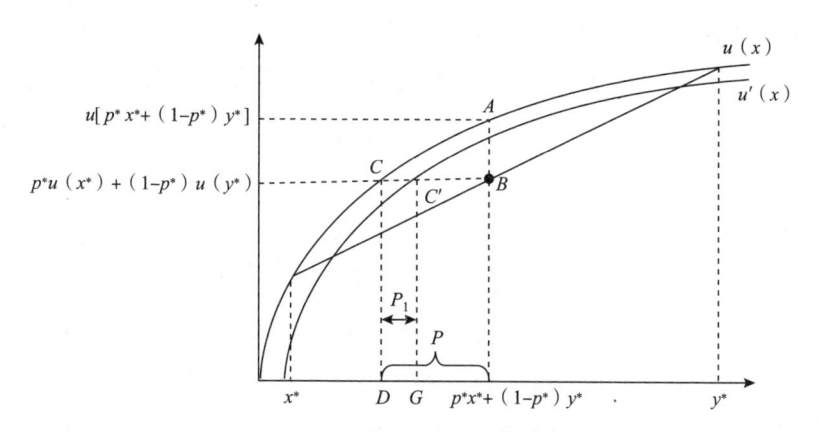

图 4-12　风险厌恶者的效用函数图

对于政府逃避风险导致提高个人账户投资收益乏力的问题，可以借助以下两个途径进行解决。一是参保者获得个人账户投资权，即个人根据自身的风险升水情况（或者风险厌恶程度）来选择自己的个人账户投资组合；二是通过设置最低个人账户记账率，提高政府在个人账户多元化投资方面的积极性，降低政府风险态度厌恶程度。第一个途径主要是为了提高个人账户的投资活跃性；第二个途径则是为了提高政府对个人账户市场化投资的能动性。以下将对实施这两个途径的原因给出期望效用理论的解释，并在此基础上给出相应的政策建议。

(三) 设置个人账户最低记账利率分析

在目前这个阶段，个人账户资金的收益率是与一年期定期存款利率加权平均数挂钩的。如果对个人账户基金不进行任何市场化投资，那么政府在没有任何作为下就可以得到所规定的收益率，因此起不到激励政府的作用。风险升水能在很大程度上影响政府在个人账户市场化运作上的决策，在较大风险升水的情况下，政府是不愿意进行个人账户市场化操作的。因此，如何通过降低风险升水来达到提高政府投资主观意愿的目的就成为核心。降低风险升水有以下两个途径：一是通过选择较小风险的投资组合来降低风险收入的风险性，达到降低风险升水的目的；二是设定个人账户最低收益额，使得这个最低收益额能大于或者等于确定性收入，缩窄最低收入值与风险收入之间的差距。如果采用第一种方法，因为政府的风险态度是"风险厌恶"，政府会选择接近确定收入的风险组合，因此不能起到激励政府行为的作用。相对而言，第二种方法可以有效地起到激励政府进行投资的作用。

现假定政府没有办法拿到确定性的收入 D（图 4 - 12），而是拿到了最低收入 G 值，政府的期望效用曲线整体横向移动 P_1（$P_1 = G - D$）单位。因为客观风险在此时是没有改变的，所以截线没有移动。这时政府的风险升水会降低，E 点是确定性等值的期望效用。为了能让政府参与个人账户市场化运营所进行的补偿为 P_1 值。不过是由政策供给 P_1 值的，实质上没有财务供给。如果政府还是倾向于选择原来的确定性收入 D，则必须得承担 P_1 值的实质性的财务供给，从而达到最低收入 G 值。为了降低财务供给，政府会倾向于选择进行个人账户市场化运营投资，保持自我效用能达到最大化。

二 赋予参保者个人账户投资选择权原因分析

(一) 参保者风险厌恶程度分析

中国城镇企业职工基本养老保险参保者在年龄和个人财富上是连续分

第四章 中国社会保障基金运营监管机制的重点问题

布的,在社会文化的风险观点上是离散的。由于这些特性不同取值和取向存在不同的组合,参保者的风险态度具有不同的倾向。经验显示,在一般情况下,经济个体通常会表现出典型的风险厌恶者的特征,因此可以假定参保者在进行个人账户投资时是一个风险厌恶者。在不同的风险态度倾向中,会表现出不同的风险厌恶程度。风险厌恶程度主要是为了度量因受各种因素(年龄、财富、社会文化等)的影响而出现的参保者对于同样收益或损失表现出的风险厌恶差异。

期望效用理论用 Arrow – Pratt 风险厌恶系数(以下简称 A – P)来测度个体的风险厌恶程度。绝对风险厌恶系数测度公式为:

$$A(\omega) = -\frac{u^*(\omega)}{u^1(\omega)}$$

参保者绝对风险厌恶系数与其风险厌恶程度成正比,即当参保者的绝对风险厌恶系数越大时,其厌恶程度就越大,反之亦然。

假定一个参保者的个人账户积累额为 ω、期望效用函数为 $u(x)$,现在向其提供一个收益不确定的投资组合 $[p;x;y]$;在其他参数固定不变的情况下,可以通过改变 x,y 的值来构建参保者的所有投资组合的 (x,y) 的"接受集"

$$F(\omega) = \{(x,y) \mid pu(\omega+x) + (1-p)u(\omega+y) \leq u(\omega)\}$$

$F(\omega)$ 在这里代表的是凸集,它的边界曲线满足方程

$$pu(\omega+x) + (1-p)u(\omega+y) = u(\omega)$$

其"弯曲度"为

$$y^*(0) = \frac{P}{(1-p)^2}A(\omega)$$

$A(\omega)$ 与边界曲线 Γ 在原点 $(0,0)$ 周围的弯曲程度成正比,即 $A(\omega)$ 越大,边界曲线 Γ 在原点 $(0,0)$ 周围的弯曲程度就越大,反之亦然(见图 4 – 13)。

现在假定存在两个参保者:a 和 b(在这里,对参保者 a,b 所具有的社会人口属性不进行分类讨论,而是从参保者总体这个集合进行讨论,这并不影响该段的讨论结果)。当 $A_a(\omega) < A_b(\omega)$ 时,根据图 4 – 13 可

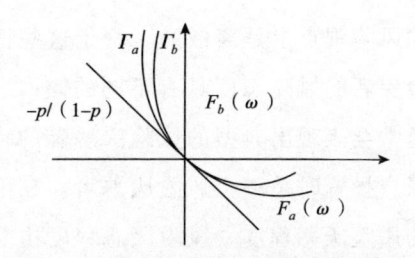

图 4-13 风险态度不同的个体的接受集

知，个体 a 的接受集 $F_a(\omega)$ 包含参保者 b 的接受集 $F_b(\omega)$。参保者 a 能接受所有参保者 b 可以接受的不确定收益的投资组合，但是反过来不可以。可以认为参保者 b 的风险承受能力要小于参保者 a，参保者 b 拥有更强的风险厌恶程度。

数量巨大的参保者拥有多样化的风险厌恶程度，从数学角度来说，存在多少个参保者就可以构造出多少条边界曲线 Γ，不同的参保者会有不一样的"弯曲度"。参保者的风险厌恶程度分布具有分布复杂化的特点。

之所以具有多样化的风险厌恶程度，是因为参保者具有多样化的社会人口特征（年龄、性别、婚姻状况、受教育程度等）以及家庭内部环境状况（财富水平、收入水平、家庭抚养人数等）。在这些因素中，参保者的风险厌恶程度受年龄和财富水平影响非常显著。

在现阶段，中国的社会保险体系不存在依据不同年龄划分参保者的风险厌恶程度组别。但是可以根据金融市场上的投资者的风险厌恶程度来从一定角度反映中国养老保险参保者风险厌恶程度的年龄组别情况。根据马莉莉和李泉（2011）的实证分析，45 岁是一个年龄分界线，相对于 45 岁以上的人群而言，45 岁以下的人群更加厌恶风险。随着年龄的增加，投资者的相对风险规避系数值在坐标轴中呈现出"U"型，在峰值到来之后，投资者的风险厌恶程度会不断增加。这个结论和智利个人账户默认基金类型的年龄组别安排相悖。陈志国（2012）根据生命周期策略下不同的投资期限和账户参保者不同生命周期阶段时的风险特征提出了三个年龄段——18～34 岁，35～54 岁，55 岁以上。这种风险态度年龄组别的划分原则与智利一致，年轻者具有较强的风险承受能力，其风险厌恶程度较低，基于此，可以给年轻者以风险较大的默认投资组合。

对于年轻者与年老者谁更具有风险承受能力，学者对此从各自的角度给出了不同的解释。有的学者认为较年轻的个体会因为期望收入较高，可以从工作生命周期对投资损失进行平衡，因而具有较低的风险厌恶程度，有的学者则持相反的观点。虽然本书没有对此问题进行相关的实证研究，因此不能推断出哪个结论更贴近现实，但是可以得出以下结论：无论是哪个群体具有更强的风险承受能力（更低的风险厌恶程度），都可以表明不同年龄的人群（参保者）具有不同的风险承受能力，也因此具有水平不一的风险厌恶程度。

家庭财产分布是研究影响风险厌恶程度最先被关注的因素。经过论证研究，美国学者发现了 DRRA（富有人群的相对风险厌恶程度表现为随着财富水平的提高而递减）和 IDRRA（非富有人群的相对风险厌恶程度表现为随着财富水平的提高而提高）的规律。在中国，经过实证分析，中国学者（马莉莉、李泉，2011）也初步得出结论，我国投资者相对风险厌恶程度同样会出现 DRRA 和 IDRRA 的规律。虽然中国的投资者与养老保险参保者未必完全重合，但是从一个侧面也说明了不同财富水平的养老保险参保者会体现出不同的风险厌恶程度。

在经过上述分析之后可以看出，在仅考虑两种影响因素的时候，参保者所具有的风险厌恶程度已经呈现出多样化的特点。如果再加入其他影响因素（人口因素、社会经济因素），参保者的风险厌恶程度情况会呈现出更加多样化的特点。

（二）政府和参保者在个人账户市场化投资的行为分析

假定政府在个人账户市场化投资上是风险厌恶者，可以构建一个政府"接受集"来反映政府在个人账户上所具有的分先厌恶程度 $A_g(\omega)$。在 $A_g(\omega) \to +\delta$ 的情况下，政府在个人账户投资上的风险厌恶程度要大于或等于所有养老保险参保者相应的风险厌恶程度；从风险升水的角度来看，所有养老保险参保者的风险升水水平要小于或等于政府所具有的风险升水，即政府没有能力去覆盖具有较大投资愿望的参保者的需求。在现阶段政府控制着个人账户的总体投资运营的前提下，由于政府的风险厌恶程度趋向于无穷大，因此，在没有个人账户最低投资收益率的约束下，政府会倾向于采取非常保守的个人账户基金投资策略，把个人账户里的资金直接投放到固定收益工具里。这将会造成个人账户收益率偏低，从而无法达到个人账户原有设计的养老功能。

当 $A_g(\omega) \to 0$ 时，政府在个人账户投资上的风险厌恶程度会小于或等于养老保险参保者的风险厌恶程度。此时，政府倾向于采取相对激进的个人账户投资策略，这可能会引起养老保险参保者对个人账户资金安全的担忧。不过，只要政府的信用还在，政府就具有对个人账户承担"兜底"的责任，因此，此时养老保险参保者对政府在个人账户的投资策略所产生的异议会小于政府风险厌恶程度 $A_g(\omega) \to \delta$ 的情况。

当 $A_g(\omega) \epsilon (0, +\delta)$ 时，政府的接受集具有更大的包容性，既包含了一部分参保者风险态度的接受集，又被纳入另外一些参保者风险态度的接受集。此时，政府的个人账户的投资策略可能会受到两方面的质疑，由于想通过多元市场化运营投资来获得更高的收益，风险厌恶程度较低的参保者体现出的质疑会尤为突出。

综上所述可以得出，在上述三种情况下，政府所掌控的单一个人账户投资策略不能满足多样化和复杂化的养老保险参保者的风险厌恶程度分布，不能达到不同参保者对于个人账户基金投资运营的风险和收益要求。这揭示出了政府与参保者的风险厌恶程度的匹配存在差异。在这种结论下，可以讨论以下问题：个人账户的投资选择权是否应该赋予参保者，由参保者根据自身情况选择不同风险水平的投资组合？不过要考虑以下这个问题：当个人账户收益率在风险厌恶者的政府的投资运营下都没有得到提高，那么把个人账户投资选择权赋予参保者个人之后能提高个人账户的收益率吗？在解答这个问题之前，要探讨以下问题：个人账户的投资选择权的归属和其投资收益率存在的关系是怎样的。

（三）投资选择权归属与投资收益率的关系

由于在上文中已经分析了个人账户投资选择权完全归属于政府时，投资选择权归属于投资收益率的关系，即在投资选择权归属于政府时，个人账户的投资收益率较低，因此，下面主要讨论以下个人账户投资选择权完全归属于和部分归属于参保者的情况。

1. 个人账户投资选择权完全归属于个人

所谓的个人账户投资选择权完全归属于个人，是指养老保险参保者不但对个人账户具有所有权，而且还拥有投资选择权，个人可以依据自己本身的情况来选择符合自身风险厌恶程度的投资组合。与运用个人自由流动的资金进行投资相比，参保者投资所获得个人账户收益只能在参保者退休后支取。在个人账户实际运营中，完全把个人账户投资选择权归属于参保者个人的情况很少。这主要是考虑到在此种情况下，参保者面对的风险敞口太大，并需要面临低收益和收益透支的双重风险，一方面不利于个人账户资金收益率的提高，另一方面倘若在对个人账户进行投资时出现重大损失，会严重影响参保者的退休生活，不利于个人账户制度的长期发展。

2. 个人账户投资选择权部分归属于个人

所谓个人账户投资选择权部分归属于个人，是指政府不把个人账户的投资选择权完全交给个人，而是通过提供若干个投资组合来限定参保者对个人账户投资权的使用。智利、瑞典以及新加坡等国家都采用这种模式。这种模式通过若干不同风险水平组合限定风险敞口，一方面可以保障个人账户的资金处于相对安全的状态，另一方面可以提高个人账户的投资收益率。

1981~2005 年，智利的个人账户基金投资的平均收益率能达到 10.19%，是一个相对比较高的收益率。新加坡中央公积金有 CPFIS - OA（普通账户投资计划）和 CPFIS - SA（特殊账户投资计划）项目，在这两个项目下，可以允许个人在政府投资的限制下选择投资组合获得收益。在 2012 年 6 月 30 日的时点上，普通账户和专门账户投资计划分别有 571.97 亿新元和 154.25 亿新元的资金选择了默认投资，而不是进行自主投资选择，这些资金在各自账户资金总规模的占比能分别达到 71.2% 和 70.8%。这种情况出现的背景是：2011 年末大约只有 17% 的 CPFIS - OA 投资者实现的收益能超过 2.5% 默认收益率，38% 的 CPFIS - OA 投资者实现的收益率等于或者小于 2.5%，占 45% 的 CPFIS - OA 投资者实现的收益率是负的。通过对上面收益率的对比可以得出：给予参保者投资选择权未必能提高投资收益率，这还要受其他因素的影响。当面对很多投资选择时，参保者会出现信息过载、拖延以及惯性，从而不积极地去进行选择。如果存在默认投资组合，不积极进行投资组合选择的参保者可能会得到较低的平均收益率，这样他们就会与那些积极选择投资组合的参保者拉开收益上的差距。不过，那些过度自信的参保者会频繁更换个人账户投资组合，过高的投资交易成本可能会抵消投资收益。

综合上述，个人账户投资选择权与投资收益之间绝不仅仅是简单的线性关系，它们之间的关系受到其他因素的影响，比如金融环境、社会文化、经济水平、个人账户投资限制、国民金融知识等。但是，个人账户投资选择权不应该完全属于政府或者个人，这两种情况都不利于个人账户收益的提高和长远发展。个人账户投资选择权属于个人和政府两者是提高个人账户收益的必要条件。个人账户投资权在这种情况下必然是市场化运营的才可行。可以说，市场化运营投资是提高个人账户收益的一个必要条件。

三 个人账户投资选择权的政策建议

作为个人账户是风险厌恶者的政府会倾向于选择有稳定收益的投资策略，避免一些投资风险。在目前这种投资策略环境下，个人账户里的资金没有办法满足30%替代率的要求，不能很好地去发挥其应有的养老功能。这是目前个人账户投资相关问题中的核心问题。就养老保险参保者而言，由于参保者所具有的禀赋和所处的环境是不一样的，因此其风险厌恶程度也会呈现出多样化和复杂化的特征。

（一）赋予参保者一定个人账户投资选择权

赋予参保者在个人账户投资上一定的投资选择权，是指让参保者根据自己的风险厌恶偏好在政府提供的若干投资组合中进行选择，这些投资组合具有不同的风险水平。在现有个人账户投资模式下，政府的风险厌恶程度难以与参保者的风险厌恶程度精确匹配，这样会造成具有较低风险厌恶程度的参保者不能通过选择风险较高、收益较高的投资组合以获得较高的个人账户收益，这造成了较低风险厌恶程度的参保者的效用损失；此外，具有较高风险厌恶程度的参保者也无法从这种投资策略中获得收益。因此，在一定限制条件下，应该赋予参保者一定的个人账户投资选择权。面对投资风险，可以构建投资限制体系，保障个人账户里的资金在个人选择投资组合的情况下规避一些投资风险，保障个人账户资金的相对安全。

相关的投资限制条件可以借鉴新加坡和智利的模式进行构建。在新加坡中央公积金制度中，特别账户设置4万新加坡元作为能否参与中央公积金投资计划的标准线，只有超过了这个标准线，才能参与中央公积金投资计划；普通账户参与中央公积金投资计划的标准线是2万新加坡元。此外还设有其他具体投资项目比例方面的限制等。在智利，个人可以自由选择基金公司以及该基金公司下的投资组合。现阶段，智利已经形成了"一公司五基金，一账户两基金"①的格局。参保者可以根据自己的客观情况以及期望效用偏好来选择个人账户投资组合。当参保者不进行选择时，参保者的个人账户资金会由政府进行投资。

新加坡和智利的个人账户限制条件主要通过以下两个部分体现出来：一是账户绝对额的限制；二是投资比例的限制。一般情况下，参保者的个人账户只有超过标准限额后才可以进行投资选择。在行使投资选择权的时候也会受到不同投资工具的比例限制。在我国，可以把账户绝对额的25%作为标准限额，可以借鉴全国社会保障基金投资比例进行设置。

（二）加强个人账户投资立法，设定个人账户最低记账利率

政府应该制定相关个人账户投资运营的法律法规，突出设置个人账户的最低记账率（收益利率）。这是因为作为风险厌恶者的政府在没有最低记账利率的激励下会更倾向于选择具有固定收益的投资工具，以满足政府的期望效用，而不是参保者的期望效用。政府在进行个人账户投资时厌恶风险并扮演"投资懒惰者"的角色。在个人账户最低记账利率的激励推动

---

① 每个基金公司提供5支基金（基金A，B，C，D，E。风险性由强到弱）供个人选择，每个人在一个基金公司有一个账户，每个账户下可以选择两支基金。

下，政府会获得最高风险厌恶标准的认知，从而提高对个人账户进行投资的积极性。

设置个人账户的最低记账利率要整合市场利率以及通货膨胀等因素的信息，从而使得个人账户收益率在市场利率较低时具有止损功能，并且可以锚定通货膨胀情况对最低记账利率进行适度调整。在一定时间内，个人账户的记账利率应该是固定的，形成锚定作用，激励政府对个人账户投资进行基金运营。

（三）成立个人账户大基金

将个人账户从社会基本养老账户里独立出来形成一个个人账户的大基金，提高投资的规模效应。如果仅有一小部分的个人账户基金进行了投资选择，形成不了规模效应，那么个人承担的投资成本会很大，会降低实际的投资收益率。因此，在赋予参保者个人账户一定投资选择权的情况下，要对个人账户进行集中，形成个人账户大基金。由于个人账户里的资金现在全部是由个人进行缴纳构成的，个人拥有该账户的所有权；另外，个人账户与基础养老金账户所具有的联系不具有实际意义，这两者是完全不同的养老金财务模式，分割这两者对养老金发放没有实质性的影响。因此，可以把个人账户独立出来形成一个大账户。

四　结语

个人账户投资选择权问题的期望效用理论阐释是从微观角度出发的。政府在个人账户投资上是一个风险厌恶者，并且政府的风险厌恶程度与参保者的风险厌恶程度是不一致的，参保者具有多样化的风险厌恶程度。在现阶段，政府的风险厌恶倾向使得政府不愿主动去获取相对较高的投资收益，与此同时，参保者并未拥有个人账户投资选择权。针对个人账户投资归属这个核心问题，应该在一定的投资限制条件下赋予个人账户基金的投资选择权，由参保者根据自己的风险厌恶偏好来进行选择，提高个人的期望效用，提升个人账户投资收益，保障个人账户养老金的替代率。

第五章　新型农村养老保险试点中的基金管理体制

构建"一元化、两序列、三账户、四支柱"的新型农村养老保险体系，做好农村养老保险管理运行体系的建设是至关重要的。本章着重对新型农村社会养老保险管理体制总体框架、经办管理、基金运营管理、基金风险管理以及业务档案管理五个方面进行分析与评价。

第一节　农村社会养老保险管理体制总体框架及运行评价

新型农村社会养老保险制度目前正在全国范围内迅速扩张，然而，与此不协调的是这一体系的碎片化的运营管理体制，其管理模式因地而异，实行县级统筹，这种状况已经影响到了农村社会保障制度的实施效果。因为新农保的监督与管理是一项高技术性的工作，对管理水平有很高的要求，而较低的管理层次会导致较低的管理效率，所以，构建全国统一的农村养老保险运行管理体制是提高保障机构的组织和制度效率的关键所在，本节试图对新农保运行管理体制的总体框架进行设计与评价。

一　现行农村社会养老保险管理体制的弊端

当前中国绝大多数农村地区实行新农保县级统筹管理，而这种管理容易引发政府权力寻租、参保人员流动困难以及增加新农保基金的安全隐患等一系列问题。[1]

---

[1] 互动百科：社保统筹账户，http://www.baike.com/wiki/%E7%A4%BE%E4%BF%9D%E7%BB%9F%E7%AD%B9%E8%B4%A6%E6%88%B7。

(一) 县级管理容易引发政府权力寻租

属地化县级管理的农村养老保险基金，被挤占、挪用的现象时有发生，主要有以下两个方面的原因：一是在各级政府对新农保基金不承担财政兜底责任的情况下，各基层单位为实现增值，不得不自行动用基金进行投资，另外，国家预算管理体系还没有包括该基金，所以地方政府挤占、挪用结余基金的现象时有发生。① 如湖南省 2001 年农保基金共计 4.84 亿元，在利益的驱使下，其挤占、挪用基金占总额的 28.4%。二是在新农保基金实行省、市、县三级管理的情况下，由于其运营缺乏完善的监管机制，责权不明确，运营风险无人承担，所以政府权力寻租的空间大大增加。如北京昌平财政局的会计杨立强于 2011 年末利用职务之便，非法挪用 4900 万元"新农保"基金。②

(二) 县级管理会使新农保参保人员流动困难

目前，全国 31 个省（自治区、直辖市）的 1900 多个县的新农保实行的都是个人缴费、集体补助、政府补贴相结合的部分积累制模式，这种县级统筹的管理模式，在各统筹区利益保护的驱使下，使得参保人员社保关系转移的相关手续极为烦琐，如当地户籍是异地转入的前提条件；同时，参保人员需要在接收地办理调动手续，而且在转入地缴费满一定的年限之后，才可享受社保待遇，这些附加条件无疑影响了其在各地流动的自由性。③ 另外，除了各地区间的农村养老保险关系的转移衔接，城乡之间的养老保险制度也需要统筹对接。而且，随着城市化步伐的加快，这种城乡之间、地区之间、参保群体之间的养老保险体系的差距会阻碍劳动力的自由流动，不利于城乡协调发展的战略目标的实现。

---

① 赵慧珠：《中国农村社会养老保障的七大难题》，《中共中央党校学报》2008 年第 4 期。
② 常红晓、何禹欣：《农保不相信乌托邦》，《财经》2006 年第 13 期。
③ 张冬敏：《新型农村社会养老保险制度的统筹层次研究》，《经济体制改革》2011 年第 4 期。

（三）县级管理会加大新农保基金的安全隐患

农保基金涉及亿万农民未来的生活来源问题，如何确保这笔基金安全运作、保值增值，是新农保制度能否可持续运行的关键，而新农保基金的县级统筹管理，在安全运营和保值增值上存在隐患。一是县级统筹的农村养老保险基金风险系数大。因为县级基层单位负责基金的筹集、运营与给付，这种属地分散的管理模式难以进行多样化投资，所以基金的安全无法得到保证。二是县级统筹的农村养老保险基金投资效益低。因为以县为单位管理的基金，其规模效益难以形成，因而会带来较高的管理费用。①

二 统一农村社会养老保险管理体制的基础条件

实行县级统筹的中国农村社会养老保险的管理体制，存在如上所述的三项弊端，为了解决这些问题，必须统一管理体制，提高农村社会养老保险的管理层级。当前统一的新农保制度平台、城镇养老保险提高统筹层次工作的示范效果、信息科学技术的飞速发展以及充足的财政收入，为统一管理新农保奠定了良好的基础条件。

（一）统一的制度环境

为了逐步解决农村居民老有所养的问题，2009年9月，国务院发布了《关于开展新型农村社会养老保险试点的指导意见》。根据该《指导意见》，全国各地以省为单位，分别结合各自特点制定出了符合省情的《新型农村社会养老保险试点工作实施办法》，细化和补充了较为统一的缴费标准、补贴办法、养老金水平、特殊人群资助等政策规定。养老保险统筹层次的提高需要这种相对统一的制度平台，为其提供了良好的制度环境条件。

（二）成功的经验借鉴

中国城镇职工养老保险已基本实现省级统筹，这一成功检验为新农保

---

① 周运涛：《中国新农保基金管理制度研究——试点问题分析与制度完善构想》，《广西经济管理干部学院学报》2010年第4期。

提高统筹层次、统一管理机制提供了可行性参考。截至 2012 年 3 月,全国已有 27 个地区落实了城镇职工社会养老保险的省级统筹。[①] 当前,城镇职工基本养老保险省级统筹模式按基金结算方式可以分成两类:一是统收统支型;二是差额结算型。[②] 这两种模式各有优缺点,新农保在开展省级统筹政策时可择优选择。

(三) 发展的信息化技术

农村社会养老保险统筹层次的提高,离不开社会保障信息化水平的快速发展,为其创造了基本的技术条件。新农保制度通过在部分试点地区陆续开展信息化建设工程,提高了参保户的信息管理技术。特别是近几年的金保工程,不仅实现了全国联网,而且省、部机构还可以通过交换区直接、及时地查阅基层数据。在发展城镇化信息技术产业的同时,农业农村综合信息服务体系也在不断完善,初步形成了以村为节点、县为基础、省为平台,全国统筹的农村综合信息服务体系。新农保统筹层次的提高需要信息工程技术的不断推进与完善,是其不可或缺的技术保障。

(四) 充足的财政收入

公共财政收入的快速增长为新农保提高统筹层次、统一管理机制提供了重要的物质保障。如图 5-1 所示,中国的公共财政收入在近 6 年都保持了两位数字的增长,最高增长为 2007 年的 32.04%,即使在经济低迷期的 2009 年,中国的公共财政收入增长也达到了 11.70%,截至 2011 年末,公共财政收入已超过十万亿元。新农保管理层次的提高需要社会资源和财力的投入,我国财政收入的不断增长为其提供了更充足的物质条件。

---

① 尹蔚民:《养老保险的省级统筹已基本实现》,http://news.xinhuanet.com/politics/2012lh/2012-03/07/c_111617696.htm。
② 统收统支型主要有青海、陕西等省,采取"收入全额上划,支出按实下拨"的形式,即全省养老保险基金缴费收入直接缴入当地国库,并全部作为省级收入上划省国库,省国库核实后将基金收入全部转入省社会保障基金财政专户。差额结算型主要有黑龙江、吉林等省,采取"余额上缴、差额拨付、分级负担"的形式,即养老保险基金缴费收入不用全部上划,而是首先划入各县级社会保障基金财政专户。

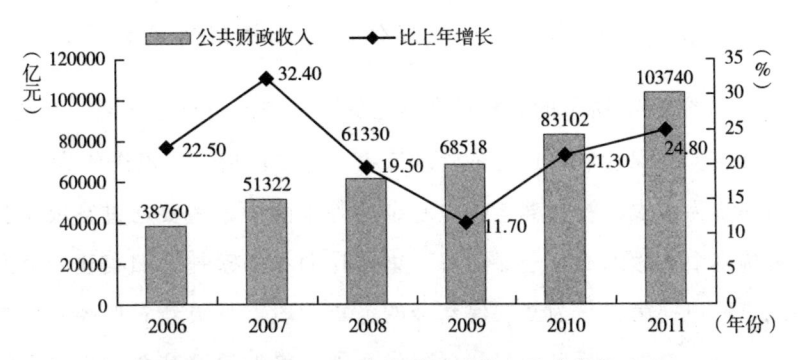

图 5-1　2006~2011 年公共财政收入及其增长速度

资料来源：《2011 年国民经济和社会发展统计公报》。

三　统一农村社会养老保险管理体制的总体框架

农村社会养老保险制度承载着完善中国社会保障体系、破除城乡二元结构、推进基础服务均等化的历史使命，而现行的县级管理体制限制了该政策优越性作用的发挥，制约了制度的发展，本文主张先构建以省级统筹为主的法人受托管理体制，在时机条件成熟后，再实行全国统筹的管理体制。当前构建的社会养老保险省级统筹法人受托管理体制如图 5-2 所示。

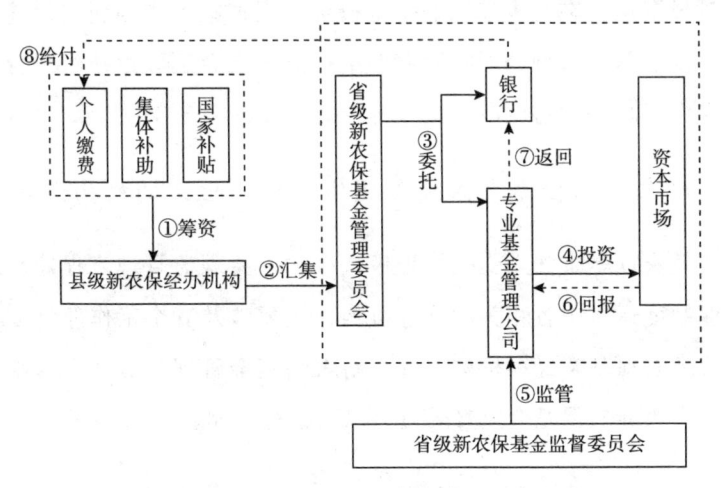

图 5-2　农村社会养老保险管理体制总体框架

(一) 农村社会养老保险管理体制总体框架的流程设计

构建如图 5-2 所示的农村社会养老保险管理体制总体框架，首先要理清农村社会养老保险制度运行的管理流程，主要包括八个工作环节。

第一步为在农村社会养老保险基金的筹集阶段，主要通过县级新农保经办机构将个人缴纳的养老保险费、集体补助和国家补贴归集建立个人账户和统筹账户；第二步为新农保基金的汇集阶段，县级新农保经办机构将筹集的养老保险基金除了预留部分备付金外，养老保险基金全部归集到省级新农保基金管理委员会；第三步为新农保基金的委托管理阶段，省级新农保基金管理委员会作为委托人采取招标的方式将养老保险基金委托给多家专业基金管理公司来负责基金的投资运作，并将新农保基金的账户管理以及养老金的发放委托给银行管理；第四步为新农保基金的投资运营管理阶段，作为受托人的专业基金管理公司，主要负责农村社会养老保险基金在资本市场中的投资运作，以实现基金的保值增值；第五步为新农保基金的监督管理阶段，省级新农保基金监督委员会作为监管人，主要负责监管省级新农保基金管理委员和专业基金管理公司，以保证农村社会养老保险基金能够正常运转；第六步为新农保基金的投资回报阶段，专业基金管理公司通过投资运营在资本市场上获得投资回报；第七步为新农保基金的返回阶段，专业基金管理公司将所需要给付的养老金逐级返还给银行；第八步为新农保基金的给付阶段，银行将养老金发放给符合领取条件的农民。[①]

(二) 农村社会养老保险管理体制总体框架的机构设计

构建新农保基金法人受托管理模式，除了要理清管理流程外，还要理清新农保制度运行中各相关的管理机构，主要涉及五个工作部门，具体包括：县级新农保基金经办机构、省级新农保基金管理委员会、专业基金管理公司、省级新农保基金监督委员会以及银行，如表 5-1 所示。

---

① 刘正桂：《中国农村社会养老保险基金管理模式研究》，四川大学硕士论文，2007。

表 5-1　新农保基金相关管理机构的主要职责①

新农保基金相关管理机构	主要职责
县级新农保基金经办机构	1. 收缴农村社会养老保险基金 2. 汇集基金到省级新农保基金管理委员会 3. 设立新农保基金专户
省级新农保基金管理委员会	1. 在征收领域，主要执行参保标准、核定工资总额、记账、协调有关部门的征收和分账工作 2. 在投资运营领域，主要负责选择并将委托资金交给专业基金管理公司运营，同时对养老保险基金的投资范围和投资策略进行限制和监督 3. 在发放领域，核准基金管理公司的个人基金账户，与财政部协定最低收益担保和基金准备金的支出计划和实际操作，监督银行的养老金发放工作
专业基金管理公司	1. 依法行使个人账户基金的投资运营权 2. 承担社会养老保险基金的投资运营成本
省级新农保基金监督委员会	1. 依法批准和注销基金管理公司个人账户养老金经营权 2. 制定新农保基金投资监督规则 3. 依法监督新农保基金的投资经营情况及信息披露监督委员会全体通过的重大决定
银行	1. 根据合同管理基金，并防止基金被挪用 2. 监督基金管理公司的投资操作 3. 负责参保人员的个人账户养老金和基础养老金的发放

四　农村社会养老保险省级统筹法人受托管理体制运行评价

农村社会养老保险作为一项社会政策，需要依托和围绕中国的行政体制、财政体制、立法体制以及干部体制等，所以其管理与运行必须符合中国的基本国情，必须与中国的国家体制相匹配，而这些国家体制的运行都是以省级政府为中心、以省级为单位开展国家的各项治理工作。因此，本文设计的农村社会养老保险以省级统筹为主，并依据新农保基金特点，采

---

① 王海兰：《中国农村社会养老保险基金管理模式研究》，山东大学硕士论文，2006。

用法人受托的管理体制是当前比较理性的战略选择。

(一) 省级统筹法人受托模式有利于转变政府职能

将新农保基金的筹集、运营以及给付等经营管理权从政府职能中分离出来，有利于其职能的转变。在省级统筹法人受托模式下，政府不是亲自经营养老保险基金，而是创造出适合养老保险基金投资运营的外部环境和监督制度。且由上文可知，根据农村社会养老保险个人账户的特殊性，以及国际管理社会养老保险基金的通行做法，县级新农保基金经办机构拥有养老保险基金的收缴权，并鉴于县级管理的弊端，需要将农村社会养老保险基金汇集到省级新农保基金管理委员会。同时为了提高养老保险基金的保值增值性，省级新农保基金管理委员会要将其投资权委托给相互竞争的专业基金管理公司。而由银行负责养老金的发放，实现了养老基金的收缴、投资和发放的权力分离。通过建立相互制衡的监督体制，既确保了基金的安全性，又实现了基金投资收益率的最大化。

(二) 省级统筹法人受托模式有利于降低管理成本和交易成本

在新农保基金省级统筹法人受托模式中，县级新农保基金经办机构只负责养老保险基金的筹集，农保经办机构作为事业编制机构，本身具有较好的信用和权威性，且便于参保人员缴费。而省级新农保基金管理委员会受省级党委组织部门直接管理，农村社会养老保险资金的筹集效率高，基金管理的费用少。养老保险基金由彼此相互独立又相互竞争的专业基金管理公司管理，既可以减少创建、营销成本，又可以活跃养老保险基金市场。而由银行负责发放养老金，是利用其广泛的营业网点和巨大的网络资源来降低管理成本。[①]

(三) 省级统筹法人受托模式有利于构建高效的监督机制

省级统筹法人受托模式不仅提高了管理层次，而且通过引进银行和相

---

① 李珍、刘昌平：《论养老保险基金分权式管理和制衡式监督的制度安排》，《中国软科学》2002年第3期。

互制衡的监督机制增强了养老保险基金的安全性。省级新农保基金管理委员会统一监管新农保基金，除了可以通过扩大基金规模，起到降低投资风险、增加投资收益的效果，还克服了由县级管理造成的因监管办不分离而引发的政府寻租的弊端；新设立的省级新农保基金监督委员会主要监督专业基金管理公司的投资运作以及信息披露。① 在这样两个省级部门的监督管理下，既提高了新农保的监管效率，又高度规范了农村社会养老保险的管理运行机制。这种权力分散、相互制衡的监督机制，一方面能防止政府的腐败行为、增强整个监督的力度，另一方面可以更及时、准确地发现问题，提高监督效率。②

第二节 农村养老保险经办机构管理

农村社会养老保险制度的运行是一项系统工程，在省级统筹法人受托管理体制中，完善的农村社会养老保险经办机构管理是确保新农保管理体系顺利运行的重要基础性工作。面对中国数以亿计的农村参保人员，中国农村的社会养老保险经办管理建设滞后、人员配备不足及管理难度大、管理成本高等问题日渐突出，在一定程度上影响了业务的开展和经办管理能力的充分发挥，并且已经成为制约农村社会保障制度发展的瓶颈。本节主要针对农村社会养老保险经办机构的设置、人员配备、信息平台建设等要素进行分析，试图增强中国农村社会养老保险经办管理的服务能力。

一 农村社会养老保险经办机构的设置

提供农村养老保险登记、关系建立、转移、接续和终止等各项服务的机构，是国家社会养老保险法律法规的执行机构，是社会养老保险事务的管理机构，是参保人的服务机构，也是服务型政府的重要组成部分。作为代理政府具体实施新农保制度和行使社会化管理职能的国家机构，该机构

---

① 白维军、童星：《"稳定省级统筹，促进全国调剂"——我国养老保险统筹层次及模式的现实选择》，《社会科学》2011 年第 5 期。
② 王海兰：《中国农村社会养老保险基金管理模式研究》，山东大学硕士论文，2006。

的建设是新农保工作顺利推进的重要前提和组织保障。

(一) 农村社会养老保险经办机构的现状

目前中国农村的社会养老保险经办机构大多数为事业单位,且存在政事不分的弊端,即县级农村养老保险经办机构既担当了管理者,又担当了投资者,这种状态不利于经办机构的功能发挥。首先,经办机构的定性不清,会导致其管理比较混乱;其次,经办机构的官僚形态,会影响其公信力,降低了其为参保人员提供高效便捷的社会保险公益服务的效率。当前政事不分、定位不清的农村社会养老保险经办机构状况,阻碍了农村社会养老保险管理体系的可持续运行,为了完善中国的农村养老经办机构管理,必须明确经办机构的性质与定位,使其更好地行使基金筹集和为参保人员提供保险服务的职能。①

(二) 农村社会养老保险经办机构的性质与定位

在省级统筹法人受托农村社会养老保险管理体制中,农村社会养老保险经办机构属于执行层面。作为执行部门,新农保经办机构承担着管理社会养老保险基金和提供社会养老保险服务的职能,其性质通常与一国的社会养老保险制度紧密相连。不同国家和地区的历史、文化、政治、经济等各不相同,所以社会养老保险经办机构的具体的名称和设置也存在一定的差异。但从整体上看,当代法治国家多倾向于把提供社会养老保险经办机构定位为提供社会养老保险公益服务的受托人。② 社会保险公益服务的信托关系主要有三方主体:委托人、受托人和受益人。国家是社会养老保险公益服务的委托人,履行社会养老保险公益服务义务的经办机构是受托人,社会养老保险政策覆盖的全体居民则是受益人,如图 5-3 所示。

在社会养老保险公益服务信托关系中,社会养老保险经办机构是公益服务的受托人,为构建社会养老保险公共服务的提供机制和治理机制是其受托内容,以实现国家社会养老保险的目标。

---

① 中南财经政法大学财税研究所:《财政经济评论》,经济科学出版社,2009。
② 中南财经政法大学财税研究所:《财政经济评论》,经济科学出版社,2009。

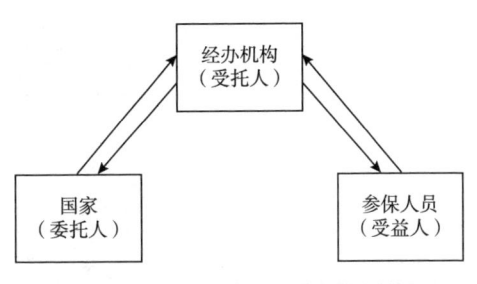

图 5-3　社会保险公益服务信托关系

因此，中国农村社会养老保险经办机构应按照社会养老保险公益受托人的机制，逐步改革并完善其服务方式与提供服务的模式，合理组织经办人力资源，依法保证经办管理经费和必需的经办条件，对经办管理业务进行科学有效的分类，并制订各类经办服务项目的统一规范、标准和流程，从而准确划分必须由经办机构本身管理经办的服务项目和可以委托社会机构提供服务的项目，逐步将可以由社会经办的服务实行社会化运作。[①]

(三) 农村社会养老保险经办机构设置的基本思路

农村社会养老保险经办机构是新农保资金收集、管理和支付的责任主体，但并不要求包揽全部操作事务，可通过公益服务社会化委托运作来缓解经办机构政事不分的矛盾。

1. 农村社会养老保险经办组织机构设计

农村社会养老保险经办机构通过社会化的委托服务可以为广泛的农村参保居民提供全面综合、人性化的养老风险保障，研究表明，扁平状的、集成式的网络型农村社会养老保险经办组织机构可以提高政府的效率和服务水平，并且可以增强经办机构的能力建设，如图 5-4 所示。

在扁平状的、集成式的网络型农村社会养老保险经办组织机构中，社会公益信托服务的三方主体分别是省级人力资源和社会保障厅、省级新农保管理委员会以及参保人员。作为委托方的省级人力资源和社会保障厅主要负责本省新农保政策的制订，同时负责任命省级新农保管理委员会为农村社会养老保险公益服务的信托方；作为信托方的省级新农保管理委员会

---

① 中南财经政法大学财税研究所：《财政经济评论》，经济科学出版社，2009。

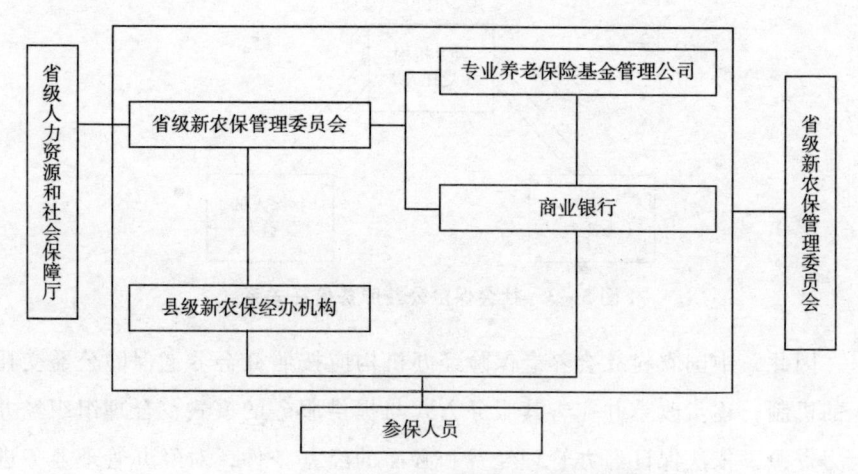

图 5-4　农村社会养老保险经办组织结构

主要负责指导县级新农保经办机构具体运行新农保相关政策，如新农保基金的筹集，且将由县级新农保经办机构汇集到的新农保基金的运营与给付业务，委托给专业的养老保险基金管理公司和商业银行负责；与县级新农保经办机构和商业银行有直接联系的参保人员为社会公益服务的受益方。通过这种以省级统筹为主、省直管县的、社会公益服务委托再委托的新农保经办组织结构，可以使相关部门各司其职，各尽其责，避免出现政事不分的情况，提高了经办机构的办事效率，同时通过省级新农保管理委员会对全过程的监控，可以最大限度地防范各种风险，保证基金的安全，为农村社会养老保险制度的顺利运行保驾护航。

2. 改革农村社会养老保险经办组织结构的过渡措施

改变现行农村社会养老保险经办组织政事不分的状况，需要一个逐步推进的过程。为了解决体制内部的矛盾问题，需要理顺三个方面的工作关系：社会保障系统内部行政部门与经办机构之间、同级经办机构之间、经办机构上下层级之间的不顺与矛盾。

第一，要理顺行政管理与经办管理的职权关系。这里要解决两个层面的问题：一是归整行政管理的职能，要尽快把分散的县级社会养老保险行政管理职能归集到各省人力资源和社会保障厅，待条件成熟后应把县级的经办管理职能归集到人力资源和社会保障部；二是逐步完善政事分开的农村社会养老保险经办管理体制，最低限度地划清各自的权限职责，行政管理部门要把工作的重点放在政策的研究制订上来，以避免职能交叉和重叠。第二，要理顺同级经办机构之间的职能关系。要在坚持社会养老保险政事分开的原则下，实行农村养老、医疗、低保等社会保障的统一管理，这是改革的基本方向和目标。当前，要切实搞好农村各社会保障制度之间的政策和经办的衔接，明确界限，做到不重叠、不遗漏。第三，要理顺经办机构上下级之间的职责关系。在社会养老保险经办机构体系内，省级新农保管理委员会的职责是宏观管理和指导，并行使监督职责，不再直接经办具体业务，由县级新农保经办机构负责基金的筹集，专业养老保险基金管理公司负责基金的投资与运营，商业银行负责基金的给付，将经办业务委托给各专业机构，使其进行社会化运作。①

二 农村社会养老保险经办队伍建设

随着农村社会养老保险制度的全面覆盖，农村社会养老保险的公共服务需求也在迅速增加，而农村社会养老保险经办机构人员编制紧张的状况，以及经办队伍知识结构、年龄结构和专业结构不合理的情况，都不同程度地阻碍了农村社会养老保险事业的顺利发展，需要进一步调整和加强农村社会养老保险经办队伍的建设。

（一）农村社会养老保险经办队伍结构

在扁平状的、集成式的网络型农村社会养老保险经办组织体系中，各组成部门的性质均不相同，因此经办队伍的构成也应多元化，即由原来的单一公务人员管理的一元结构转向公务人员、专业技术人员和业务人员并存的三元结构，如图5-5所示。②

农村社会养老保险经办队伍三元组织结构，充分利用了企业管理的思想和方式，通过构建具有弹性的岗位设置和人力资源配置方案，缓解了经办人员编制紧张的局面。在三元组织结构中，行政管理岗位的公务人员集

---

① 程乐华：《社保管理体制改革的设计与推进》，《中国社会保障》2005年第6期。
② 杨燕绥、吴渊渊：《社保经办机构：服务型政府的臂膀》，《中国社会保障》2008年第3期。

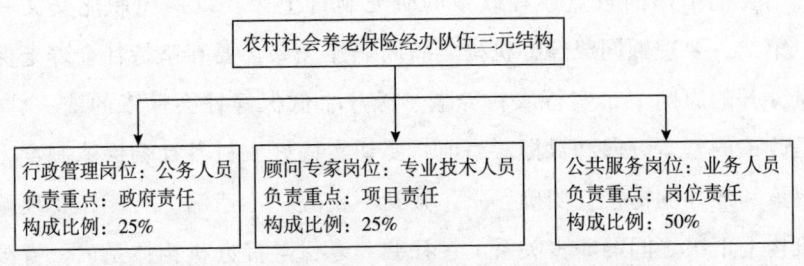

```
            ┌─────────────────────────────┐
            │ 农村社会养老保险经办队伍三元结构 │
            └─────────────────────────────┘
               │              │              │
┌──────────────────┐ ┌──────────────────┐ ┌──────────────────┐
│行政管理岗位：公务人员│ │顾问专家岗位：专业技术人员│ │公共服务岗位：业务人员│
│负责重点：政府责任  │ │负责重点：项目责任    │ │负责重点：岗位责任  │
│构成比例：25%      │ │构成比例：25%         │ │构成比例：50%      │
└──────────────────┘ └──────────────────┘ └──────────────────┘
```

图 5-5　农村社会养老保险经办队伍三元结构

中分布在省级新农保管理委员会和县级新农保经办机构两个部门中，人员总量大约占总经办人员的 25%，主要对公共服务目标负责，纳入国家编制，待遇按照国家公务员薪酬发放，由财政负担；顾问专家岗位的专业技术人员集中分布在专业养老保险基金管理公司，人员总量大约占总经办人员的 25%，主要对公共服务绩效负责，不纳入国家编制，由用人单位自行编制管理，待遇要高于市场技术人员薪酬，高出部分由财政负担；公共服务岗位的业务人员集中分布在商业银行，人员总量大约占总经办人员的 50%，主要对公共服务质量负责，不纳入国家编制，由用人单位自行编制管理，待遇等同于市场业务人员薪酬，实行绩效薪酬，根据每个服务人员与服务对象的比例进行预算，评价标准为客户满意度，由用人单位负责，国家财政会负责支付经办业务服务费。

（二）农村社会养老保险经办队伍管理

农村社会养老保险经办队伍的人力资源管理，一要重视引进专业的技术管理人才；二要注重对现有人才队伍的培训；三要灵活利用人力资源管理的激励手段。通过三个环节的共同作用来促进经办能力的长期增长，以应对日益增长的公共服务需求。

1. 重视人才引进

按照农村社会养老保险经办组织三元结构队伍构成的要求，选拔人才主要有三项工作：其一在各组织机构内部设置规范的经办人员准入条件，如学历、专业、从业经验、从业资格等；其二设置标准化的选拔手段与方式，如笔试、面试、资格审查等环节；其三对进入试用期的新员工进行系统化的岗前培训与试用期考核，测试合格者方可入职。

2. 注重人员培训

对于现有农村社会养老保险经办人员，要注意及时充实其知识结构，加强业务培训，及时更新知识体系，对新颁布的社会养老保险法律法规政策，可根据实际需要，及时组织业务骨干进行学习，使其在服务理念、服务意识以及业务操作上均能够胜任岗位职责的要求，保证政策的有效贯彻执行，提升经办能力。一般情况下，经办人员应当通过培训掌握如下经办能力：第一，学习能力，建立学习型组织，把学习和培训作为促进能力增长的长期工作；第二，执行能力，建立效能型组织体制和运行机制，按时保质将各项政策转化为人民利益；第三，管理能力，制定技术标准、规范业务流程、提升管理手段、优化经办模式、打造公共服务窗口；第四，服务能力，树立服务理念、规范服务标准、简化办事规程、整合服务项目，敢于信息披露、接受社会监督，提供优质、便捷、高效的服务；第五，风控能力，加强参保人信息管理、财务管理和新农保基金管理，建立经办机构和新农保基金的风险监测和预警系统，防范道德风险并注意化解系统风险。

3. 注意人员激励

人员激励是指激发人员行为的心理过程，根据马斯洛的需求层次理论，人的积极性和受激励的程度主要取决于需求的满足程度，而人的需求按由低到高分成五个层级：生理的需求、安全的需求、社交的需求、尊重的需求和自我实现的需求，如图 5-6 所示。

该理论认为，只有在较低层次的需求得到满足之后，较高层次的需求才会有足够的活力驱动行为。在农村社会养老保险经办管理体系中，组织者要注意经办人员所在的需求层级，注意创造并满足经办人员的更高层级的需求，从而激发经办人员的各种潜能及动机，激励经办人员主动学习、积极服务的工作热情，最大限度地发挥个人潜能，使之产生实现经办组织的目标。另外，在设置与绩效挂钩的薪酬考评体系来激励经办人员时，应注意考评指标的设置的具体化、定量化，以保证考评的公平、公正、公开。

```
         自我实现的需求
      (如对发挥潜能、实现理想的需要)
         尊重的需求
      (如对威信、地位、自我尊重的需要)
         社交的需求
      (如对爱情、友谊、归属的需要)
         安全的需求
      (如对保护、秩序、稳定的需要)
         生理的需求
      (如对食物、水、空气、住户的需要)
```

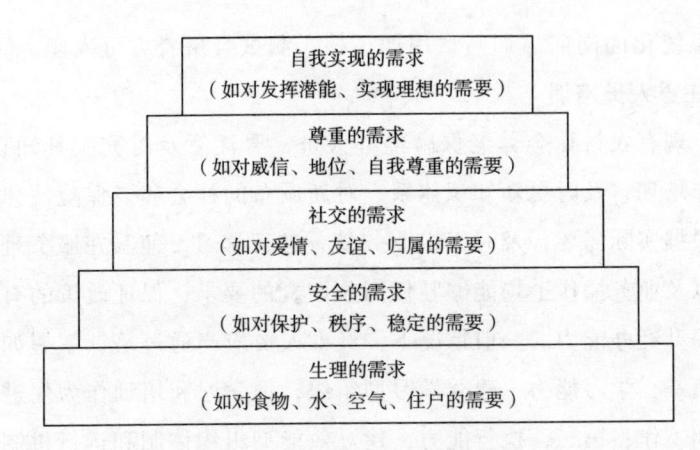

图 5-6　马斯洛的需求层次理论①

三　农村社会养老保险信息平台建设

农村社会养老保险信息平台建设，是整个农村社会养老保险经办体系的技术支撑，它涉及经办管理的各个层面，贯穿于经办工作的各个环节。自 2003 年起，"金保工程"② 开始在全国各地陆续实施，养老保险信息系统逐渐建立，制度的信息化水平逐步提高，制度在公共服务、基金监管等方面的能力得到大幅提升。③ 但随着农村社会养老保险服务范围的扩大、服务对象的增加、服务内容的丰富，农村社会养老保险信息平台建设和服务能力不足的问题却日益凸显，并已成为制约统筹城乡社会保障制度建设和可持续发展的瓶颈。

（一）现行农村社会养老保险信息化建设滞后表现

1. 信息化普及率低

农村社会养老保险由于参保人数多，且地区分布不集中，经办机构需

---

① 马斯洛:《人类动机的理论》，《心理学评论》1943 年。
② 金保工程：是利用先进的信息技术，以中央、省、市三级网络为依托，支持劳动和社会保障业务经办、公共服务、基金监管和宏观决策等核心应用，覆盖全国统一的劳动和社会保障电子政务工程。
③ 邱添、张海川:《约束我国养老保险制度可持续发展的六个条件》，《中国社会保障》2012 年第 1 期。

要处理的信息量非常大。从表 5-2 可以看出，随着新农保参保人数的逐渐增加，县级经办机构的工作量也随之增加，2009 年平均每个县级单位负责 42520 名参保户，参保人数越多，县级经办机构的工作压力就会越大，2011 年参保人数较 2009 年参保人数增长了近三倍，如果在县级经办机构规模基本稳定的情况下，2011 年县级经办组织要处理的参保人员约有 16 万人，而且这一数据还会持续增加。在这样的工作压力下，为了提升经办服务的质量，采用计算机录入、存档的方式并将信息联网以备传输共享是较好的方式，但是目前大部分农村社会养老保险经办手段还比较落后，信息化普及率低，不少地方经办工作手工和半手工信息处理方式仍然存在，经办成本高、效率低，准确率也难以得到保证。[①]

表 5-2 2005~2011 年农村社会养老保险基本情况

年 份	参保人数（万人）	县级地区工作单位数	平均每个县级单位负责的参保人数
2005	5442	1900	28642
2006	5374	1905	28210
2007	5171	1805	28648
2008	5595	1955	28619
2009	8691	2044	42520
2010	10277	—	—
2011	32643	—	—

资料来源：《人力资源和社会保障事业发展统计公报（2005~2011）》；《中国劳动统计年鉴（2006~2010）》。

2. 信息化标准不统一

根据国民经济和社会发展统计公报显示，截至 2011 年末，中国有近 6.6 亿的农民，这就意味着"新农保"在实施中需要处理海量的数据和账户信息，而能够使这一工作顺利开展的重要条件就是建立全国统一的信息化系统。[②] 但是，在当前全国没有统一的系统软件和网络建设规划的背景

---

① 席恒：《新农保实现好收益的关键在于服务供给》，《中国日报》2012 年 3 月 13 日。
② 梁晓飞：《"新农保"信息化面临三大难》，《计算机世界》2009 年 9 月 14 日。

下,农村社会养老保险各个统筹地区为了解燃眉之急,开发了过渡性的应用软件,但在系统结构、业务模块、数据接口、指标体系等方面均存在不同程度的差异,导致了全国农村社会养老保险数据不能共享的局面,限制了农村社会养老保险关系跨地区的转移接续。

3. 信息化操作安全隐患多

农村社会养老保险信息化建设中的关键问题是协调农村社会养老保险信息需求与网络安全之间的矛盾,但是目前不完善的农村社会养老保险信息系统、不充分的数据输入控制,以及应用软件现存的缺陷和漏洞使农村社会养老保险信息化系统的网络操作面临严重的安全威胁。经办工作信息化操作的隐患主要体现在以下五个方面:第一,在录入新参保人员的基础信息时,由于身份证号码最后一位校验码没有控制,所以可录入任意字母,造成录入信息的不准确;第二,对于在原系统中有记录信息的人员,由于新老身份证号码不一致,所以即使年龄一致,系统也不能够识别;第三,信息查询功能不全面,当进行参保人员数据批量查询时,有时数据传输会中断,造成查询人员数量不全等问题;第四,软件更新速度较慢,养老保险关系转移接续程序不能适应新的政策规定标准;第五,由于业务数据与财务数据没有连接,所以会导致输入的业务数据和财务数据不一致。①

(二) 农村社会养老保险信息化建设的基本思路

农村社会养老保险信息化建设就是将信息技术与农村社会养老保险经办业务相结合,建设农村社会养老保险信息系统。该系统是"金保工程"的一个重要组成部分,由通信网络硬件系统、数据库系统、相应的管理软件系统,以及社会保障卡系统等子系统组成。通过农村社会养老保险经办管理的信息化运作,可以满足不同层次、不同部门的信息需求,达到信息共享,实现信息资源有效利用的目标。

---

① 邱添、张海川:《约束我国养老保险制度可持续发展的六个条件》,《中国社会保障》2012年第1期。

1. 通信网络硬件系统建设

社会养老保险信息系统如果从功能上划分，可分成三大部分：一是办公网；二是业务网；三是服务网，总体网络建设结构如图 5-7 所示。

在社会养老保险总体网络建设中，办公网是各级人力资源和社会保障部门建立的支撑公文流转、部门内部办公的核心网络；业务网是支撑全国社会养老保险管理信息系统运行，依托政务外网，以人力资源和社会保障部网络中心为主节点，省级人力资源和社会保障部门网络中心为二级节点，县、市级人力资源和社会保障部门网络中心为基础节点，覆盖全国各级人力资源和社会保障部门、社会养老保险经办机构的中央、省、县市三级拓扑结构的内部业务网，负责传递数据、语音和视频信息，并与办公网和服务网连接，实现相关信息的交换和共享；服务网是各级人力资源和社会保障部门在因特网上建立的，面向公众提供政策咨询、业务查询、网上参保登记和网上申报等服务的外部网络。[①]

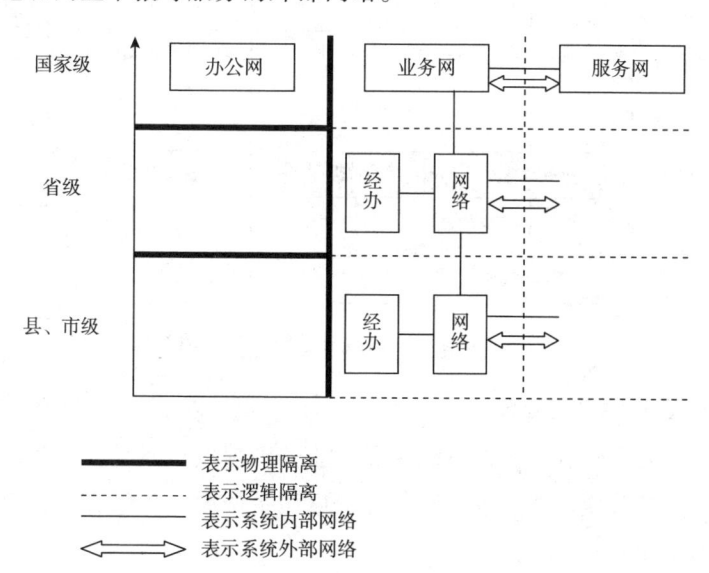

图 5-7 社会养老保险管理信息系统总体网络结构

2. 数据库系统建设

全国社会养老保险信息化系统以县市级业务数据库为基础，已初步形

---

① 胡晓义：《社会保险经办管理》，中国劳动社会保障出版社，2011，第 290~292 页。

成县市、省、国家三级,业务数据库、交换数据库以及决策数据互连互接的联网式结构,如图5-8所示。

在社会养老保险三级联网数据库结构中,县市级数据库是支撑业务经办系统良好运行和支持全省、全国联网的基础,该网络延伸到各个经办窗口,实现养老保险经办业务的全程信息化;省级社会养老保险数据库下联各县市数据库,实现社会养老保险业务数据、统计监测数据的网上传输,支持异地信息交换,对全国社会养老保险基金进行监控;全国社会养老保险数据库下联各省级数据库,对各地社会养老保险基金进行监控,为宏观决策和异地交换提供支持。①

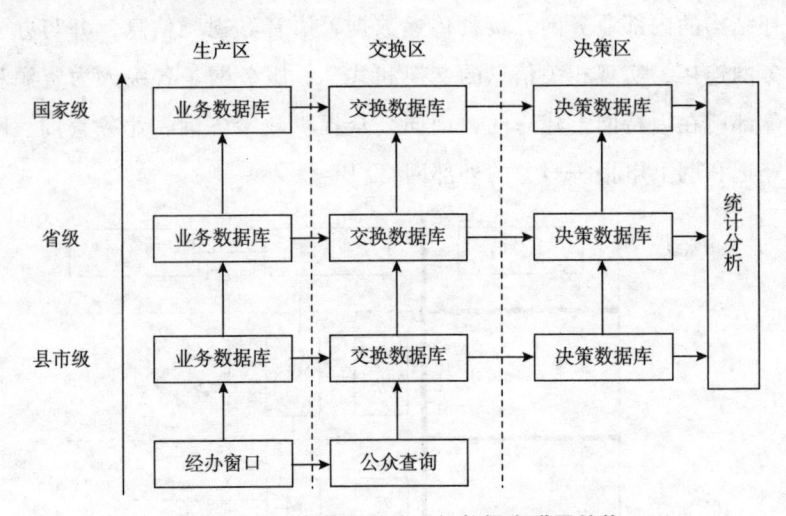

图5-8 社会养老保险三级数据库联网结构

3. 管理软件系统建设

社会养老保险管理软件系统主要由业务管理应用系统、公共服务应用系统、基金监管应用系统以及宏观决策应用系统四部分组成,管理软件系统总体结构如图5-9所示。

在养老保险管理软件系统总体结构中,业务管理应用系统主要负责处理养老保险资格待遇审核、确定养老保险待遇的支付方式和时间、委托社会服务机构发放养老金等相关业务;公共服务应用系统主要由基于业务管

---

① 胡晓义:《社会保险经办管理》,中国劳动社会保障出版社,2011,第294~295页。

理应用系统的相关数据组成，为社会公众提供政策咨询、信息发布与查询、领取养老金人员社会化管理等相关服务；基金监管应用系统通过实时收集、审核养老保险基金管理数据，分析评价基金管理和制度运行状况，防范、化解风险，在与现场监督有机结合的情况下，确保基金安全；宏观决策应用系统主要是借助现代信息技术，通过统计、调查以及联网监测等手段，建立有效的社会养老保险信息采集体系，形成宏观决策数据库，为政策的制定提供数据支持。①

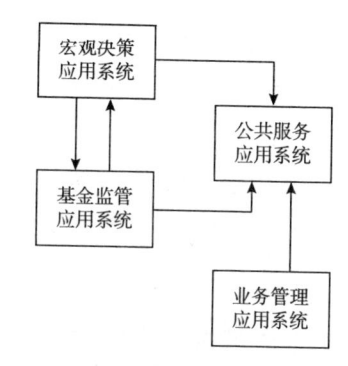

图 5-9 社会养老保险管理软件系统总体结构

4. 社会保障卡系统建设

社会保障卡可以为农村参保居民持卡缴费、领取待遇和查询本人参保信息提供方便，是农村参保居民享有社会保障权益的重要标志。发展建设新农保业务信息化运行体系，要大力推行社会保障卡的建设与应用。新农保试点地区要率先发卡，由人力资源社会保障部门负责新农合业务的地区，要统筹考虑，与新农合共用一张卡。已经面向城镇参保人员发行社会保障卡的地区，要努力扩大发卡范围，逐步将农村参保居民纳入，实现参保人员人手一卡；尚未发卡的地区，要创造条件，早日发卡。各地发行和应用社会保障卡，应严格执行全国统一的标准、规范和管理要求，为社会保障卡的全国通用奠定基础。针对农村参保居民的社会保障卡，原则上由省级人力资源社会保障部门统一发行，其具体发放工作可由地市、县级人力资源社会保障部门承担。各地要在人力资源社会保障各类应用系统中充分设计社会保障卡的应用方案，努力创造良好多样的用卡环境。②

（三）完善农村社会养老保险信息化建设的措施

1. 提高农村社会养老保险信息化建设的普及率

完善农村社会养老保险信息化建设，转变信息化普及率低的局面，要

---

① 胡晓义：《社会保险经办管理》，中国劳动社会保障出版社，2011，第 297~298 页。
② 人社部发〔2009〕146 号《关于印发新型农村社会养老保险信息系统建设指导意见的通知》。

在连通县级社会养老保险经办机构的基础上,将业务专网覆盖面扩大到农村乡镇,形成支撑新农保业务的网络环境。有条件的地区可进一步将网络向行政村延伸,并推动省—县联网工作,尽快实现省级数据中心与县级数据中心的联网,并按照省级统筹的要求,适当扩展网络带宽,增加网络备份线路,支持新农保业务的实时办理。同时,在网络建设中应按照急用为先的原则,优先保证试点县的网络贯通。

2. 制定全国统一的农村社会养老保险信息化建设标准

完善农村社会养老保险信息化建设,转变信息化标准不统一的局面,可基于全国统一的新农保政策和经办规程,并借助社会保险管理信息系统核心平台的技术成果,应用全国统一的标准版新农保业务管理信息系统。有条件的地区,可建设新农保和各项城镇社会保险一体化的信息系统。由人力资源社会保障部门负责新农合业务的地区,要统筹考虑业务关系,积极推动新农保与新农合信息系统的融合。对于采用财政补贴方式自行探索开展新农保业务的地区,要做好数据迁移,使业务平稳过渡。对由参加老农保转为参加新农保的人员,要做好数据衔接。[①]

3. 确保农村社会养老保险信息化系统运行安全

农村社会养老保险信息化系统运行安全建设是一项庞大的工程,应将系统安全建设贯穿于信息化建设和应用的始终,与信息系统建设综合考虑和整体部署,同步规划、同步设计、同步建设。为有效保障系统和数据的安全,要做好以下三个方面的安全建设。

第一,完善网络安全建设。首先要增强应用终端防御能力,可采用网络集中防病毒和分散式防病毒两种方式,防止病毒对内部重要信息和网络造成破坏,并确定感染的来源与类型;其次要将防火墙与入侵监测系统联动,在业务专网中划分若干安全区域,不同区域的结点处通过安全设备相连接;最后是要与电信部门合作保障广域网络安全,并制订详细的广域网用户接入流程,由电信部门负责广域网网络安全。第二,完善核心数据安全建设。首先要设计完备的备份方案,所有的备份设备及备份软件均由安

---

① 马红鸽、麻学峰:《新型农村社会养老保险筹资主体利益均衡机制研究》,《西安财经学院学报》2010年第4期。

全管理系统统一监控；其次要由专人负责容灾备份，对于重要数据，由专人定期做好日常的数据备份和恢复的检查工作，同时对备份文件采取双DVD光盘刻录并随专人携带离开的容灾办法。第三，规范安全管理制度建设。安全管理制度是保证信息系统安全的基础，首先要制订和完善各项安全管理制度，包括机房管理制度、网络使用制度、设备管理制度、网络安全应急预案和定期网络评估制度等，做到责任明确，奖惩分明；其次要定期进行相关的网络安全知识的培训，针对业务经办人员的安全意识薄弱和安全知识不足的情况，根据业务经办人员的不同岗位，制订相应的教育培训计划及培训方式。

第三节　农村养老保险资金运营管理

农村社会养老保险基金作为参保农民的"保命钱"，是农村社会养老保险事业运行的基石，其管理与运营的质量直接关系到这项事业的成败。农村社会养老基金的筹集、投资、给付与监管等各管理运营环节，只有按照科学严谨的程序运行，才能够保证核定准确，征缴到位，运行有序，支付及时。本节主要针对农村社会养老保险基金运营管理过程进行分析，试图找出适合农村社会养老保险基金管理与运营的科学模式，实现养老保险基金的保值增值。

一　农村社会养老保险基金筹集管理

作为农村社会养老保险基金运营管理的首要环节——基金的筹集管理，在管理过程中至关重要，因其一旦出了问题，不仅会影响工作信誉，更会影响农民投保的积极性。坚持量力而行、合理负担是新农保基金筹集管理的基本原则，也是制度可持续发展的前提条件，因此做好缴费阶段的管理意义重大。

（一）农村社会养老保险基金筹集管理中相关主体之间的利益矛盾

农村社会养老保险基金筹集管理的效率，在很大程度上取决于缴费主体的积极性,而作为缴费主体的参保人、集体、中央政府和地方政府之间的利益关系,是直接影响其效果的关键,是农村社会养老保险基金筹集管理中不容忽视的问题。

1. 中央政府与地方政府之间的利益矛盾

在农村社会养老保险基金筹集管理中,作为理性经济人的中央政府和地方政府,二者都在追求自身利益的最大化。地方政府为了获得更多的财政拨款,就会在农村社会保险基金的筹集过程中,将参保人数、农村人口等相关数据做虚假上报而从中受益;而中央政府则希望用最少的财政转移支付来实现需要履行的财政责任。

2. 地方政府与地方政府之间的利益矛盾

按照相关规定,农村社会养老保险基金的中央财政补贴标准,东、中、西部地区各不相同。因此,各地方政府会为了争夺更多的中央政府财政补贴,而采取不正当的竞争手段,使中央财政政策预期效益受损,降低农村社会养老保险基金管理的效率。

3. 地方政府与参保农户之间的利益矛盾

在新农保制度设计中,地方政府与管辖地参保农户之间的利益取向不同。地方政府承担着补贴农村家庭养老经费的责任,希望农户缴费时间越长越好;而参保农户在选择养老保险缴费起始时间点时会倾向于在年龄较大阶段进行缴费,在接近领取养老金年龄时则会积极参与,因为此时参保人员只要缴纳较少的保险费,就可以享受到政府提供的养老保险待遇。

4. 农村集体与农户之间的利益矛盾

按照农村社会养老保险基金筹集的要求,参保人可以获得有条件的农村集体的缴费补助。但在实务操作中,农村集体会因政策规定的非强制性而形成缴费补助的缺位。除此之外,农户家庭也会因传统家庭养老负担的日益沉重而希望承担较小的养老责任。[1]

---

[1] 马红鸽、麻学峰:《新型农村社会养老保险筹资主体利益均衡机制研究》,《西安财经学院学报》2010 年第 4 期。

（二）协调农村社会养老保险基金筹集管理中相关主体的利益矛盾

准确定位缴费三方在农村社会养老保险基金筹集管理中的作用，是协调三方利益关系的关键，有助于实现农村社会养老基金筹集管理的目标。

1. 强化政府补贴的固定性

协调政府之间的利益关系，需要强化政府财政补贴的固定性。建议中央对于农村社会养老保险基金的财政补贴，可以以立法强制的形式纳入每年的中央财政预算，并且规定资金在投入上要对贫困地区适度倾斜，有利于促进农村社会养老保险事业的公平、公正以及可持续发展。

2. 坚持集体补助的补充性

协调集体与参保农户之间的利益关系问题，需要坚持农村集体补助的补充性。"集体补助为辅"的农村养老保险筹资模式与乡镇财政的补助实力存在紧密的联系，建议按照我国各地农村的经济发展水平，实行高低不同的多层次农村社会养老保险制度。对于个别极为困难的农村，可以由地方财政解决集体负责的部分；对于没有集体经济的农村，可以用农村土地承包费来补充养老保险费的不足；对于有集体经济的农村，容易提供较高水平的养老待遇，从而形成由低到高、循序渐进的农村社会养老保障水平。

3. 探索个人缴费的多元性

协调参保农户与政府以及集体之间的利益关系问题，需要探索个人缴费的多元性。而提高农民的参保能力及参保的积极性，有利于提高农村社会养老保险基金筹集管理的效率。对于自己要经营土地的农民，可以通过带地入股使自己成为合作社社员，以实现高效率地土地规模化经营；对于那些外出务工、做生意的农民，为了改善农民的基本生活保障条件，促进土地的使用效益，可以将其土地以出租的方式流转给合作社。

二 农村社会养老保险基金投资管理

作为农村社会养老保险基金运营管理的关键环节——基金的投资管

理,其基本原则以及制度可持续发展的重要条件是新农保基金的安全优先和保值增值。

(一) 农村社会养老保险基金投资管理的困境

我国社保基金的有效管理和保值增值问题一直未能实现突破,新农保基金在投资运营中遇到了类似的困境,主要问题是投资主体及投资渠道难以保证基金的安全与高效运营。

1. 投资管理的主体层级偏低难以保证基金的安全运营

当前参加农村社会养老保险制度的农村居民缴纳的保费是在县一级归集的,并且基金的行政管理和投资运营均由县一级行政主管部门负责。由于新农保基金的投资管理层次低,影响了基金的安全运营。县级管理机构投资能力弱主要体现在以下三个方面:一是由县区一级管理新农保基金,缺乏专业的投资管理人才、投资主体资格和风险控制体系,导致基金管理的专业化程度低,管理效率不高;二是以县为中心的农村社会养老保险管理体制,实行属地管理,分散的基金难以形成规模效益,投资成本高;三是县级管理更容易受到地方行政的干涉,并产生基金被挪用、挤占等道德风险。由此可见,农村社会养老保险基金的县级投资管理,其主体的能力不足以保障基金的安全运营。

2. 投资管理的渠道单一难以发挥政策的吸引作用

据第六次全国人口普查,农村居民已占全国总人口的50.32%,农村社会养老保险制度是继减免农业税费后,又一项惠及相关人口的制度。自2003年部分地区开展新型农村社会养老保险制度试点以来,其年度基金累计结存逐年增加,如图5-10所示。

从图5-10中可以看到,试点运行近十年,新农保基金累计结存已从制度建设之初的259.3亿元,上升到了2011年的1199亿元,2011年新农保的覆盖率为73%。[①] 而且随着这一制度的全面推广与覆盖,基金累计结存还会持续增加。那么在当前通货膨胀水平相对比较高的情况下,这些累

---

① 唐钧:《"后全覆盖时期"的养老保障》,《中国社会保障》2012年第7期。

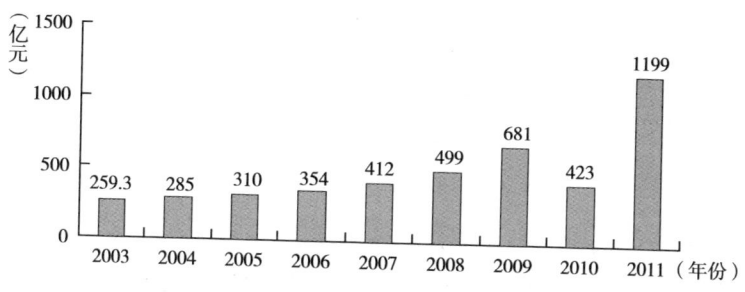

图 5-10　2003~2011 年度新农保基金累计结存

资料来源：《人力资源和社会保障事业发展统计公报》（2003~2011 年）。

积起来的新农保基金的保值增值问题就面临严峻考验。对于自愿参保的新农保制度而言，基金的安全性、收益性与流动性是决定农户是否参保的关键性因素。按照规定，农村社会养老保险基金目前只能投资国债和存入银行，从表面上看这种投资是基于安全考虑，但实际上却存在贬值风险，如表 5-3 所示。

表 5-3　农村居民价格指数和一年期存款利率比较

单位：%

年　份	消费类价格指数	食品类价格指数	居住类价格指数	一年期利率
2004	4.8	11.5	5.8	1.98
2005	2.2	2.5	5.2	2.52
2006	1.5	2.1	4.6	2.52
2007	5.4	13.6	4.4	2.52
2008	6.5	14.0	8.2	4.14
2009	-0.3	0.1	-1.5	2.25
2010	3.6	7.5	4.5	2.25
2011	5.8	12.4	5.7	2.75
均值	3.7	8.0	4.6	2.62

注：一年期存款利率取上年度年末值。

资料来源：《国民经济和社会发展统计公报》（2004~2011 年）；中国人民银行网站。

从表 5-3 可以看出，自新型农村社会养老保险制度试点运行以来，一年期金融机构存款的平均利率为 2.62%，低于 3.7% 的农村居民消费的平均价格指数，一年期金融机构存款利率增长幅度小于农村居民消费价格指数上涨的幅度,尤其是在2007~2008年期间,物价上涨速度要远远超过同期的一年期金融机构存款利率。即使在物价相对稳定的2009年,银行存款相对较低的利率也难以保证基金的保值增值。并且随着新农保制度广度和深度的不断拓展,滚存基金的数量会越来越大,就会出现参保人数越多,赔得就会越多的状况。因为基金基数十分庞大,所以即使是1%的贬值,也会造成极大的损失。同时,农村社会养老保险基金投资渠道单一,会形成大量的闲置基金,这就给留存基金的安全留下了隐患。综上所述,农村社会养老保险基金的投资渠道单一,难以使基金保值增值,不能体现出制度的优势性与普惠性,降低了制度设计的内在吸引力。①

(二) 完善农村社会养老保险基金投资管理的措施

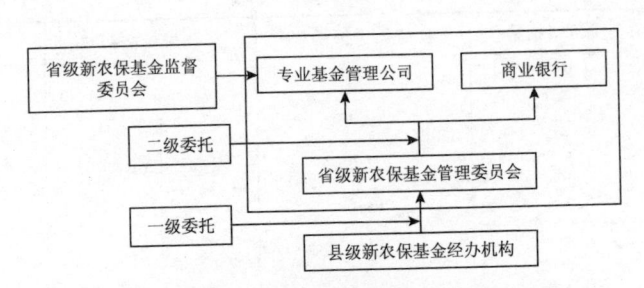

1. 建立高效制衡的农村社会养老保险基金投资治理结构

农村社会养老保险基金投资治理结构的高效制衡,是通过委托的方式公开招标基金的托管人、投资管理人,建立管控有力的风险控制体系,保证基金的安全运营,如图5-11所示。

图5-11 农村社会养老保险基金投资治理结构

构建如图5-11所示的投资治理结构,核心是要提高农村社会养老保险基金投资运营的管理层次,县级新农保基金经办机构作为一级委托人,将其筹集的基金向上汇集到省级新农保基金管理委员会,由其进行统一管理。同时,省级新农保基金管理委员会作为二级委托人,可以用注册资本、资产总额、经营业绩、股份结构、公司治理结构、内控机制、投资收

---

① 尚长风:《农村养老保险基金运作的创新模式研究》,《当代经济科学》2008年第3期。

益率、风险管理能力等关键指标来招标筛选专业基金管理公司,将全部投资管理业务委托给这些投资管理人。通过这种省级委托投资管理基金,可以实现降低管理成本、获得规模投资收益的目标。[①]

2. 建立多渠道的农村社会养老保险基金投资管理思路

基于农村社会养老保险基金安全性、有效性、收益性的考虑,其投资运营的基本思路应是"分散投资"以及"基本组合的制订和管理"。且根据基金性质的不同,可通过资产的不同特点进行分类组合投资,来分散并化解风险,如表5-4所示。[②]

表5-4 农村社会养老保险基金投资管理的产品选择

基金分类	资产分类	投资产品
个人账户养老金	固定收益类	银行定期存款、协议存款、国债、金融债、企业债短期融资券、可转换债券、中期票据、债券基金、分红及万能险产品
	权益类	股票、股票基金、投连险产品、混合基金
基础养老金	货币类	银行活期存款、中央银行票据、短期回购、货币基金

如表5-4所示,不同性质的农村社会养老保险基金,应选择不同的投资产品。对于具有现收现付性质的基础养老金,其投资方向可选择货币类资产;对于具有完全积累性质的个人账户养老金,其投资方向可先以固定收益类产品为主,待条件成熟后再逐步放宽至权益类资产投资,且投资应以安全性为主要原则。

三 农村社会养老保险基金给付管理

农村社会养老保险基金给付管理是基金运营管理过程中的最后一个环节,足额及时发放是新农保基金给付管理的基本原则,也是制度可持续发展的必备条件。

---

① 阳义南:《"新农保"个人账户基金市场化投资管理的关键问题研究》,《经济体制改革》2011年第2期。
② 惠恩才:《我国农村社会养老保险基金管理与运营研究》,《农业经济问题》2011年第7期。

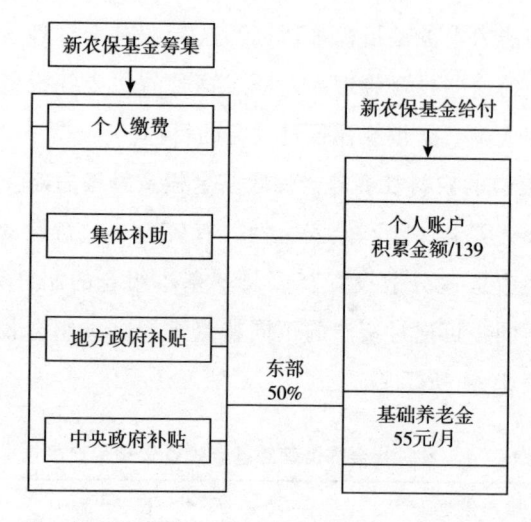

图 5-12　农村社会养老保险基金确定筹集与给付管理制度①

（一）农村社会养老保险基金给付管理的相关规定

1. 农村社会养老保险基金的给付待遇

《指导意见》中规定，农村社会养老保险制度采取确定缴费制与确定给付制相结合的管理制度，如图 5-12 所示，农村社会养老保险待遇由基础养老金和个人账户养老金组成，其中，基础养老金标准为每人每月 55 元，中央政府承担全部西部地区的费用，东部地区中央与地方政府各承担 50%；个人账户养老金月计发标准为个人账户全部储存额除以 139。

2. 农村社会养老保险基金的给付流程

农村社会养老保险基金的给付工作由行政村代办员、县级新农保基金经办管理机构、省级新农保基金管理委员会及金融服务机构负责，主要工作流程如图 5-13 所示。

第一步，当参保人达到领取养老金年龄时，应向户籍所在行政村的代办员申请办理领取手续，需要提交的申报材料有本人的户口簿、身份证以及填写的"养老金领取申请表"，并交回"养老金缴费证"；第二步，由行

---

① 贾宁、袁建华：《基于精算模型的"新农保"个人账户替代率研究》，《中国人口科学》2010 年第 3 期。

```
┌─────────────────────────────────────────────┐
│ 主体：符合养老金待遇领取条件的人员              │
│ 内容：向行政村代办员提出待遇领取申请            │
│ 材料：身份证、户口、养老金领取申请表、缴费证    │
└─────────────────────────────────────────────┘
                      ↓
┌─────────────────────────────────────────────┐
│ 主体：行政村代办员                             │
│ 内容：通过信息系统录入申请人的材料给县级新农保经办机构 │
│ 材料：身份证、户口簿、养老金领取申请表、缴费证  │
└─────────────────────────────────────────────┘
                      ↓
┌─────────────────────────────────────────────┐
│ 主体：县级新农保基金经办管理机构                │
│ 内容：审核通过，再由其上报给省级新农保基金管理委员会 │
│ 材料：身份证、户口簿、养老金领取申请表、缴费证  │
└─────────────────────────────────────────────┘
                      ↓
┌─────────────────────────────────────────────┐
│ 主体：省级新农保基金管理委员会                  │
│ 内容：按月将养老金发放信息移交给金融服务机构    │
│ 材料：领取证、养老金发放记录卡                  │
└─────────────────────────────────────────────┘
                      ↓
┌─────────────────────────────────────────────┐
│ 主体：金融服务机构                             │
│ 内容：发放养老金                               │
│ 材料：领取证、养老金发放记录卡                 │
└─────────────────────────────────────────────┘
```

图 5-13　农村社会养老保险基金的给付工作流程

政村的代办员将申报材料及"养老金缴费证"，通过信息系统上报给县级新农保基金经办管理机构；第三步，由县级新农保基金经办管理机构负责对参保人的领取资格进行审核，审核通过，经信息系统，将参保人员相关材料上报给省级新农保基金管理委员会；第四步，由省级新农保基金管理委员会确定养老金领取标准，填写"养老金领取证"和"养老金发放记录卡"，并将"养老金领取证"通过行政村的代办员下发给养老金领取人，"养老金发放记录卡"及相关参保信息移交给金融服务机构；第五步，金融服务机构会根据养老金领取人持有的"养老金领取证"，向其发放养老金，并请养老金领取人在"养老金发放记录卡"上签字确认。

（二）阻碍农村社会养老保险基金给付管理运行的因素及原因

1. 阻碍基金给付管理运行的因素

阻碍农村社会养老保险基金给付管理运行的因素，在实际工作过程中主要体现在以下三个方面：一是存在养老金发放道德风险的问题，许多地区出现了不符合给付条件的欺骗性申请以及"死者"领取养老金等现象；

二是存在养老金发放效率不高的问题，出现了参保人的养老金不能保证及时且足额发放，且存在错付的情形；三是存在养老金发放领取不便的问题，出现了参保人领取养老金的成本大于养老金的尴尬。

2. 阻碍基金给付管理运行的原因

阻碍农村社会养老保险基金给付管理运行的原因主要有以下三个方面：首先，农村社会养老保险相关信息不公开、不透明，容易诱发道德风险。因为实行网络信息化管理的农村社会养老保险经办机构，在掌握信息不完全的情况下，县级新农保经办机构从业人员容易借职务便利虚报参保人员名单，或者在获取信息存在时间滞后的情况下，容易发生"死者"领取养老金现象。其次，信息化管理的有限性会形成管理的低效率。目前农村社会养老保险基金的信息化管理仅在上海等部分发达地区施行，其他地区却并未真正建立起这种信息化的管理系统，最终导致农村社会养老保险基金发生给付不及时或者发生错误给付的情形。最后，地方保护主义容易形成领取养老金不便。现代市场经济促进了农民群体的自由流动，但由于地方保护主义的存在，农村社会养老保险基金管理却不能适应市场经济的发展需要，阻碍了参保人的社会养老保险关系的转移接续，因此其缴费收入不能顺利、及时地转入或转出，影响参保人未来领取退休金而加大未来的给付风险。[①]

（三）完善农村社会养老保险基金给付管理的措施

1. 建立有效的农村社会养老保险基金信息披露制度

因信息不对称而产生的给付管理道德风险，需要建立完善的信息披露制度予以降低。农村社会养老保险要加强信息化平台建设，构建村、县以及省三级信息网络，实现农村社会养老保险业务的全程信息化，将参保人员的各项基本信息及个人账户信息纳入计算机管理，严格按有关法规操作。通过制度的构建，可以使农村社会养老基金管理者、投资者及各参与主体获得较为充分的信息，从而降低因不完全或虚假信息所导致的风险。

---

① 郭艳芬：《社会养老保险基金的给付风险及防范措施分析》，《现代商贸工业》2008年第7期。

2. 制订合理的农村社会养老保险基金转移接续方法

针对地方主义形成的领取养老金不便的问题，国家应该尽快出台统一的社会养老保险制度的转移接续办法以解决农村居民在流动时的养老金领取问题，建议可以采用分段计算的办法来保障参保人员在跨地区之间的社会养老保险权益。其基本思想是参保人员在工作地缴费，分段记录缴费信息，累计合并计算缴费年限，按比例分配社会统筹部分的养老金，且相关信息均可以通过信息网络进行全国结算，当参保人员达到退休年龄后，可在退休地领取退休金。①

四 农村社会养老保险基金监督管理

农村社会养老保险基金的监督管理贯穿于基金运营管理的全过程，是确保基金收支、管理和投资运营各环节安全有效的重要的制度性保障。

（一）农村社会养老保险基金监管不到位引发的问题

1. 基础管理工作混乱

农村社会养老保险基金监督管理的缺位，导致了部分地区出现了经办机构和财政专户的基础管理工作不扎实，主要有以下五种情况：一是个别地区没有严格执行收支两条线管理政策，少数经办机构基金收入没有按收支两条线管理，或没有及时将基金纳入财政专户管理；二是部分地区基础会计工作不规范，有的单位连原始凭证都没有加盖财务专用章；三是部分地区个人账户管理不规范，信息记录不准确，存在记录不及时以及多记、少记、错记社保费等情况；四是部分地区存在缴费基数偏低、违规委托代发养老保险基金的问题，少数地区甚至出现了弄虚作假、虚增基金收入的情况；五是部分地区财政专户与经办机构的数据统计口径不一致，财务报表数据对不上，管理较为混乱。②

---

① 王章华、黄丽群：《新型农村社会养老保险存在的问题及其对策》，《改革与战略》2012 年第 4 期。
② 罗海平：《江西省社会保险基金监管中存在的问题和对策研究》，江西省人力资源社会保障学会，2012 年 1 月 13 日。

2. 违规操作使用基金

当前中国大多数地区实行农村社会养老保险基金县级统筹，需要由县级经办机构负责农村社会养老保险基金的筹集、运营、给付以及监督管理，而这种管理模式会增加地方政府对农村社会养老基金违规干预的机会。当中央对地方政府的行为监督不到位，且农村社会养老保险基金的总目标与地方政府的目标又不一致时，就很容易出现地方利益至上的情况，造成挤占、挪用基金进入地方财政、存入非银行性金融机构，这些都是农村社会养老保险基金纵向监督职能不足的体现。

3. 基金支出存在安全隐患

中国的农村社会养老保险制度发展时间较短，监督制度和相关法规建设尚不健全，基金支出不规范的问题也较为突出。在农村社会养老保险待遇发放环节，存在一定的重复领取和冒领的问题，给基金的支出安全带来了一定程度的威胁。

（二）农村社会养老保险基金监管缺位的原因

1. 对基金监管工作重视不够

对农村社会养老保险基金监管工作的不重视，导致了基金基础管理工作的混乱，主要体现在以下三个方面的不到位：一是对基金监督工作的认识不到位，监督工作只是落实在口头上；二是基金监督机构设置不到位、专业人员配备不到位，造成"小马拉大车"的尴尬；三是基金监督工作经费配套不到位，基金监督信息化建设和基础能力建设相对滞后，各地区开展基金监督工作面临较大的困难，基金监督管理的力度和效果也受到影响。

2. 社会监管组织形同虚设

社会监管组织的不作为，导致基金的违规操作使用。由人力资源与社会保障部门、财政部门、审计部门、行政村代表、农民代表以及专家代表等人员组成的农村社会养老保险基金监督委员会，作为社会监督组织，虽然隶属于人力资源与社会保障部门，但从总体上看，该组织对农村社会养老保险基金的监督作用非常有限，组织形式极为松散，且没有统一规范的管理制度，致使基金的筹集、管理及运用缺乏严格的法制化程序约束，不能发挥社会监管应有的作用。

3. 基金监管方式落后

农村社会养老保险基金给付环节的安全隐患，源于基金监管方式手段的落后。传统的手工操作基金的收缴、存储、移交、审核、发放，不仅导致基金的监管工作误差率极高，而且主管部门对参保人员的相关信息的了解又存在"时滞性"特点，不能及时掌握参保人的真实情况，影响了基金监管的效率。这样，农村社会养老保险基金错付、误付、多付的现象就会很难避免。①

（三）完善农村社会养老保险基金监管的思路

农村社会养老保险基金的监管可以从以下三个方面做出努力。

1. 提高基金监管主体的安全防范意识

农村社会养老保险基金的监督管理工作人员要牢记基金是农民的"生命线"、基金纪律是工作人员的"高压线"，自觉执行各项基金法规政策，并严格执行农村社会养老保险基金财务、统计、会计、稽核等管理制度，并加强农村社会养老保险政策和业务培训，强化基金安全教育和纪律教育。同时，各级人力资源和社会保障部门要始终将农村社会养老保险基金监管贯穿于基金收、管、支全过程，时常开展基金安全警示教育。

2. 建立全国统一的基金监管体系

按照相互独立与相互监督的监管原则，建立全国统一的农村社会养老保险基金监管体系，可以以人力资源与社会保障部门为主导，通过部级调控、省级监管、县级执行的三级配合联动，实现对基金的有效监管。②

3. 推进基金监管的信息化建设

人社部胡晓义副部长曾指出："要提升基金监督手段，充分运用现代网络信息技术，推进以监管软件联网应用为核心的非现场监督，提升监督

---

① 陈淑君、张茜：《完善新农保基金监管体系的设想》，《经济研究导刊》2011 年第 26 期。
② 华雯文、范融泽：《我国农村社保基金管理机制存在的问题与出路》，《经济纵横》2011 年第 7 期。

手段，对社会保险基金管理运行情况进行全程监控，提高精确度和监管效率。"全国开展农村社会养老保险工作的地区要充分把握社会保险基金监管软件上线安装运行的契机，依托金保工程和基金监管软件，利用现代化信息手段实时监控基金的收入、管理、支付和运营情况，推进基金监管的科学化、规范化，更好地防范风险。①

第四节 农村社会养老保险基金风险管理

农村社会养老保险基金的有效运营是维持养老金制度正常运转的重要保障，而当前中国农村社会养老保险基金在运营中面临着诸多风险，这已严重危及了农村社会养老保险基金的安全，影响了制度的可持续发展。因此，本节主要针对农村社会养老保险基金风险进行客观的分析，试图构建有效的风险管理机制，这对防范基金风险、保障基金安全运营有着重要的理论意义与现实意义。

一 农村社会养老保险基金运营面临的风险

农村社会养老保险基金运营过程是一个完整的体系，包括基金的筹集、投资、给付等环节，分析基金的运营风险要贯彻到体系中的每一个环节，以保证构建的风险管理机制全面、有效。

（一）农村社会养老保险基金的筹集风险

在农村社会养老保险基金筹集的过程中，由于制度设计的原因，造成各缴费主体（农民、集体、政府等）为了追求自身效用最大化，而产生影响其缴费行为不确定的风险，主要体现在以下三个方面。

1. 农民参保缴费的不确定性

农村社会养老保险制度顺利推进的影响因素包括很多方面，其中很重要的因素就是农民的参保缴费情况，而目前农村社会养老保险缴费制度的

---

① 郭健：《只为黎民享婵娟——全国社会保险基金监督和企业年金工作座谈会侧记》，《中国社会保障》2011年第3期。

缺失，使农民参保缴费具有不确定性。首先，根据当前农村社会养老保险制度的政策规定，中低收入水平、中低学历程度、健康水平低、参保回报时间短的人群，会进行参保缴费，那些健康的年轻人群体对长期性的养老保险的兴趣和热情普遍较低，能否长期缴费有很大的不确定性。其次，当参保人对政策了解程度不高、参保手续烦琐复杂、经办人员服务不够周到等情况发生时，农民参保缴费的意愿也会受到严重影响。① 最后，中国农民现阶段的收入主要来自传统种植业与临时性打工所得，前者收入受自然条件、国家政策以及市场环境等影响较大，后者受季节、市场变化、家庭变故影响较大，两种收入均不能维持正常持续稳定的现金流，这就决定了农民难以进行定期稳定的缴费。与此同时，因非义务教育阶段的教育开支、医疗费用开支等指标的不断攀升，农民的支出一直保持大幅增加，造成农民几乎没有用于投保养老的能力。② 因此，以上三项因素造成的农民参保缴费的不确定性，增加了基金的筹集风险。

2. 集体补助的不确定性

根据农村社会养老保险制度的政策规定，有条件的农村集体有义务和能力对参保人员给予缴费上的支持。该政策一方面体现了农村集体的缴费责任，另一方面也有利于调动农民的参保积极性。但因为集体补助不是硬性规定，不能保证所有的参保人员都能享受到农村集体的待遇补助，给农村集体补助带来很大的不确定性，增加了基金的筹集风险。③

3. 政府补贴的不确定性

农村社会养老保险制度的重要特点是政府主导、财政支持，也是该制度能够快速推进的重要原因。根据农村社会养老保险制度的政策规定，政府财政补贴到参保缴费环节的资金，是作为个人缴费的奖励性以及补助性措施。由相关文献的测算可知，中央财政补贴资金能够保证制度的可持续发展，按人均基础养老金为60元，一年为720元，全国1亿老年人，基础

---

① 穆怀中、闫琳琳：《新型农村养老保险参保决策影响因素研究》，《人口研究》2012年第1期。
② 张红梅、杨敏：《中国农村社会养老保险筹资主体分析》，《人民论坛》2010年第17期。
③ 薛惠元、张德明：《新型农村社会养老保险筹资机制探析》，《现代经济探讨》2010年第2期。

养老金的支出为720亿,这占整个财政收入的比重是可以接受的;而地方政府,尤其是中西部地区的资金困难,会制约农村社会养老保险制度的进一步推行与扩展。① 因此,地方经济发展的不确定性,增加了养老基金的筹集风险。

(二) 农村社会养老保险基金的投资风险

农村社会养老保险基金投资风险是将基金进行投资时,由于受经济环境、政治环境以及投资运作过程本身所影响而产生的风险,主要体现在以下两个方面。

1. 通货膨胀贬值风险

自农村社会养老保险制度推行以来,中国政府考虑到国内经济尚不稳定、资本市场发育还不成熟、投资风险难以控制的现状,为了确保基金的安全性,将农村社会养老保险基金的投资限制于银行存款和购买国债。这种单一的投资渠道,虽在形式上保证了基金的安全,但实际上却使基金面临通货膨胀的风险,影响了其保值增值的能力,如图5-14所示。

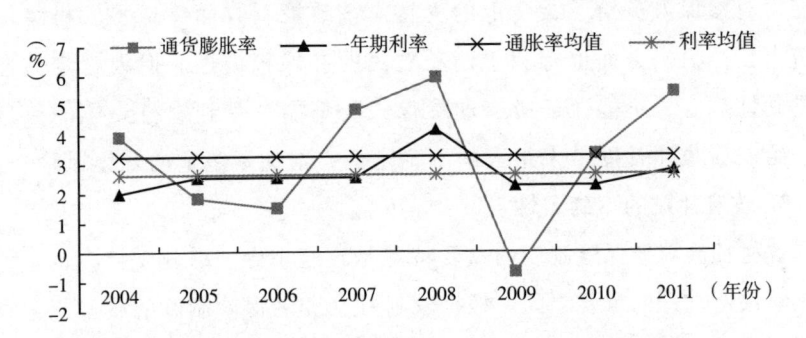

图5-14 2004~2011年通胀率和一年期存款利率比较

注:一年期存款利率取上年度年末值。
资料来源:《国民经济和社会发展统计公报(2004~2011)》;中国人民银行网站。

从图5-14可以看出,从2004~2011年,八年的通胀率均值高于一年期存款利率均值,其中只有2005年、2006年、2009年这三年的一年期存

---

① 邓大松、薛惠元:《新型农村社会养老保险制度推进中的难点分析——兼析个人、集体和政府的筹资能力》,《经济体制改革》2010年第1期。

款利率高于通胀率,所以现行的农村社会养老保险基金的投资模式,不能保证基金的保值增值能力,甚至使基金面临贬值风险。

2. 政策不稳定风险

在通常情况下,发展中国家的政治经济政策的不稳定因素,往往要大于政治经济制度较为成熟的国家,因而处于改革期的中国农村社会养老保险基金投资面临着政策不稳定风险,主要体现在两个方面。首先,中国证券市场目前的法律法规体系不健全、管理手段不充分,政府会倾向于采用政策手段来干预市场,当政府出台某些重大法规、条例或调整有关证券市场的政策时,就会引起金融证券市场的波动,从而影响农村社会养老保险基金投资收益的不确定性。其次,当前中国农村社会养老保险制度仍在进行改革探索,有关基金投资与风险控制的法律法规条例仍在调整与完善,所以政策的波动性与不确定性很大,任何有关政策的变动,都会影响到农村社会养老保险基金的投资收益情况。[①]

(三) 农村社会养老保险基金的给付风险

1. 养老金欺诈冒领风险

养老金欺诈冒领风险是给付环节自身所产生的风险,由管理不完善和管理缺乏效率而引起。调研发现,欺诈冒领骗领问题的产生主要源于以下两个方面的风险:一是信息不对称以及管理主体上的行为异化所诱发的道德风险;二是管理缺乏效率诱发的内生风险。[②]

2. 偿付能力风险

偿付能力风险是在养老金给付环节中产生的基金收不抵支、无法兑现事先承诺的养老金的风险。出现偿付能力风险的原因比较复杂,农村社会养老保险的制度设计、基金筹集、基金保管、基金投资、基金操作等任何一个环节出现问题都可能导致偿付能力风险。[③]

---

① 花蓉:《我国养老保险基金投资风险控制研究》,中南大学硕士论文,2009。
② 武萍:《社会养老保险基金运行风险管理存在的问题及对策》,《中国行政管理》2012年第3期。
③ 薛惠元:《新型农村社会养老保险风险的识别》,《现代经济探讨》2012年第1期。

二 农村社会养老保险基金风险管理存在的主要问题

保证农村社会养老保险制度得以正常实施的物质基础是农村社会养老保险基金,为了确保基金安全完整,防范农村社会养老保险基金运营中面临的风险,全国各地都将农村社会养老保险基金的风险管理机制作为当前工作的重要任务,由于机制创建时间短,基金的风险管理还不够完善,存在的问题主要体现在以下四个方面。

(一) 风险管理的法律化程度不高

中国农村社会养老保险基金的制度框架已经基本形成,但社会养老保险基金风险管理的法律化程度不高,主要表现在以下三个方面:一是社会保险法律制度的覆盖面小,保障程度低;二是现有的社会保障法律法规缺乏较高的法律效力和必要的法律责任制度;三是社会保障基金面临的风险管理问题缺乏提供充分、有效的法律支持的社会保障法律实施机制。[①]

(二) 风险管理的技术手段使用不够

先进技术手段的使用不够,是由于支持查询参保共享信息的全国联网技术还不完善,所以对于经办机构来说,获取异地农民的健康状态与参保状态等信息的成本较大;对于异地参保的农民来说,支付与领取养老金的成本也较大,这在一定程度上增加了农村社会养老保险基金运行的不稳定性,阻碍了农村社会养老保险制度的长期发展。

(三) 风险管理机制的透明度不够

多年来,农村社会养老保险基金的监督和管理的职能都集中在县级农村社会养老保险经办部门,然而地方经办部门通常身兼数职,如费用的收缴、投资的运作以及监督查处等职能,经办部门在农村社会养老保险基金的监管过程中,既当委托人,又当投资人、资产的管理人,其角色模糊不

---

① 武萍:《社会养老保险基金运行风险管理存在的问题及对策》,《中国行政管理》2012 年第 3 期。

清，政企不分，使得基金缺乏独立的行政监管。基金管理的透明程度以及公开程度不高，导致基金的流失风险很难避免。

（四）风险管理的各种手段的结合程度不够

中国农村社会养老保险基金风险管理的各种手段的结合程度不高，部分地区仅使用了其中的部分手段，如强调了外部监管，但忽视了内部控制；又如外部审计仅作为监管手段之一。前者造成了风险管理的基础缺位，后者造成了监管的不全面。可见，只有外部控制和审计是不够的，还需要建立更加全面的风险管理体系。

三 构建农村社会养老保险基金风险管理长效机制的思路

加强农村社会养老保险基金风险管理是当前农村社会养老保险工作的大事，为了摆脱中国农村社会养老保险基金风险管理存在的问题，提升农村社会养老保险制度可持续性发展的能力，构建农村社会养老保险基金风险管理长效机制势在必行，可从宏观与微观两个角度来考虑。

（一）宏观角度思考

1. 坚持不懈地完善基金风险防范机制

国内外历史的经验教训告诉我们，无论当时的历史条件下社会保障基金制度的设计多么合理，运行多么规范，采取的手段多么有效，随着社会经济及社会保障相关因素的不断发展变化，社会保障基金制度依然可能遭遇不良后果。非常典型的例子是，资本主义国家在建立与工业社会相适应的社会保险制度时，西欧与北欧国家在炫耀福利国家的成就时，均未估计到或至少未充分估计到可能出现的社会保障危机及调整这种制度的难度。因此，必须对农村社会养老保险基金制度的动态性有充分的把握，坚持不懈地构建基金风险防范机制，破除试图使其毕其功于一役的幻想，并据此建立和健全灵敏的农村社会养老保险基金制度风险防范机制，以保证政府及时修正基金制度运行中的失误，维护基金制度的可持续发展。

2. 将全过程监管与预警监管密切结合

根据社会保障基金制度风险传导机制的特点，要构建起完善的农村社会养老保险基金制度风险防范机制，必须完善风险防范机制的社会系统工程。首先，应当密切跟踪制度环境风险因素的发展、演变动态，以此及时采取相应的对策；其次，对制度设计一方面要严格坚持其科学性、前瞻性的要求；另一方面对制度设计的支持系统应给予高度重视；最后，对制度实施风险须进行严密监控。国内外的实践证明，制度实施风险是客观的，在某种情况下其对农村社会养老保险基金制度正常运行的影响是致命的。因此，对制度实施风险的危害性要有充分的认识，要采取严密的防范措施根除制度实施过程中的贪污、挪用、浪费等问题。

3. 按层次要求完善相关法律制度

立足长远，完善与农村社会养老保险基金制度紧密相关的法律制度安排，是防范中国农村社会养老保险基金制度风险长效机制的根本对策。按照与社会养老保险基金制度紧密相关的社会保障法律体系的层次性要求，应该包含三个层次的法律制度安排：社会保障基本法、社会保险专门法和社会养老保险条例。

4. 分运营环节规定相关法律规范

构建农村社会养老保险基金风险管理长效机制，应加快立法步伐，加强工作力度，分基金的运营环节规定相关法律规范，以保证农村社会养老保险基金运营的有效实施，主要包括以下几个方面：一是要强化农村社会养老保险基金筹集的法律规范；二是要强化农村社会养老保险基金管理的法律规范；三是要强化农村社会养老保险基金投资的法律规范；四是要强化农村社会养老保险基金给付的法律规范。[①]

（二）微观角度思考

1. 规避基金筹集风险的对策

为了提高农民参保缴费的稳定性，可以从以下几个方面做出努力。第一，加大农村社会养老保险制度的宣传力度，尤其要充分发挥行政村农村社会养老保险代办人员的作用。首先，要让农民理解农村社会养老保险制

---

① 武萍：《社会养老保险基金运行风险管理存在的问题及对策》，《中国行政管理》2012年第3期。

度是政府推出的一项重大惠农政策,绝对安全可靠;其次,要让农民清楚该制度能给自己带来的实惠。第二,落实多缴多得、长缴长得的财政补贴;保证以发促缴,及时将基础养老金发放给符合领取条件的农民,让周围的农民切实地体会到制度的实惠性。第三,实行政务公开,每年向民众披露农村社会养老保险基金的收支金额、投资收益等信息,解除民众的疑虑。第四,在农村社会养老保险制度于全国全面实施的情况下,可将自愿参保改为强制参保。①

为了提高集体补助的稳定性,应从发展农村集体经济做起,只有加快发展和壮大农村集体经济,集体组织才有能力对农民养老问题给予支持。因为凡是集体经济比较发达的农村,其社会公益、农村社会养老保险事业的发展速度也比较快。带动农村产业结构的调整,大力发展农村集体经济,是落实集体经济组织补助职责的前提条件,只有农村集体经济组织壮大了,才能为农村居民的养老保险予以补助,才能为农村社会养老保险事业的发展奠定物质基础。②

为了提高政府补贴的稳定性,落实好各级财政补贴资金,可从以下两个方面做出努力:第一,国家财政部尽快出台中央财政新农保补贴资金管理办法,地方各级财政部门抓紧制订本地的财政补贴资金管理办法。按照科学化、精细化的要求,规范补贴资金预算安排、申请拨付程序和使用管理工作,防止虚报冒领,为农村社会养老保险制度的推行提供有力保障。第二,加强农村社会养老保险财政补贴政策的执行力。各级财政部门应将农村社会养老保险补贴资金作为财政支出的一项重点加以保证,并及时分配,及时到位。③

2. 规避基金投资风险的对策

为了防范基金的通货膨胀贬值风险,应对农村社会养老保险基金实施

---

① 薛惠元:《新型农村社会养老保险操作风险评估及处理》,《华中农业大学学报》(社会科学版) 2012 年第 1 期。
② 殷密:《论我国新型农村养老保险制度的缺陷及其完善》,《商品与质量·科教与法》2011 年第 7 期。
③ 薛惠元、张德明:《新型农村社会养老保险筹资机制探析》,《现代经济探讨》2010 年第 2 期。

多元化投资,如银行存款、国债以及允许基金进入银行同业拆借市场和参与国债市场回购交易的短期融资方式等,这样既可增强资产的流动性,又可进行积极的资产管理,这是在中国证券市场现状下降低投资风险的一个可行之道。在保证基金投资的安全性的同时,还要选择高收益的投资组合,如定向国库券,银行优惠储蓄,公路、电站、桥梁、码头等风险小、收益高、有稳定回报的大型基础设施建设项目。另外,应适时逐步开放股票市场和其他有价证券市场,并逐步降低国债购买和持有比例及银行存款比例。与此同时,为了提高积累基金的投资利润率,在保证基金安全性的前提下,国家还可以通过法律程序,推行法人委托管理机制,由专业投资公司对部分养老保险基金进行投资。①

3. 规避基金给付风险的对策

为了防范养老金欺诈冒领风险,可以从以下几个方面做出努力:第一,制订出台农村社会养老保险待遇领取人员的资格认证办法;第二,农保、民政、公安与社区街道等部门建立工作联动配合机制,定期核实养老金待遇领取人员的生存状况;第三,实行领取养老金待遇人员公示制度,并接受广大农民群众的监督;第四,通过宣传教育,强调欺诈冒领行为是违法行为,依据情节轻重接受司法机关依法处置;第五,将冒领行为的处罚金作为丧葬补助费,使养老金待遇领取人员死亡时可以获得这笔补偿款。②

为了防范养老金收不抵支风险,农村社会养老保险制度应尽快引入精算管理机制。"以支定收,略有节余"的基金筹集原则和收付实现制的会计制度已不能真实地反映农村社会养老基金的财务状况。将精算管理机制引入社会保障领域,就是力争使农村社会养老保险制度无论是现在还是未来,都建立在合理的财力支付能力基础之上,主要起着危险因素评价和风险管理的作用。加快建立农村社会养老保险基金精算管理机制,要做好中长期预测,建立风险预警机制,为政府制订政策和决策提供可靠的参考依据。③

---

① 林新岳:《我国农村养老保险基金运营管理的问题及对策》,《财经界》(学术版)2009年第5期。
② 薛惠元:《新型农村社会养老保险操作风险评估及处理》,《华中农业大学学报》(社会科学版)2012年第1期。
③ 苑梅:《我国农村社会养老保险制度研究》,东北财经大学博士论文,2011。

4. 规避基金管理风险的对策

为了规避基金的内部欺诈风险，防止农村社会养老保险基金被挤占、挪用，可以采取以下措施：第一，提升当前农村社会养老保险基金"县级管理"的统筹层次，可先实行省级管理，待条件成熟后，再实现农村社会养老保险基金的全国统筹；第二，构建全方位的农村社会养老保险基金的监管体系，主要包括政府部门、社会公众以及媒体等多种监管主体；第三，加强法律法规执行的力度，对挤占、挪用农村社会养老保险基金的行为严惩不贷。

为了提高农村社会养老保险经办工作的效率，提高信息系统的利用率，应尽快开发全国统一的农村社会养老保险信息管理系统，改变原有的手工或者半手工操作的经办方式，并制订出台相关的内部控制管理办法，具体规定如下：第一，建立农村社会养老保险相关数据的录入、修改、访问、使用、保密、维护的权限管理制度；第二，加强网络和计算机病毒防护，对于涉密信息需要在网上传输的，必须进行加密处理；第三，建立机房和相关设备的管理制度，落实定期维护、故障处理以及安全值班等制度；第四，建立有效的信息交流反馈制度，确保管理层及时了解各项业务的办理情况和综合数据；第五，明确业务操作人员和系统维护人员等各类人员的职责和使用权限。①

第五节 农村社会养老保险业务档案管理

随着农村社会养老保险制度覆盖面的不断扩大，其业务档案资料也在急剧增加，为适应农村社会养老保险事业发展的需要，遵循对参保对象"记录一生、跟踪一生、保障一生、服务一生"的宗旨，要切实加强对农村社会养老保险业务档案管理的建设。因为农村社会养老保险业务档案管理贯穿于农村社会养老保险登记、征缴、统计、待遇核发、稽核等业务的全过程，确保档案安全、完整，对于维护参保对象具有十分重要的意义。

---

① 薛惠元：《新型农村社会养老保险操作风险评估及处理》，《华中农业大学学报》（社会科学版）2012年第1期。

本节主要针对当前中国农村社会养老保险业务档案管理面临的困境进行分析，试图构建公平正义的农村社会养老保险业务档案管理体系，实现档案管理的动态化、人本化及规范化。

一 完善农村社会养老保险业务档案管理的必要性

农村社会养老保险业务档案是国家档案的重要组成部分，是指经办机构在处理保险业务过程中，形成的具有保存和利用价值的专业性文字材料、电子文档、图表、声像等历史记录，因此完善农村社会养老保险管理体系运行，不能忽视其重要意义。

（一）加强档案管理有利于提升经办机构的办事效率

加强农村社会养老保险业务档案资料的收集、整理、归档与利用，是做好社会养老保险工作的前提条件，主要体现在以下两个方面：一是梳理和归纳业务工作，并回顾整理、总结已完成的业务工作，可以从中找出经验教训，对于未来的工作提供良好的借鉴；二是统计整理出来的各项数据，可以为领导科学决策提供服务，从而提高办事效率和准确率。[1]

（二）加强档案管理有利于维护参保人的合法权益

农村社会养老保险的参保人从办理参保到领取养老金，要经过诸多环节，涉及不同性质与用途的证明资料，而加强农村社会养老保险业务档案管理，可以保证个人档案的详细记载，可以为参保人领取到养老保险待遇提供重要的依据，有利于维护参保人的切身利益。档案资料的记录贯穿农村社会养老保险的参保、缴费、领取的全过程。首先，在办理农村社会养老保险的参保手续时，个人档案中要包括保险卡及个人详细情况表等原始的资料信息；其次，在长期的续费参保时，需要存档的资料包括不断缴纳的保费、划拨的个人账户、计算利息、缴费比例、缴费

---

[1] 李桂华：《加强社会保险档案管理 推进社保事业发展》，《今日科苑》2009年第7期。

基数及养老金发放标准的调整记录等数据资料；最后，当参保人从参保地转出时，仍要将办理的保险关系转移和保险基金的转入与转出手续进行存档备份。

(三) 加强档案管理有利于推进社会养老保险的城乡统筹

社会养老保险的城乡统筹，促进了社会养老保险待遇的城乡统一，而加强农村社会养老保险业务的档案管理，是社会养老保险城乡统筹改革的必要条件。因为当城乡两种制度相对接，社会养老保险部门不但要处理城镇社会养老保险业务，同时还要承担起与城镇规模相近的农村社会养老保险的社会化服务与管理职能。安全有序的社会养老保险档案管理，可以完整准确地记载个人资料，有利于推进社会养老保险城乡统筹改革的顺利发展。

二 农村社会养老保险业务档案管理面临的困境

做好农村社会养老保险业务档案管理工作，有利于促进农村社会养老保险制度的有效实施，然而当前的档案管理工作主要面临着以下四个方面的困境。[①]

(一) 档案管理意识薄弱

虽然农村社会养老保险制度的发展速度较快，但是其档案管理工作开展的时间并不长，而且相关人员的工作重点主要集中在扩大覆盖面、强化基金征缴和确保养老金按时足额发放等方面，这样一种无序的工作状态，影响了其作用的充分发挥。这种薄弱的档案管理意识，已不能满足现有工作的需要，具体表现为：一是领导的不够重视，造成从事农村社会养老保险档案管理的工作人员素质达不到工作要求，档案管理相关的软硬件设备得不到保证，档案管理所需要的经费不能及时到位；二是档案管理工作人员对档案的重要性认识不足，造成在工作中没有创新意识、创新思路以及

---

① 张静：《农村社会养老保险档案管理的困境及对策分析》，《兰台世界》2010 年第 4 期。

创新举措,不能与社会养老保险事业的快速发展相适应。

(二) 档案管理标准不统一

农村社会养老保险业务档案管理标准不统一的困境,主要体现在客观与主观两个方面:一是中国目前的农村社会养老保险档案管理制度没有制订统一的规范和标准,造成归档范围的不明确、文件材料收集的不齐全、档案管理方法的不健全等现象时有发生,这已严重影响到了农村社会养老保险业务档案管理的规范化和标准化,这是在客观上没有形成良好的运行机制和工作秩序;二是部分农村社会养老保险部门档案机构不健全,所以没有专职或兼职人员管理档案,而临时抽调的工作人员通常情况下都没有经过专职培训,这已严重影响到了农村社会养老保险业务档案管理的质量。[①]

(三) 档案管理技术水平落后

农村社会养老保险业务档案管理的技术发展水平落后于农村社会养老保险制度的改革发展速度。当前,大部分农村社会养老保险的经办机构仍然沿用过去陈旧的手工操作管理模式,这种既缺乏现代化的信息系统管理软件,又缺乏相应的档案管理的专业人才的低效率的工作状态,已经直接影响了农村社会养老保险业务的持续开展。[②]

(四) 档案管理存档条件有限

农村社会养老保险业务档案管理存档条件有限,主要原因在于资金供给短缺。与当前日益增多的农村社会养老保险档案管理的工作量相比,中央财政对农村社会保障的补助数额仍显不足,特别是一些欠发达县区的社保机构,甚至出现了资金供不应求的情况,这已严重影响了农村社会养老保险经办人员的工作效率。[③]

---

① 朱丽莎、谢昕怡:《关于社会保险电子档案管理系统的创新》,《时代经贸》2012年第4期。
② 李桂华:《加强社会保险档案管理 推进社保事业发展》,《今日科苑》2009年第7期。
③ 施小虎:《社会保险档案管理亟待加强》,《秘书工作》2001年第10期。

三 农村社会养老保险业务档案管理摆脱困境的措施

(一) 加强宣传领导以提高对档案管理的重视程度

提高全员的档案管理意识，主要有两个方面的政策建议。第一，将档案管理工作纳入年度目标责任的绩效考核制度中，这有利于加强对农村社会养老保险业务档案管理工作的组织领导。通过建立一个有领导分管、有具体人员抓落实的有效管理机构，试图做到业务档案管理的认识到位、措施到位以及人员到位。第二，通过积极组织农村社会养老保险业务档案管理的相关工作人员学习档案的专业知识，增强做好档案管理工作的责任感，有利于树立依法依规管档的观念与意识。[1]

(二) 尽快制订规范标准以统一档案管理的工作方法

制订统一的档案管理办法，具体有两个方面的操作要点。首先，为了彻底改变农村社会养老保险无序的档案管理状态，管理办法要详细地规定农村社会养老保险档案存储的内容及范围、档案室的管理、档案管理软件的开发与应用、档案管理人员的职责等，以逐步形成软硬件管理、上下一致的农村社会养老保险业务档案管理的体系。其次，为了不断地提高档案管理队伍的档案业务管理技能，管理办法要统一人员的培训机制，如档案管理相关的法律法规和业务专业知识，以及计算机实际操作技能。[2]

(三) 改良管理手段以提高档案管理的技术水平

创新农村社会养老保险业务档案管理手段，对传统的、落后的手工操作的管理方式进行改革，具体有两个方面的操作要点。首先，以数字形式保存档案，利用新设备、新技术，将大量的纸质材料或证明以及各类保单合同、证件扫描件和各种需要存档备查的档案资料，进行电脑扫描储存，将纸质档案转变成数字档案。其次，改变传统的档案利用服务模式，用户

---

[1] 宁丽荣：《浅议社会保险档案管理》，《山西档案》2007 年第 S1 期。
[2] 李桂华：《加强社会保险档案管理 推进社保事业发展》，《今日科苑》2009 年第 7 期。

通过档案信息中心的网站，不仅能够查询缴费情况，而且能够轻松完成缴费、支付等各个环节，以实现与银行的信用档案系统、公安的户籍档案系统等更大范围的信息资源共享。

（四）加大财政支持力度以改善档案管理的存档条件

政府应加大资金的扶持力度，以缓解农村社会养老保险档案管理的瓶颈问题。农村社会养老保险业务档案管理的现代化信息化发展，需要政府财政支持信息技术的运用和高素质的档案人才管理队伍的建设，而且政府作为公共事业的主体，有责任推动档案信息化和网络化的建设，以及培养具有专业素质的档案管理人员。[①]

[①] 张静：《浅析农村社会养老保险档案管理的困境及对策分析》，《兰台世界》2010 年第 4 期。

第六章　城乡社保体系协调发展中的基金管理体制

社会保障与人民的幸福安康息息相关，事关改革发展稳定大局。自党的十七届五中全会以来，中央政府一直在着力推进覆盖城乡的社会保障体系建设，城乡社会保障体系发展重点已开始转换为城乡社会保障体系的协调发展，即面对进一步增强公平性、适应流动性、保证可持续性，需要推动社会保障体系发展战略从"共同发展战略"到"协调发展战略"的转变。城乡社保体系协调发展是一项巨大的系统工程，需要社会、经济和政治等各方面条件的逐步成熟，不可能一蹴而就，而应是循序渐进的。本文主要从以下三个方面论证如何实现城乡社保体系的协调发展：首先从路径上分析城乡社保体系协调发展的实施步骤；其次从实现机制上阐述实现城乡社保体系协调发展的内在条件；最后从配套机制上补充说明城乡社保体系协调发展的外在条件。

第一节　城乡社保体系协调发展的主要路径

当前，中国正处于社会转型期，不仅各地的经济社会发展不平衡，而且社会各阶层结构也不合理，所以城乡社保体系协调发展必须分阶段、分步骤实施。制订科学的城乡社保体系协调发展战略规划，是实现城乡社保体系协调发展的理性选择。本文认为实现城乡社保体系协调发展的主要路径应当是：近期城乡统分、中期城乡整合和远期城乡统一三个阶段。在这一过程中城乡社保体系协调度逐步上升，呈现出分阶段的动态协调。

一 城乡社保体系的近期统分阶段（2012~2020年）

城乡社保体系协调发展的第一阶段——城乡统分期，大约从2012年至2020年，在这个阶段，需要分别实现并完成城乡社保体系的定型、城乡社保体系的扩面以及城乡社保体系的待遇调整三项内容。

（一）城乡社保体系的定型

城乡社保体系的协调发展，取决于保障制度的多层次与全方位的综合定型，主要体现在以下两个方面。

1. 城乡社保体系项目水平的多层次

在城乡统分期末的2020年，城乡社保体系将包含多层次保障项目，满足不同层次的社会保障需求，城乡社保统分期的社保体系综合定型如图6-1所示。城乡统分期的社会保障体系是以社会保险、社会救助、社会福利为基础，以基本养老、基本医疗、基本生活保障制度为重点，以企业年金、慈善事业、商业保险为补充的体系。重点保障中的养老、医疗保障项目如果按照参保人身份的不同，可以分为城镇职工、城镇居民、农民以及机关事业单位四个分项；基本生活保障项目如果按照保障对象户籍的不同，可以分为城镇居民最低生活保障制度和农村居民最低生活保障制度两个分项。

2. 城乡社保体系享受水平的多层次

在城乡统分期末的2020年，不仅我国的经济发展水平差距仍将在地区之间、城乡之间存在，而且收入差距也将在居民之间存在，这种状况决定了我国社会保障水平的多层次性，具体表现为每个居民所享受到的社会保障水平也将是有差异、分层次的，并在实现基本保障的全国统筹的基础之上，同样允许补充保障存在差异。[①]

为了维护各类流动人员的社保权益，以及切实完善城乡社保体系的定型，还要建立覆盖城乡的社保登记制度。所以要实现这样一个多层次、多

[①] 邓大松、胡宏伟：《统筹发展城乡社会保障制度 构建覆盖全民的社会保障体系》，《社会保障问题研究》，2007年。

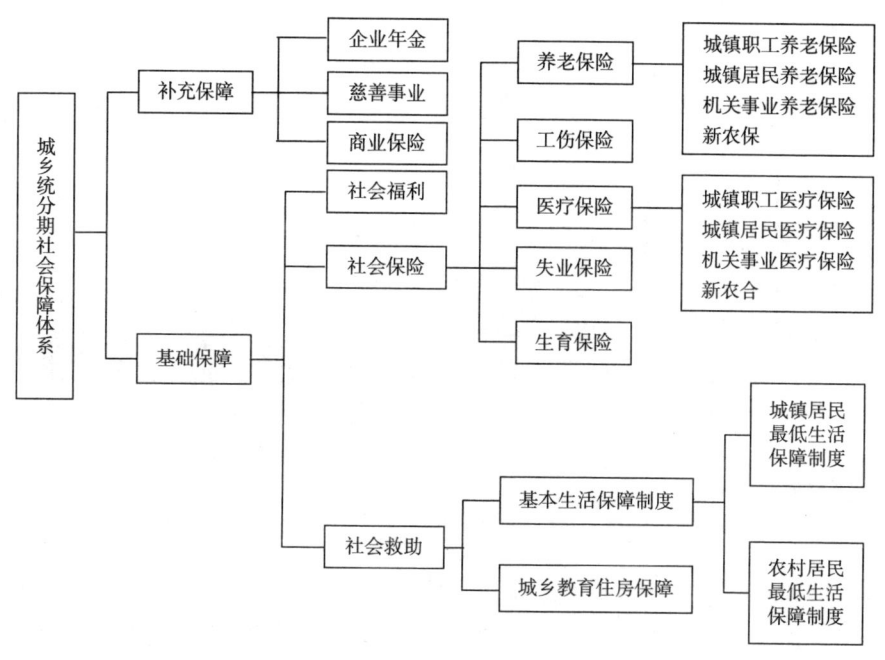

图 6-1 城乡统分期社会保障体系定型

维度的城乡社保体系的协调发展，任重而道远。

（二）城乡社保体系的扩面

做好城乡社保体系的扩面工作，要将符合条件的各类人群纳入制度体系。当前，各级政府为了落实惠民政策，都不约而同地将建立健全覆盖城乡的社会保障体系摆在重要位置，狠抓扩面征缴，强化基础管理，使不同地区、不同身份的人被纳入社会保障体系的覆盖范围。以社会保险为例，截至 2012 年末，全国参加城乡养老、医疗、失业、工伤和生育保险人数分别达 78797 万、116591 万、15225 万、19010 万和 15429 万，社会保险制度的覆盖面逐年扩大，如图 6-2 所示。

虽然历年的社会保险参保人数逐年增多，但仍有相当比例的人游离在制度之外，社会保障扩面征缴还有相当大的发展空间。如五险中的社会养老保险，一些灵活就业人员、非公经济组织从业人员、农民工、被征地农民等还没有参保缴费，有三个方面的原因：一是部分人员所在的企业不愿给员工上保险，使得这些人想参保却没有条件参保；二是部分人员更在乎

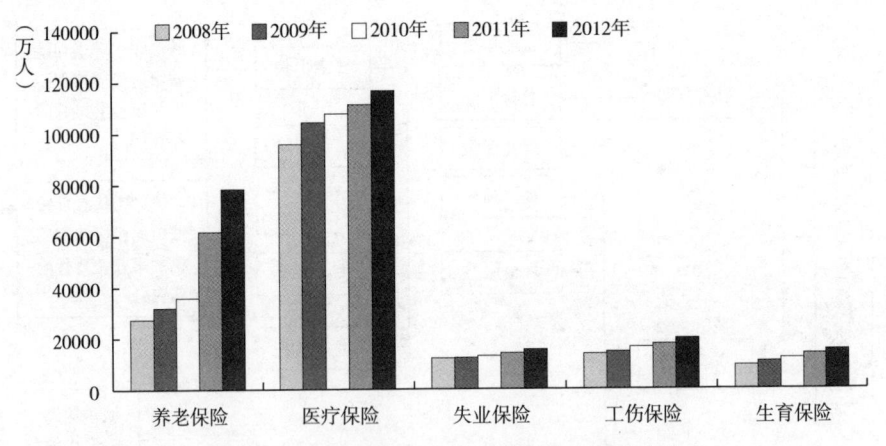

图 6-2　2008~2012 年城乡社会保险参保人数

资料来源：《2008~2012 年度人力资源和社会保障事业发展统计公报》http：//www. mohrss. gov. cn/SYrlzyhshbzb/dongtaixinwen/shizhengyaowen/201305/t20130528_ 103939. htm。

现实的收入，自己本身不愿参保；三是一些国有大集体企业员工、破产企业员工面临养老年限认同有争议的问题，无法参保。[①] 为了完善城乡社会保障体系的建设，促进社会公平，构建和谐的社会关系，在城乡统分阶段，当务之急就是要扩大社会保障覆盖面，将更多的社会成员特别是中低收入者纳入社会保障体系，建议采取以下两项政策措施。

1. 实施"低门槛"缴费政策

所谓"低门槛"，是近年来一些地方在征缴扩面工作过程中对新参加养老保险的乡镇企业、城镇灵活就业人员、个体工商户、农民工等特殊群体在缴费费率上实行"低标准准入"的优惠做法。对部分特殊群体实行"低门槛"缴费政策，可以增强社保制度对相对低收入群体的吸引力。在当前既定费率标准下，对部分特殊群体实行"低门槛"优惠政策，既有利于社保"扩面"，又有利于对部分特殊群体形成优惠倾斜，促进社会公平。推进我国"城保"制度全覆盖的关键在于非公有制经济劳动者，其中广大灵活就业人员、个体工商户、农民工又是难点。对这些群体难以强制，通过采取降低缴费"门槛"政策，可以增强制度的吸引力。因为这些群体大多数收入相对较低且不稳定，缴费能力相对较低，而社保缴费基数又不反

---

① 尹蔚民：《统筹推进城乡社会保障体系建设》，《劳动保障世界》2013 年第 4 期。

映其收入水平,随着"在岗职工平均工资水平"的刚性增长,社保缴费"门槛"越来越高,实行"低门槛"优惠政策,有利于吸引他们进入制度保障,引导符合条件的人员积极参保、长期参保;而对于有缴费能力的劳动者会通过选择较高缴费档次来获得未来较高保障。①

2. 增加财政的社会保障支出

加大财政资金支持力度,不仅可以积极推进优抚对象、城乡残疾人和各类困难群体参加社会保险,而且可以缓解转制成本的问题。当前我国依然没有解决已经退休的"老人"的养老金历史欠账问题。② 这部分群体的退休费用在整个工作期间没有积累,所以其养老金应由国家财政承担,但实际情况是国家财政只是弥补了社会养老保险统筹部分的缺口,③ 因此形成了社会养老保险基金长期收支平衡压力过大的局面。虽然各级政府逐年增加社会保障的财政支出,但比例仍然不高,仅占财政总支出的10%~11%,且有下降的趋势,如图6-3所示。

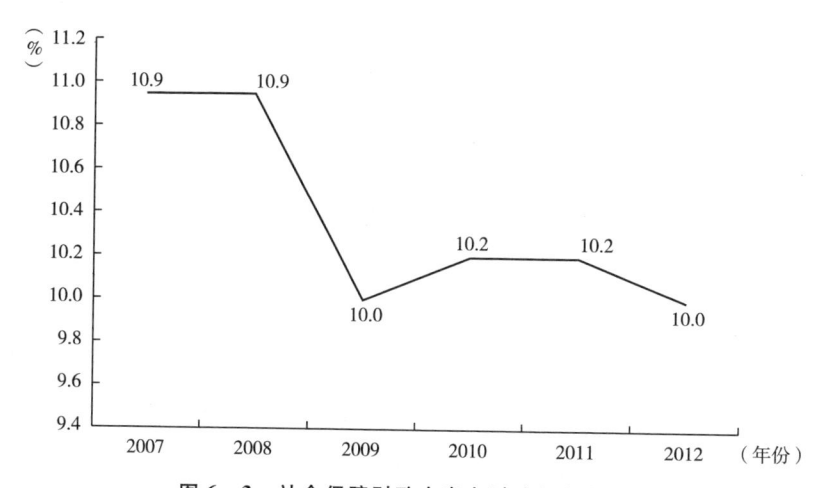

图6-3 社会保障财政支出占财政总支出比率

资料来源:《2007~2012年统计年鉴》,http://www.stats.gov.cn/tjsj/ndsj/;《2012年全国公共财政支出决算表》,http://yss.mof.gov.cn/2012qhczjs/201307/t20130715_966261.html。

---

① 石孝军:《推进城乡居民社会保障体系科学发展》,《当代贵州》2008年第18期。
② 席恒:《中国养老保险的理想模式和现实选择》,《中国社会保障》2008年第5期。
③ 柳清瑞:《"养老"扩面难点解析——以辽宁试点为例》,《中国社会保障》2007年第2期。

不仅财政支出中社会保障投入逐年减少，社会保障财政支出占社会保险基金支出的比重也呈下行趋势，由 2007 年的 68.7%，下降到 2012 年的 53.9%，六年间跌幅比率近 15%，如图 6-4 所示。

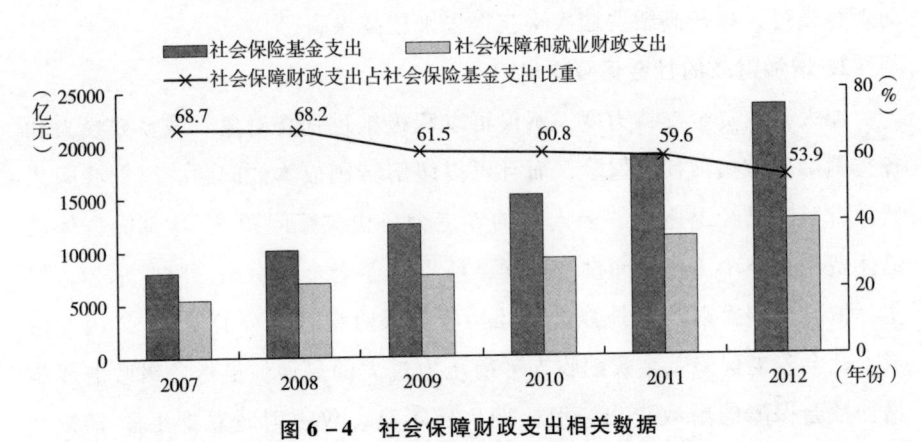

图 6-4　社会保障财政支出相关数据

资料来源：《2007～2012 年人力资源和社会保障事业发展统计公报》，http://www.mohrss.gov.cn/SYrlzyhshbzb/zwgk/szrs/ndtjsj/tjgb/。

形成社会保障财政支出占社会保险基金支出比重逐年下降的趋势，主要是在社会保险扩面的背景下，社会保险基金支出增长的速度高于社会保障财政支出增长的速度，而这种发展趋势，显然不利于社会保险的扩面工作。因此，国家应该积极增加财政的社会保障投入，使城乡社保体系的扩面工作能够顺利实施。

（三）城乡社保体系的待遇调整

城乡社保体系协调发展，是保障全民共享改革发展成果的内在要求。在城乡社保体系的近期统分阶段，调整城乡社保体系的待遇，需要提高各项社会保险待遇水平，为最终实现社保待遇城乡同等打好坚实基础。

1. 提高城乡养老保障水平

养老保险制度对于保障城乡参保人员的老年生活发挥着重要作用，是社会保障制度中最重要的组成部分，同时也是一个与全社会各个方面有密切联系的复杂系统。截至 2012 年底，我国城乡养老保险制度已覆盖 78797 万人，城乡养老保险参保率约为 70%；基金收入 21830 亿元，支付养老金

16712亿元。从覆盖率上看，中国的养老金制度处于历史上最好的时期。同时政府为了缓解物价上涨对老年人基本生活造成的影响，经国务院常务会议决定，自2013年1月1日起，继续提高企业退休人员基本养老金水平，提高幅度按2012年企业退休人员月人均基本养老金的10%确定。经过此次调整后，企业人员退休金已达1893元/人/月。这是2005年以来，国家连续第9年调整企业养老金，城乡老年生活月人均基本养老金如表6-1所示。

表6-1 城乡老年生活月人均相关收支

单位：元

	城乡月人均相关收支	2010年	2011年	2012年
城镇	城镇职工月人均基本养老金	1362	1511	1721
	城镇居民家庭平均每人月现金消费支出	1123	1263	1297
	城镇职工老年生活收支结余	239	248	424
农村	城乡居民家庭月人均基本养老金	39	55	73
	农村居民家庭平均每人月现金消费支出	322	394	404
	农村居民老年生活收支结余	-283	-339	-331

资料来源：《2012年全国社会保险情况》，http://www.mohrss.gov.cn/SYrlzyhshbzb/dongtaixinwen/shizhengyaowen/201306/t20130618_105477.htm；《2011~2012年中国统计年鉴》，http://www.stats.gov.cn/tjsj/ndsj/。

从表6-1可以看出城乡养老保障水平逐年提高，城镇参保居民老年生活的收支有结余；农村参保居民老年生活收不抵支。为了促进城乡社保体系协调发展，需要在扩大制度覆盖面的基础上，提高保障水平，一方面要继续保持企业职工基本养老金稳定增长；另一方面要大力提高新农保和城镇居民基础养老金水平，改变农村居民老年生活收不抵支的窘境。

（1）继续保持城镇企业职工基本养老金稳定增长

在我国经济正在从高速增长期向平稳增长期过渡的大背景下，面对货币存量规模偏大、地方政府投资冲动、食品涨价压力较大、输入性通货膨胀风险较大等诸多挑战，物价形势仍比较严峻。虽然城镇职工基本养老金的九连涨有助于退休人员分享经济发展的成果，但在物价不断持续上涨的趋势下，如果不继续保持企业职工基本养老金稳定增长，就会有相当一部分退休职工依旧很难保障其基本生活。要彻底打破部分职工养老金越涨、生活水平越低的悖论，一方面需要国家根据经济发展以及职工平均工资增长、物价上涨等情况，建立养老金动态调整机制，适时提高养老保障水平；另一方面则需要国家财政进一步加大投入、完善社会化养老机制，着力构造以居家为基础、社区为依托、机构为支撑的养老体系，积极推进适度普惠的老年福利政策。①

（2）大力提高城乡居民基础养老金水平

连续缴费15年，60岁后每月最低只能领取73元养老金，即便按照最高标准缴费，最多也只能获得每月129元的养老金。城乡居民养老保险制度实施已近四年，但基础养老金水平从未变动。相比城镇职工连续九年大幅上调养老金待遇水平，城乡居民养老保险保障水平过低、待遇调整机制缺失的问题逐步凸显。因此，国家应根据物价指数变化、工资增长率等因素，建立符合国际通行做法的城乡居民基础养老金动态调节机制，抵御通货膨胀，确保购买力不下降。同时，应适当考虑经济增长和居民收入增长等因素，以循序渐进的方式让城乡老人分享国家改革发展成果。②

2. 提高城乡医疗保障水平

在党中央、国务院一系列重大决策和部署的指引下，我国医疗保障制度建设事业突飞猛进，取得了历史性的成就，现已初步建成了以城镇职工基本医疗保险制度、新型农村合作医疗、城镇居民基本医疗保险和城乡医疗救助制度为主体的具有中国特色的医疗保障体系。截至2012年末，全国参加城镇基本医疗保险人数为53641万人，比2011年末增加6298万人。其中，参加城镇职工基本医疗保险人数为26486万人，比2011年末增加1258万人；参加城镇居民基本医疗保险人数为27156万人，比2011年末增加5040万人。同期新型农村合作医疗参保人数为8.05亿人，参合率为98.3%，基本上覆盖了全部农村居民。我国已向人人享有基本医疗保障和基本医疗服务的目标迈出了坚实的一步，可以说是国人称道，举世瞩目，

---

① 董建矿：《鼓励社会力量参与 提高养老保障水平》，《河南日报》2013年7月10日。
② 王延中：《农民基础养老金亟待调高至百元》，《经济参考报》2013年5月27日。

全国城镇基本医疗保险和新农合基本情况如表6-2所示。①

表6-2 全国城乡医疗保险基本情况

	年 份	2007	2008	2009	2010	2011	2012
城镇	参保人数（万人）	22311	31822	40147	43263	47343	53641
	基金总收入（亿元）	2257	3040	3672	4309	5539	6939
	人均筹资（元）	1012	955	915	996	1170	1294
	基金总支出（亿元）	1562	2084	2797	3538	4431	5544
	城镇人均卫生费用（元/人）	1480	1862	2177	2316	2698	—
农村	参加新农合人数（亿人）	7.26	8.15	8.33	8.36	8.32	8.05
	参合率（%）	86.2	91.53	94.19	96	97.5	98.3
	人均筹资（元）	58.9	96.3	113.36	156.57	246.2	308.5
	当年基金支出（亿元）	346.63	662.31	922.92	1187.84	1710.2	2408
	补偿受益人次（亿人次）	4.53	5.85	7.59	10.87	13.15	17.45
	农村人均卫生费用（元/人）	349	455	562	666	879	—
	人均财政补助标准（元/人）	—	—	80	120	200	240

资料来源：2007~2012年《中国人力资源和社会保障事业发展统计公报》，http://www.mohrss.gov.cn/SYrlzyhshbzb/zwgk/szrs；2007~2012年《中国卫生和计划生育事业发展统计公报》，http://www.moh.gov.cn/zwgkzt/gongb/list.shtml。

从2011年中国卫生总费用的城乡构成可以看出，占中国人口60%以上的农村居民，其医疗卫生费用仅占全国卫生总费用的23.7%，人均卫生费用为879元；而占中国总人口少于40%的城市居民却花费了76.3%的卫生费用，人均卫生费用为2698元。也就是说，城市人均医疗费是农民人均费用的3倍以上，这表明中国医疗卫生服务城乡差距悬殊。提高城乡卫生投入的公平性，提高农村医疗服务的可及性，需要付出艰巨的努力。②

---

① 王东进：《切实加快医疗保险城乡统筹的步伐》，《中国医疗保险》2010年第8期。
② 周天、常红晓：《2012年中国卫生总费用同比增18.8%》，财新网，http://china.caixin.com/2013-06-18/100542691.html。

(1) 提高财政对城乡居民医疗保险的补助

首先,为了使农村具有较多的卫生机构,配备较好的医疗设备,雇用素质较好的医疗卫生人员,增加医疗机构床位数等卫生资源,政府应加大投入。其次,针对城乡居民医治大病、重病贵与难的问题,应加强基本医疗服务平台的建设。最后,为了让更多的农村居民享受到政府卫生投资带来的实惠,政府也应加大对农村基层医疗机构的补贴。①

(2) 在提高医保政策范围内住院费用支付比例的同时关注医疗救助

扩大医保覆盖面,提高医保报销比例,强化政府公共服务能力和质量,对于减轻城乡居民负担,缓解看病难、治病贵,进一步增进人们的健康水平,具有直接的、现实的、紧迫性的重要作用。不过,对于一个底子不厚、实力不强、负担沉重、情况复杂且正在奋力发展的国家来说,单纯依靠提高医保报销比例作用有限。因为医保报销范围很有限,很多治疗效果明显的项目费用支出,并不在医保报销之内。作为政府公共服务体系中的医保,提高报销比例固然重要,但更重要的是应关注医疗救助。关注医疗救助,无疑是对医保制度的一种填充、一种完善。一边注重提高医保报销比例,一边注重加强医疗救助,只有双腿走路,这样才可以有效地解决人们看大病、看重病、看急病、看疑难杂症的纠结问题。执行好医疗救助,需要合理确定救助范围,实行多种方式救助,完善救助服务内容,妥当制订补助方案等。总而言之,在提高医保报销比例的同时,要关注实施医疗救助。②

二 城乡社保体系的中期整合阶段(2021~2030年)

城乡社保体系协调发展的第二阶段——城乡整合期,大约从2021年至2030年,这个阶段,是在我国已基本建立覆盖城乡居民的社会保障体系的基础之上,对城乡社保体系进一步的整合,需要分别实现并完成城乡社保

---

① 景洁、王妹:《加大财政投入与提高医疗保障水平对策研究》,《现代商贸工业》2010年第9期。
② 薛宝生:《提高医保报销比例更应关注医疗救助》,中国吉林网,http://www.chinajilin.com.cn/zhuanti/content/2013 - 07/26/content_ 2949941.htm。

体系的统筹、城乡社保体系的合并以及城乡社保体系的待遇调整三项内容。

（一）城乡社保体系的统筹

到 2021 年，我国经济社会建设取得较大进步，社会保障制度建设取得长足发展，覆盖城乡居民的社会保障体系基本建立。在城乡社保体系协调发展的中期整合阶段，城乡社保体系的统筹，不是仅限于城乡之间的、平面理解的、财务可持续性的二维考量，而应建立国家统筹管理、全国统一、各个子政策相配套的社会保障制度的三维概念。[1] 城乡社保体系统筹的相关配套政策本章会有一节单独阐述，以下重点解释城乡社保体系的国家统筹管理和全国统一。

1. 城乡社保体系的国家统筹管理

城乡社保体系的国家统筹管理就是要建立与完善城乡社会保障管理体制，城乡社会保障管理体制的建立，需要加快建立中央集权，理顺各级关系。首先，政府的职能定位要明确，并且要合理有效地处理政府与市场之间的关系。要提高政府工作的效率，并合理划定政府企业及个人的责任权益。其次，要加强管理。要加强对城乡社会保障基金的管理和监督，并实现城乡社会保障基金的保值、增值。最后，要建立全国统一的社会保障网络信息管理。[2] 充分发挥互联网优势和信息资源的整体效益，实现共享透明。将居民身份证号作为社保卡号，终身不变，将社保卡全国通行，并且使其具有充值功能，可随时随地缴纳费用。

2. 城乡社保体系的全国统一

城乡社保体系的全国统一是指统一制度，分层实施。"统一制度"是指以现有的城镇企业职工基本社会保险制度为基础，通过对这一制度的改造，将其他各类人群都并入这一制度框架体系之内。为准确表达制度含义与内容，将取消现行制度中"企业职工"这一标题限制，统一称为"城乡基本社会保障制度"。城乡基本社会保障制度，是在初期实现"最低保障"的基

---

[1] 尚芳：《统筹城乡：社保体系建设的必由之路》，《中国社会保障》2011 年第 1 期。
[2] 高岑：《城乡社会保障统筹的对策思考》，《人民论坛》2011 年第 17 期。

础上，实现城乡居民的基本保障，使居民不分城乡，均获得基本的社会保障，实现"基本保障"和"适度公平"。"分层实施"是指针对不同的参保群体，根据其缴费能力的差异制订不同的缴费标准并获得与之相对等的社会保障待遇水平。在全国统一的基础上，充分考虑地区差异、阶层差异，留有一定的调节余地，削峰弥谷，逐步缩小差距，最终实现公平。

（二）城乡社保体系的合并

城乡社保体系的合并是指整合社保制度碎片，即在初期建设的基础上将各项保险制度逐步实现城乡统一，改变城乡分割、群体分立、区域分离的状况，实现由"统分"向"整合"的转变。在中国城乡独特的"二元"社会经济背景下，城乡社保体系的合并是城乡融合的现实需要，是应对老龄化浪潮的必然选择，是顺应历史潮流的必然举措。① 城乡整合期的社保体系如图6-5所示。

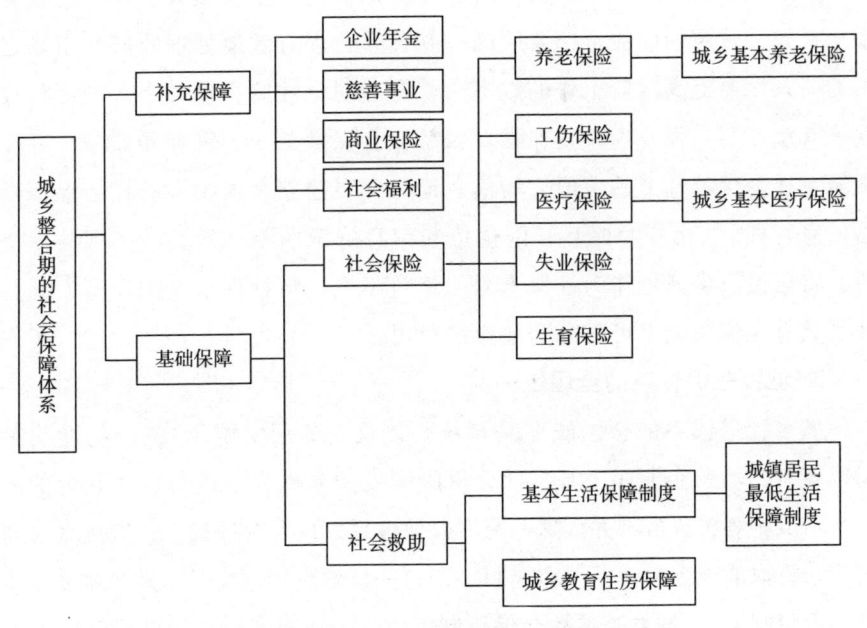

图6-5 城乡整合期的社会保障体系

---

① 王国军：《中国社会保障制度一体化研究》，科学出版社，2011，第26页。

城乡整合期的社会保障体系将打破城乡分割、群体分立以及区域分离的社会保障碎片化格局，如将城乡分割的城镇和农村居民养老保险、医疗保险、城镇职工养老保险、医疗保险，将群体分立的机关事业单位养老保险、医疗保险和其他群体养老保险、医疗保险，合并为城乡基本社会养老保险、城乡基本医疗保险，并将整合缴费标准、补助标准、报销标准，最终实现整合城乡基本社会保障。

（三）城乡社保体系的待遇调整

城乡社保整合期的待遇调整，是在我国实现城乡居民社会保障体系全覆盖的时期进行的，也是在我国人口加速老龄化的起始阶段进行的。该阶段中国老年人口数量开始加速增长，平均每年增加 620 万人。到 2023 年，老年人口数量将增加到 2.78 亿，与 0～14 岁少儿人口数量相等。而相对于较高的老年人口比例，有相当一部分机构与学者曾预测中国经济在 2021～2030 年期间增长率或将大幅减缓。美联储的一项研究认为，中国经济增长正面临越来越多的阻力，中国经济增速到 2030 年前将放缓至 6.5% 左右。[①] 一方面是社保的支出因人口老龄化在成倍增加；另一方面是支持社保的财政，其收支因经济的放缓而失衡。因此，为了进一步协调城乡社保体系的协调发展，以及避免由人口老龄化带来的社保待遇支付危机，该阶段的城乡社保待遇水平应均衡、适度调整。

1. 城乡社保待遇水平均衡调整

城乡社保待遇水平均衡调整是指养老保险、医疗保险及社会福利和社会救助制度的保障水平基本实现城乡一致，使我国的社会保障从形式普惠走向实质公平。

首先用一个制度覆盖所有人群，打破职工户籍界限和居民城乡户籍界限，通过统一缴费标准和保障待遇，实现外来务工人员与本地区户籍企业职工、农村户籍居民和城市户籍居民社会保障待遇无差异。同时还应实现社保转移接续、异地养老就医的"零障碍"。城乡社保制度的对接主要是

---

① 宋昕然：《美联储称 2030 年前中国经济增长或将大幅减缓》，环球网，http://finance.huanqiu.com/world/2013-03/3772224.html。

城乡分制的相同项目的制度对接,即在同一统筹范围内,城乡分别实行的相同社会保险制度之间在资金筹集、账户转移、待遇给付以及管理等方面转接、对接直至统一的过程。

2. 城乡社保待遇水平适度调整

城乡社保待遇水平适度调整是指城乡社会保障待遇水平与国家经济发展水平相适应,使其控制在财政负担能力和企业承受能力范围之内。

经济发展水平决定城乡社保待遇的调整水平,为了正常调整社保待遇机制,可以参考的重要参数包括工资增长率、城乡居民收入水平以及物价变动率等。以养老保险为例,适度水平应该是一个区间,下限是调整后的养老金能维持参保人在当地的基本生活,保持实际购买力水平不降低;上限是低于农村人均纯收入的增长。城乡社保待遇正常调整机制的建立,使普通居民在不提高缴费标准的情况下,领取的养老金将与物价水平以及工资指导线等多个指标挂钩,实现城乡居民养老保险待遇的稳步适度提升。

三 城乡社保体系一体化制度的远期构造阶段(2031~2050年)

城乡社保体系协调发展的第三阶段——城乡一体化期,大约从2031年至2050年。因此,进入2031年后,社会保障制度的重点任务将不再是城乡社保体系的统分与整合,而是通过城乡社保体系一体化制度的设计、城乡社保体系的筹资给付模式与水平调整、城乡社保体系的对接与管理运营机制协调的三方面措施,最终实现城乡社保体系真正意义上的协调发展的目标。

(一)城乡社保体系一体化制度的设计

在城乡社保体系协调发展的远期阶段,我国将跨入高收入国家行列,人均GDP超过1万美元。这个阶段的城乡居民会继续提高对生活福利的要求,并不再满足于单纯解除生活上的后顾之忧,而是需要通过社会保障制度的安排来共享社会财富。[1]

---

[1] 郑功成:《中国社会保障改革与未来发展》,《中国人民大学学报》2010年第5期。

通过设计城乡社保体系一体化制度，可以实现上述目标。一体化的城乡社保体系，包括五大系统：覆盖城乡的社会救助、社会保险、社会福利、面向军人的特殊保障以及补充保障等系统。同时为了适应人口老龄化时代的到来，除继续完善综合型的社会救助、养老保险、医疗保障系统外，还需要大力促进老年人福利、残疾人福利事业的发展，并调整相应的制度安排，如建立护理保险制度，以及促进各种职业福利、慈善事业、商业保险的发展等。该阶段的城乡社保一体化体系如图 6-6 所示。

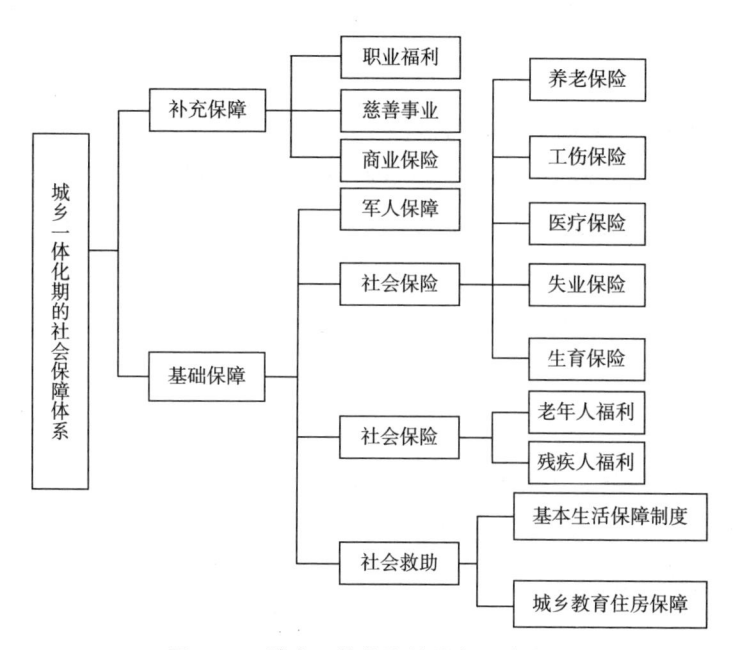

图 6-6　城乡一体化期的社会保障体系

在城乡一体化的社会保障体系中，各保障内容层次分明，相互补充，以满足不同群体的不同保障需求。作为维护底线公平的社会救助，是面向低收入群体的基础性保障制度；作为占有主体性地位的社会保险，是面向劳动者并调节劳资利益关系及初次分配格局的基本制度安排；作为提高保障待遇的社会福利，是面向老幼妇残群体及全民分享社会发展成果的基本途径；作为特定群体保障待遇的军人保障，是面向军人的特殊制度安排；作为基本保障之外的补充保障，是多层次社会保障体系的具体体现。城乡社保体系一体化的全面建设、全面发展，可以循序渐进地满足国民的经济保障、服务保障和精神保障需求,从而实现人人公平地享有全面而有效的社会保障及相关服务。①

(二) 城乡社保体系的筹资给付模式与水平调整

城乡社保体系一体化阶段的目标任务是在继续提升社会保障水平、缩小不同群体之间差距的条件下,实现由基本保障型向生活质量型、由形式普惠型向实质公平型发展的目标,并将实现建成具有中国特色的福利社会的最终目标。② 因此,该阶段的社保体系的筹资给付模式与水平调整应重点围绕"公平"与"福利"的发展目标。

1. 城乡社保体系的筹资给付模式

一体化时期的城乡社保体系筹资给付模式应体现实质公平。社会保障天然的使命就是创造公平、维护公平、缩小不公平,因此,建立实质公平、公正的城乡社保制度,是迈向社会共享阶段的根本要求。同时,促进效率又是现代社会保障制度的天然属性,因其可以最大限度地发挥社会保障制度对经济社会发展的促进作用和对人的全面发展的激励作用。所以公平与效率是健全而完善的社会保障制度的最基本价值,③ 而中国首创的社会统筹和个人账户相结合的筹资给付模式,既可增强个人的责任,又可实行社会共济,所以本文建议城乡社保一体化期的筹资给付模式仍为"统账结合"模式,如图6-7所示。

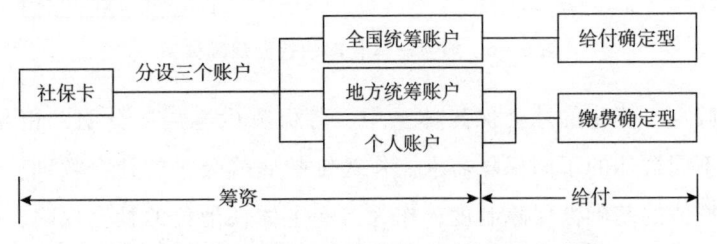

图6-7 城乡社保一体化期的"统账结合"模式

---

① 郑功成:《收入分配改革与中国社会保障发展战略》,《中国社会保障》2010年第10期。
② 郑功成:《建成中国特色福利社会约需30~40年》,《职业》2010年第28期。
③ 杜飞进、张怡恬:《中国社会保障制度的公平与效率问题研究》,《学习与探索》2008年第1期。

新时期的"统账结合"模式是已做实了个人账户,并已适时实现了社会统筹基金与个人账户基金彻底分离的真正意义上的部分积累制。改革后的社保基金账户的资金来源包括三个方面:一是国家相关补助形成全国统筹账户,二是地方政府、相关用人单位补助形成地方统筹账户,三是个人缴费形成个人账户。新的制度设计将采取基于数据库支持的"一卡通"模式,即每个劳动者都拥有一个与身份证号码相关联的社保号码,拥有一个与身份证同等重要的社会保障卡。同时,参保者的社保待遇给付也与这种"一卡通"的结构设计相适应。① 以社会养老保险为例,每个参保者参保缴费后,其退休后的月基本养老金标准就应该是上述三个部分之和,即:

基本养老金月标准 = 全国统筹基础养老金 + 地方统筹养老金 + 个人账户养老金

公式中的统筹养老金部分实行现收现付制,按照参保人当时当地经济发展水平与物价水平确定给付标准;个人账户养老金部分实行完全积累制,按照参保人逐年缴费的精算模型确定给付标准。通过这种"一卡通"的城乡社保筹资给付模式,可以做到对每个保障对象"记录一生、跟踪一生、服务一生、保障一生"的制度效果。

2. 城乡社保体系的水平调整

一体化时期的城乡社保体系的待遇调整应体现中国特色的福利水平,该体系是能够健康持续地运行,是能够综合考虑社情、人情等基本特点的模式,其含义主要体现在以下四个层面:首先,一体化时期的保障的对象是全体社会成员;② 其次,一体化时期的保障的根本是满足社会成员的基本福利需求;再次,一体化时期的保障的资金支持是由多元主体共同提供的;最后,一体化时期的保障的供给方式是社会救助、社会保险、社会福利以及社会互助。

通过构建中国特色福利社会,可以有效平衡经济与社会的发展、促进城镇与农村的共同发展以及平衡对内和对外的经济总量。据测算,一体化

---

① 迟翔:《我国城乡养老保险一体化模式构建探讨》,《现代商贸工业》2010 年第 17 期。
② 景天魁、毕天云:《从小福利迈向大福利——中国特色福利制度的新阶段》,《理论前沿》2009 年第 11 期。

时期的福利水平,其全口径的社会保障支出占 GDP 的比重高于 20%,接近发达国家水平;同时,在社会保障制度对收入分配有力调节的作用下,基尼系数将会低于 0.35,而成为全球较平等的国家之一。①

(三) 城乡社保体系的对接与管理运营机制协调

城乡社保体系一体化离不开城乡社保体系的对接与管理运营协调机制,因为高效的城乡社保体系对接与管理运营机制是打破城乡二元结构的关键一步,是一体化进程中的重要环节,是事关所有人切身利益的大工程。该项工程不仅需要决策层下定决心、打破利益固化;而且需要始终坚持以人为本、执政为民的大原则,让所有国人都能过上没有后顾之忧的生活。这凝聚着国家的意志,也凝聚着全民的期盼。②

1. 构建高效的城乡社保体系对接机制

构建高效的城乡社保体系对接机制就是在城乡、地区、群体社保体系之间建立衔接与转换通道,统一标准,分领域、分地区逐步形成统一的社会保障制度的过程。因为多年的"碎片化"城乡社保制度,影响着整个社会的安全感、归属感和幸福感,所以构建高效的城乡社保体系对接机制,可以形成一个"大一统"的社保体系,剥离附着在户口、身份之上的特殊权益,并对最终彻底打破饱受诟病的城乡二元、城市二元结构具有举足轻重的意义。

如前所述,一体化阶段的城乡社保体系筹资给付模式是真正意义上的"统账结合"模式,并通过在全国推行使用"社保卡","社保卡"独立分设的三个账户:全国统筹账户、地方统筹账户和个人账户,也为城乡社保体系协调对接机制的构建打下了良好的基础,城乡社保体系转移对接关系如图 6-8 所示。

在城乡社保体系转移对接关系中,全国统筹账户资金不需要转移,个人账户资金随参保人转移使用,地方统筹账户资金可将地方统筹账户的资

---

① 郑功成:《中国社会保障改革与发展战略——理念、目标与行动方案》,人民出版社,2008。
② 毛颖颖:《社保对接是打破城乡二元结构的关键一步》,《北京日报》2012 年 11 月 30 日。

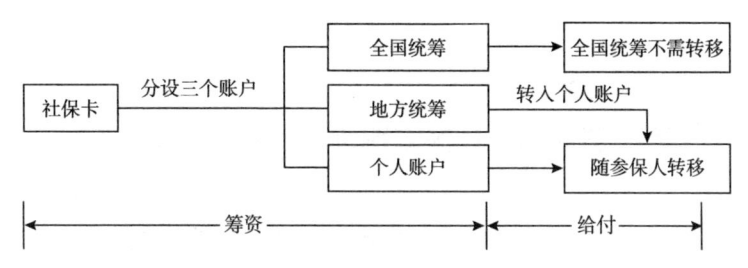

```
社保卡 —分设三个账户→ ┌─全国统筹─→全国统筹不需转移
                    ├─地方统筹─转入个人账户→
                    └─个人账户─────────→随参保人转移
        |←──── 筹资 ────→|←──── 给付 ────→|
```

图 6-8 城乡社保体系转移对接关系

金积累额一次性划入个人账户，随个人账户一同转移。①

构建城乡社保体系一体化时期的转移对接机制，需要同时建立与之配套的强大数据库系统，将参保人员的个人信息输入数据库，并将后续跟踪记录的缴费、保险关系转移等信息纳入其中，并能通过数据接口实现全国联网随时查询。社保转移实现网络对接后，办理转移对接手续的参保人员只需要携带本人身份证原件及复印件到转入地社保机构提出转入申请即可，后续所有衔接事项将由转入地社保机构联系转出地社保机构直接办理转移手续，转入地社保机构将在一个月内为参保人员办妥所有转移手续。这样一来，通过强大的数据库全国联网服务，将社会保障信息设备、技术、内容等组合成一个整体，建立起一个跨地区、跨政府的全国互动转移对接机制，并及时提供了整合性的信息及服务。②

2. 构建高效的城乡社保体系管理运营协调机制

构建一个完整有效的城乡社保体系管理运营协调机制十分必要，因为其直接关系到人们的切身利益。首先，建立城乡社保体系的运营监管模式，应以人力资源与社会保障部为主，以财政部、证监会、银监会为辅，主管部门与辅助部门各司其职，相互协作，相互监督。其次，强化投资管理人的内部风险控制，可以通过科学规范决策程序、及时揭露惩处基金管理人的违规操作行为以及加强教育相关从业人员三项措施，克服外部管理部门对于约束投资管理人监管行为的局限性。最后，建立和完善信息披露，如社保机构应聘请相关中介机构作为独立的第三方进行外部监督，同

---

① 迟琳：《我国城乡养老保险一体化模式构建探讨》，《现代商贸工业》2010 年第 17 期。
② 王日成：《社保转移实现网络对接》，《今日镇海》2012 年 8 月 2 日。

时也可以借助媒体的力量进行社会监督。①

第二节　城乡社保体系协调发展的实现机制

城乡社保体系协调发展的目标是普惠共享、统筹城乡、渐进调整、逐步统一，在普惠、公平、共享及可持续发展的基本理念的指导下，科学制订城乡社保体系协调发展的实现机制与配套机制，是达成城乡社保体系协调发展的理性选择。本节主要阐述城乡社保体系协调发展的实现机制：城乡社保制度整合与协调机制，国家、企业与个人的筹资责任合理分担机制，城乡社保体系协调对接机制，财政支付及预算平衡机制以及社会保障管理体制一体化机制。

一　城乡社保制度整合与协调机制

我国社会正处于转型期，市场经济的发展以及加入 WTO 使得我国农民面对的市场风险超过以前。农村居民主要采用家庭保障的方式，但其保障功能日渐削弱。尤其是没有医疗保障的农村居民，一旦遭遇大病或严重的慢性病，其家庭将陷入痛苦而艰难的举债治病或扛着等死的两难选择。无论是在哪种情况下，这个家庭都将面临陷入贫困的风险。因此，为了降低农村居民生存风险，创造、维护公平的生存环境，建立城乡社保制度整合与协调机制是非常有必要的。

城乡社会保障制度整合与协调机制，首先需要在制度模式、给付模式及水平、筹资模式及水平等方面做到一致；其次需要消除制度性差异，使城乡居民没有后顾之忧地在统筹区域内自由流动，直至实现基本社会保障城乡均等化协调发展。

（一）制度模式

社会保障城乡均等化协调发展的终极目标是：建立与经济社会发展水

---

① 王政：《我国社会保障基金保值增值研究》，东北师范大学硕士论文，2012。

平相适应、城乡统筹、项目齐全、覆盖全面、机制健全、公平公正和可持续的城乡一体化社会保障制度模式。

1. 城乡一体化社区养老服务模式

城乡一体化社区养老服务模式是指建立以社区为载体，以社区基层组织为主导，以社区资源为基础，[①] 由国家、社区、家庭和个人等多途径提供人、财、物支持的综合性社区养老服务制度，为老人提供日间护理、医疗保健、家务服务和文化娱乐服务等，从根本上解决当下城乡老人养老所面临的精神赡养缺失、生活照护缺位和经济供养不足等问题。社区养老服务具有公益性和福利性，契合中国的政治体制、经济体制、文化传承、社会类型、社会结构等现实国情。相较于机构养老，社区养老服务具有低成本、广受益、主体多元和社会参与度高等优势，能够最大限度地缓解家庭养老压力，提升养老质量，实现城乡老年社会福利。

2. 城乡一体化医疗保障模式

城乡一体化医疗保障模式包含三层含义。首先，实现基本医疗保障的普惠和公平。将整合衔接期城乡分割的新农合制度和城镇居民医疗保险制度融合为统一的城乡一体的医疗保障制度，实现城乡居民在"参保范围、筹资标准、保障水平、服务水平"等方面的统一。其次，建立城乡统一的医疗保障制度。通过整合碎片化医疗保障制度，统一城乡医疗保险经办管理，统一管理队伍，统一管理办法，统一费用结算和服务监管，统一信息网络，降低管理成本，提高管理效率，提升制度的公平性。[②] 最后，建立长效的农村医务人员保障机制。农村医疗、卫生水平的提高是医疗保障城乡一体化的基础，应当通过强化政府责任，发挥政府对城乡卫生资源的统筹协调功能，平衡城乡医疗卫生资源配置；通过政府增加投入，完善农村医务人员和农村医疗卫生的保障措施，确保农村医生的待遇和农村医疗卫生条件与中国经济社会发展相适应。

---

① 张文范：《社区养老社会化服务的战略意义》，《上海城市管理职业技术学院学报》2004年第6期。

② 林闽钢：《我国进入社会保障城乡一体化推进时期》，《中国社会保障》2011年第1期。

3. 城乡一体化社会救助保障模式

实现城乡一体化社会救助保障模式，有利于提高城乡居民的文化素质和社会文明程度，其前提是统一城乡二元户籍管理制度，基础是统筹城乡经济发展，支撑是政府的财政实力。该模式应以阶梯式、渐进式发展。第一，应统一城乡社会救助政策，实现救助形式上的统一。第二，应统一城乡各项救助工作程序，完善管理办法，实现社会救助方式上的统一。第三，应统一推进城乡救助标准的一体化，可以通过同步进行，并逐步向农村侧重的方式，最终实现城乡社会救助标准的一体化。①

（二）给付模式及水平

社会保障资金的使用对调节收入分配、缩小城乡收入差距有着直接而显著的作用，因此城乡社保体系协调发展不能忽视社保的给付模式及水平。

1. 给付模式

前文已述及我国城乡社保一体化时期的筹资给付模式为真正意义上的"统账结合"，即社会统筹与个人账户相结合的部分积累制。根据两个完全独立的账户的性质与特点，社会统筹账户部分实行给付确定型（DB），个人账户部分实行缴费确定型（DC）。

以养老保险为例，DB 模式是用当代参保人的一代人上缴的保险费，即国家社会统筹部分，当期支付已到领取养老金年龄一代人的基本融资制度。DC 模式是将完全在个人账户里的个人缴费以及地方统筹部分，由个人选择的基金公司的基金管理人负责具体运作，且盈亏由个人承担，国家只承担监管责任，未来的养老金给付水平几乎完全取决于缴费余额和投资收益（减去管理费用）。DB 与 DC 相结合的给付模式如图 6-9 所示。

混合型给付模式结合了 DB 模式与 DC 模式两者的优点：相比于单纯的 DB 模式，因为建立了个人账户，让计划的参与者容易理解，透明度高，使其能时刻了解到个人的社保基金积累状况，同时还有机会获得投资收

---

① 朱瑛：《黑龙江省推进社会救助制度城乡一体化建设的对策研究》，《黑龙江日报》2011年8月11日。

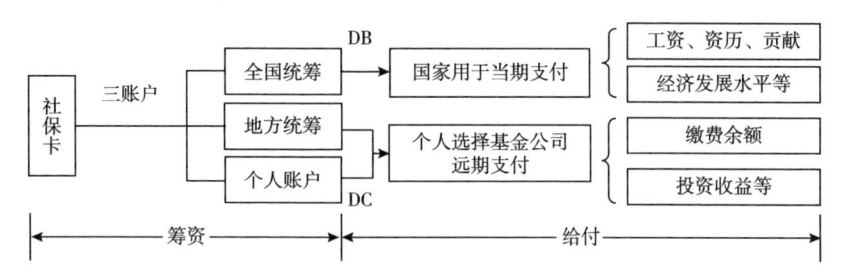

图 6-9　DB 与 DC 相结合的给付模式

益；而相比于单纯的 DC 模式，混合模式承诺了一个固定收益，使得计划参与者能有一个最低保障，减小了投资的风险。这样既能有机会获得投资收益，又能获得最低保障待遇的计划是理想的制度模式。[①]

2. 给付水平

社保体系各项目的给付水平，可以反映社保各项目提供保障的能力，可以反映社保各项目在社保体系中的作用，也可以反映社保各项目给予被保障人口提供保障的能力。

首先，社会保障体系中的社会救济以及社会福利项目的支出，一是根据实际发生的灾害、丧失扶养人、丧失劳动能力及生活来源等风险进行分配，二是按照基本生活和基本医疗的需求确定分配的标准和水平。其次，某些社会保险项目的支出对象，受益者主要是低收入劳动者。最后，其他一些社会保险项目的支付待遇标准，与缴费年限及原工资水平挂钩。[②]

（三）筹资模式及水平

实现国民社会保障权利、实现社会保障可持续发展的物质基础是筹集足够的社会保障基金，因此城乡社保体系协调发展同样不能忽视社保的筹资模式及水平。

1. 筹资模式

城乡社保体系的筹资模式按照缴费主体的不同可以概括为：个人缴费，企业纳税，政府补贴。这种"税费结合"的筹资模式改变了企业的社

---

① 陈凯、何银深：《混合型养老金产品的定价及风险分析》，《保险研究》2011 年第 12 期。
② 赵浩然：《社会保障与收入分配的互动机制研究》，《知识经济》2010 年第 5 期。

会保险缴费模式,不再按企业雇用的人数来收费,而是按"累进"的原则来征税——利润大的企业多纳税,利润小的企业少纳税,没有利润的企业不纳税或者只是象征性地纳税。这样的筹资方式也与城乡社保体系协调发展相一致,以养老保险为例:城镇职工基本养老保险制度中的社会统筹部分,是以企业缴费为基础的,现收现支,不足部分则由财政补贴。企业缴费改为征税后,收上来的税款归入财政收入,再由财政统一拨付以满足"社会统筹"之需。城乡居民社会养老保险的资金来源除个人缴费外,还有政府对参保人缴费给予的补贴,养老金由个人账户养老金和基础养老金两部分构成,个人账户养老金水平由个人缴费和政府补贴总额来决定,基础养老金则由政府全额支付。城乡社保体系的"税费结合"筹资模式如图 6-10 所示。①

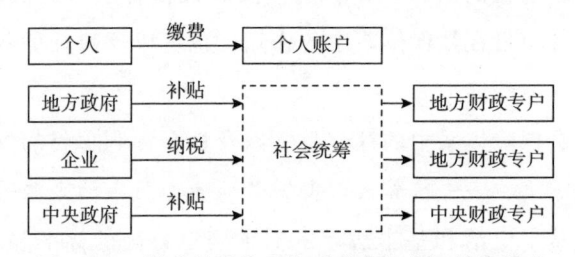

图 6-10 城乡社保体系的"税费结合"筹资模式

在城乡社保体系筹资模式中增加税收方式,可以显示较大的优越性:一是国家可以运用税收杠杆来调节国民收入再分配,克服社会保障资金筹集过程中的种种阻力,保障筹资工作的顺利进行,并便于建立规范化的基金预算制度;二是可以变缴费制的软约束为征税的硬约束,有利于社保基金的筹集,能为社保基金提供一笔稳定的财政收入来源;三是可以解决不同企业之间负担不均衡的矛盾,以及日益增加的所需收支不平衡的矛盾。②

2. 筹资水平

城乡社保体系的筹资水平可以决定其给付水平,但并不是越高越好,而是保持在适度的范围内,确定社保筹资水平的依据应是个人、企业、地

---

① 唐钧:《社会保障:个人缴费、企业缴税》,《广州日报》2010 年 4 月 8 日。
② 于世麟:《浅析中国社会保障基金的筹集和管理》,东北师范大学硕士论文,2011。

方以及国家财政的承受能力。确定参保者个人的承受能力要对其收入结构进行实证分析；确定企业的承受能力要对企业的盈利能力进行实证分析；确定地方与国家财政的承受能力要对财政收入的结构进行实证分析。否则在没有实证分析的情况下，任意制订超过各方承受能力的筹资标准，会影响到参保者个人的基本生活，会影响到企业的经济效益和企业市场竞争力，会影响到经济社会的稳定，最终导致社会保障制度失去存在的意义。可见，确定城乡社保体系各缴费主体的经济承受能力是制订适度的筹资水平的关键。

在调查分析的基础上，一是要把社保税率控制在适度的水平。企业缴纳社会保障税在初步开征时，税率要控制在适度的水平，刚开始可以适度降低，然后随着社会保障项目的逐渐细化，再逐步提高社会保障税率。二是社保税的征缴要实施差别化税率，累进税率。按照社会保障公平的原则，对收入较低者应设置起征点，在收入超过一定限额时，设置免征额。①

二 国家、企业与个人的筹资责任合理分担机制

城乡社保体系协调统一的过程，其实质是社保责任主体作用机制转变的过程。由于各级政府、组织机构、个人自身定位的不同，在制度建立过程中均有自身的利益考量。社保城乡一体化的实现将直接或间接地触及社保资源在各责任主体之间的重新分配，使其在利益分配上产生分歧，从而影响各自的偏好及选择，进而将再次影响到城乡社保体系一体化制度的建立及路径的选择。因此，构建城乡社保一体化进程中所涉及主体的筹资责任分担机制，是实现养老保险城乡一体化的重要理论与实践问题。②

（一）国家、企业与个人三方分担机制

传统保障模式的筹资主体是单一的，随着制度的社会化改革，建立了

---

① 王增文、邓大松：《"费改税"软环境与硬制度下社会保障筹资模式研究》，《理论探讨》2012年第5期。
② 任恒娜：《城乡一体化视域下养老保险责任主体利益关系探析》，《劳动保障世界》（理论版）2013年第4期。

政府、企业、个人三方共同负担的格局。但是仍然还存在一些问题，一是多元化筹资渠道还未完全建立，国家仍然负担了绝大部分，公民个人的自保意识和能力还比较弱。二是现有筹资方式大多还是现收现付制，缺乏事先的储备积累。因此，城乡社保体系要想协调发展，必须明确建立国家、企业与个人的筹资责任合理分担机制。

1. 国家筹资责任

国家在三方分担机制中应承担主导且有限的责任，主要包括：立法责任、财政责任、监管责任。

（1）立法责任

有法可依是建立城乡社保体系协调发展的前提，当前，我国虽已经制定了《失业保险条例》《工伤保险条例》《城市居民最低生活保障条例》等相关的法律法规，但我国的社会保障法律体系层次较低，还没有出台一部经过系统规划、综合考虑的高层次的社会保障法律。因此，加大立法力度，并提高立法层次势在必行。①

（2）财政责任

城乡社保制度的有效运行需要政府财政资金的支持。作为"减震器"的社会保障制度，政府在三方分担筹资机制中承担主导责任。如社会最底层群众通过获得社会救助和最低生活保障制度提供的经济扶助，能够维持其最基本的生活水平。这种经济扶助，其财政责任应该由政府完全承担。而社会保险则应坚持政府、企业、个人三方负担原则，强调权利与义务的对等。因此，个人的贡献程度与社会保险的待遇水平紧密相关，企业是社会保险中重要的责任主体，而政府在此项目中承担资金补充、兜底的角色和制度规定以及监督执行的角色。②

（3）监管责任

城乡社保体系不仅项目复杂，而且环节多，很容易出现道德风险，因此，政府的监管责任不可替代，即使是在自律性比较强的国家，非官方的监管机构与政府的监管也缺一不可。监管机构的另一个重要任务是提高社

---

① 陈兵：《论政府在社会保障中的责任》，《劳动保障世界》（理论版）2012年第11期。
② 陈兵：《论政府在社会保障中的责任》，《劳动保障世界》（理论版）2012年第11期。

保基金的治理水平与管理效率，增强人们对社保制度的信心，提高市场主体缴费的积极性。①

2. 企业筹资责任

按照前文所述的"税费结合"的城乡社保体系筹资模式，企业在三方分担机制中应依据相关法律法规的规定，按时足额缴纳社会保障税。经济社会发展要求、提高企业竞争力以及树立企业形象都需要企业承担社会保障资金供给责任。当前尽管对其承担责任的期望越来越高，但是，该责任并不是无限扩展的，而是有限度的，这个"度"就是企业的经济实力，这是其承担责任的前提和载体。当一个企业忽略了在经济上取得成就的限制，并承担了它在经济上无力支持的社会责任，企业很快就会陷入困境。如果因此而损失了企业取得成就的能力，那就是最不负责任的。② 例如，对于收益低而人员多的"劳动力密集型"企业而言，按照原有的企业雇用的人数来收取社会保险费的筹资模式，是承担了与其经济实力不相符合的筹资责任，容易使其陷入困境。因此，现在的按"累进"的原则来征税——利润大的企业多纳税，利润小的企业少纳税，没有利润的企业不纳税或者只是象征性地纳税的筹资责任分担机制是理想的方式。

3. 个人筹资责任

个人在城乡社保体系中的三方分担机制中应承担缴费责任。根据相关法律法规，应主要承担社会养老保险、社会医疗保险、失业保险的缴费责任。为了稳定三方分担机制中的个人筹资责任，可采取以下四个方面的措施。一是规范缴费政策。通过实行分类缴费，使工薪者按照本人工资收入作为基数进行缴费，使非工薪者、城镇居民按照人均可支配收入作为基数进行缴费，使农村居民按照人均实际收入作为基数进行缴费。为了操作上的方便，统一规定以上年度收入作为缴费基数，同时，政府应对困难人群予以补贴。③ 二是建立援助补贴机制。通过建立某种援助补贴机制，将部

---

① 王峰虎、张怀莲：《关于完善我国医疗保险筹资过程中政府责任的研究》，《经济纵横》2006年第5期。
② 赵萌萌：《企业社会保障责任探析》，《财会通讯》2013年第4期。
③ 陈仰东：《合理稳定筹资机制面临的挑战和对策》，《中国医疗保险》2011年第3期。

分困难人群纳入城乡社保体系之中,就可能做到城乡社保的全覆盖。另外,从提高筹资的有效性角度看,政府对城乡居民实行缴费补贴的入口补贴,比出口补贴更为有利。三是实施缴费激励措施。实施家庭联动做法和多缴多补、长缴长补、不缴不补等政策,能使自愿性参保缴费可持续。此外,可以把缴费年限作为个人权益的一种,累计缴费年限达到规定值时不再缴费。四是逐步降低个人的缴费比例。考量一个国家每年用于社会保险的投入,通常用占财政总支出比例和占 GDP 比例两项指标来量度。建议建立政府社保投入与财政支出、国内生产总值挂钩的稳定投入与增长机制。①

(二) 中央与地方合理分担机制

当前,中央政府与地方政府的社会保障筹资责任处于模糊状态,这一点已影响到城乡社保体系的运行和完善。构建中央与地方合理分担机制,应遵循以下四项原则。

一是统一事权与财权原则。在当前分税制的财政体系下,仅依靠中央财政不能满足庞大的社会保障制度,所以地方政府必须承担社会保障财政支持的责任。二是优势互补原则。应合理划分中央与地方政府承担的责任,中央政府应利用其人力资源优势、信息优势、统筹能力优势等,多承担一些宏观方面的责任;而地方政府则主要负担社会保障具体执行和实施等微观的责任。三是经济原则。提高社会保障效率的必然要求,需要按照经济效益的原则来考虑政府责任的划分。除此之外,确定各自负责的具体系统内的具体项目也要遵循经济效益的原则。四是立法原则。为了保证中央政府和地方政府真正、完全地履行各自的责任,其应具有足够的强制性和权威性,也就是以法律的形式予以规范。②

(三) 发展慈善事业等筹资机制

稳定城乡社保体系资金筹措渠道,努力做到社保投入多渠道、资金来

---

① 陈仰东:《合理稳定筹资机制面临的挑战和对策》,《中国医疗保险》2011 年第 3 期。
② 杨方方:《关于中央政府和地方政府社会保障责任划分的几点看法》,《经济体制改革》2003 年第 3 期。

源多元化，切实增强城乡社保体系资金支付能力，除完善国家、企业、个人三方分担机制外，还需要发展慈善事业等筹资机制。

慈善事业是中国特色社会主义事业和社会保障体系的重要组成部分，是建立在捐赠基础上的一项公益事业，其资金主要来源于私人的自愿捐赠。加快发展慈善事业，对于新形势下调节利益分配、缓解社会矛盾、促进社会公平、增进社会和谐，对于提高公民社会责任意识、营造良好社会风气、促进社会主义精神文明建设、增强民族凝聚力，具有重要作用。实现我国慈善事业在高水平上跨越式发展，必须推进体制创新，这是一项迫切而艰巨的任务。

1. 构建中国特色慈善事业健康发展的法律、法规、政策体系

我国为了加快慈善事业的发展，主要通过借鉴国际社会发展慈善事业的成功经验，来指导我国的慈善实践。一是给予慈善捐赠企业和个人比现行政策更为灵活、宽松的优惠，如税收减免，项目和资金、技术上给予倾斜和支持等；二是对慈善爱心企业和人士给予激励机制，如把是否真诚投身公益事业、对慈善公益事业的贡献纳入推荐劳动模范、好人好事典型等各类评优评先的条件之一，引导和激发更多的企业家参与慈善事业。[①]

2. 健全和落实已经颁布的鼓励慈善事业发展的优惠政策和法规

慈善公信力的不断提高与对慈善事业相对完善的监管体制密不可分。由于慈善组织是用公众财富办慈善公益事业，严格的财务监察制度便不可或缺。从慈善组织创建到申请免税，再到慈善组织终止运营，每一个环节都有相应的法律法规予以规范和监督，目的在于引导慈善的发展方向，树立良好的慈善公信度。一是要加强从业人员职业道德教育。二是要加强行业自律。要进一步完善慈善机构自律准则和公约，规范慈善机构和工作人员从业行为，要依法严格做好捐赠款物的接收和使用管理，做到捐赠物资取之于民、用之于民、取信于民。三是要自觉接受各方面的监督制约。自觉接受审计部门、社会公众和新闻媒体的审计、监督并将结果及时公布，以强有力的外部监督制约来规范慈善行为。使参与募捐的单位、企业、个

---

① 范宝俊：《中国特色慈善事业需要开拓创新》，《经济日报》2003年1月23日。

人自愿通过慈善会这个平台，把爱心投入社会公益事业中去。①

三 城乡社保体系协调对接机制

城乡社会保险制度的对接主要是城乡分制的相同项目的制度对接，即在同一统筹范围内，城乡分别实行的相同社会保险制度（项目）之间在资金筹集、账户转移、待遇给付以及管理等方面转接、对接直至统一的过程。当下我国城乡社保体系各项目的缴费标准、待遇水平及政策措施等存在地区差异，城乡劳动力流动时，社保的移转和对接不畅。协调城乡社保体系发展，应按照整体规划、分层推进的方式，对现行社保体系进行梳理和调整，制订城乡社保关系在城乡之间、农村内部、城镇内部以及跨地区的转移接续办法。②

（一）城乡之间对接

近年来我国城镇化水平稳步提高，城镇化率从 1990 年的 22% 上升至 2012 年的 52.57%，预计城镇化率 2020 年将达到 60% 左右，2030 年将进一步达到 66% 左右。③ 当前全国每年新增 1000 多万农村人口转到城镇就业和定居，同时有上亿农民工在城乡间频繁流动。这就要求社会保障体系建设加快统筹城乡的步伐，破除城乡分治的行政管理体制障碍，完善城乡养老、医疗等不同制度之间的衔接转移办法。

1. 城乡养老关系衔接转移办法

城乡养老关系衔接转移办法的基本思路，一是要立足城乡养老保险全覆盖。在我国快速城镇化、工业化的时期，农民进城将是长期的必然趋势。二是要体现公平。体现在城乡养老关系的转移方面，一方面不应该因关系的转移使当事人的权益遭到丧失或损害；另一方面也不应该因关系的转移而影响转出或转入地和相关人员的利益。三是城乡养老关系

---

① 范宝俊：《中国特色慈善事业需要开拓创新》，《经济日报》2003 年 1 月 23 日。
② 潘怀明、谢娟娟：《贵阳市社会保障制度城乡一体化的平行对接问题研究》，《贵州财经学院学报》2011 年第 4 期。
③ 韩俊：《2020 年我国城镇化率或达 60%》，《济南日报》2013 年 7 月 8 日。

的转移经办手续要简便快捷,尤其从方便参保者的角度,设计转移办法和经办流程。①

(1) 城—乡养老保险制度对接

城—乡养老保险制度对接是指城镇企业职工、灵活就业人员、农民工及失地农民等群体转移到农村时,原来在城镇参加的城镇职工养老保险与新型农村社会养老保险关系的对接、转移与接续。主要按如下方法对接:一是个人账户从城镇直接转移到农村;二是从转入年开始重新按缴费档次向个人账户缴费,政府财政予以补贴;三是基础养老金按转入地标准领取,个人账户按照"新农保"计发办法享受;四是在农村达到法定退休年龄时,根据城镇职工养老保险参保缴费年数计算养老金并参考城乡福利差异给付城镇职工基础养老金部分,其他缴费年限按照"新农保"待遇给付;五是城乡社会统筹缴费应达到最低缴费年限。具体待遇计发办法如下:

$$Y = \lambda \times (e-x)\% \times \frac{1}{2} \times w \left[1 + \sum \left(\frac{\omega}{W} \right) / (e-x) \right]_{+M} \times \frac{[n-(e-x)]}{n}, n \geq 15$$

$$(6-1)$$

其中,Y 表示城—乡养老保险制度对接养老金退休当年的待遇给付;$e-x$ 表示城镇职工养老保险制度缴费年限;e 表示城镇转农村制度年龄;x 表示城镇参保年龄;W 表示 n 岁时的统筹范围社会平均工资;ω 表示职工 n 岁时的缴费工资;n 表示累计缴费年限;M 表示"新农保"退休当年待遇给付;λ 表示城乡福利差异。②

(2) 乡—城养老保险制度对接

乡—城养老保险制度对接是指农民工等群体从农村转移到城镇时,原来在农村参加的新型农村社会养老保险与城镇职工养老保险之间的关系对接、转移与接续。主要按如下方法对接:一是个人账户从农村直接转移到城镇,个人账户财政补贴部分要补齐并跟随转移;二是按农民缴费

---

① 谭中和:《城乡养老保险关系转移接续问题研究》,《社会保障研究》2011年第2期。
② 王玥:《基于城乡迁移劳动力的养老保险制度对接研究》,辽宁大学博士论文,2012。

年限、农民达到60岁时领取基础养老金的待遇水平及城乡养老福利差，计算城乡养老保险对接缴费基数；三是在城镇继续参保缴费，城乡社会统筹缴费应达到最低缴费年限；四是基础养老金按转入地标准领取，个人账户按照"新农保"计发办法享受；五是在城镇达到法定退休年龄时，根据"新农保"养老保险参保缴费年数计算养老金并参考城乡福利差异给付"新农保"基础养老金部分，其他缴费年限按照城镇养老保险待遇给付；六是城乡社会统筹缴费应达到最低缴费年限。具体待遇计发办法如下：

$$Y = \frac{1}{\lambda} \times M \times \frac{(e-x)}{n} + [n-x]\% \times \frac{1}{2} \times W\left\{1 + \sum\left(\frac{\omega}{W}\right)/[n-(e-x)]\right\}, n \geq 15$$

(6-2)

其中，Y 表示乡—城养老保险制度对接养老金退休当年的待遇给付；$e-x$ 表示"新农保"缴费年限；e 表示农村转城镇制度年龄；x 表示"新农保"参保年龄；W 表示 n 岁时的统筹范围社会平均工资；ω 表示职工 n 岁时的缴费工资；n 表示累计缴费年限；M 表示"新农保"退休当年待遇给付；λ 表示城乡福利差异。①

2. 城乡医疗关系衔接转移办法

我国现阶段探索建立城乡医疗关系衔接转移办法的意义十分重大，由于关系到"新农合"制度本身的发展以及社会与经济的发展，因此具有紧迫性，必须尽快着力解决，本文就现阶段而言提出以下具体的对接办法。

研究城乡医疗关系衔接转移办法，应根据农村转移劳动力的类型，实行多样化的衔接转移制度。如果根据农村转移劳动力的迁移意愿和迁移能力，可以将农村转移劳动力分为三类：第一类是具有强烈迁移意愿和迁移能力的农村转移劳动力，即完全市民化的农村转移劳动力，指在特定城镇达规定居住年限、有固定住所、工作单位或收入相对稳定的农村转移劳动力。第二类是具有明显迁移意愿，却不具备长期迁移能力的农村转移劳动

---

① 王玥：《基于城乡迁移劳动力的养老保险制度对接研究》，辽宁大学博士论文，2012。

力,即市民化程度较高、流动性也较强的农村转移劳动力,指常年在不同城镇流动工作、缺乏稳定工作岗位、在城镇无固定住所的农村转移劳动力,他们中的大部分会从事非农产业,一小部分有可能回乡再做农民。第三类是无迁移意愿的农村转移劳动力,这类农村转移劳动力进城打工的目的仅仅是挣钱,季节性地在城镇和农村之间流动,以农业为主,以务工为辅或工农并重。[1]

针对农村转移劳动力的这三种类型,实行多样化的农村转移劳动力医疗保险。对于第一类农村转移劳动力,农村户籍人员在城镇单位就业并有稳定劳动关系的,由用人单位按照《社会保险登记管理暂行办法》的规定办理登记手续,参加就业地城镇职工基本医疗保险,实行与城市职工相同的社会统筹与个人账户相结合的制度。[2] 其中社会统筹大部分主要由雇主负担,个人及社会统筹小部分进入劳动者个人账户。个人账户用于一般医疗,不足部分只要未超过一定比例,仍由个人负担。若超过一定比例,则由社会统筹医疗基金负担费用的绝大部分,其余仍由个人负担。如果是新型农村合作医疗参合人员参加城镇基本医疗保险,应由就业地社会(医疗)保险经办机构通知户籍所在地新型农村合作医疗经办机构办理转移手续,按当地规定退出新型农村合作医疗,不再享受新型农村合作医疗待遇。对于第二类农村转移劳动力,由于其流动性较大,可以参加户籍所在地的城镇医疗保险,包括一般医疗保险和大病统筹医疗保险,并为其建立个人账户。在工作地所产生的医疗费用可以由个人先行垫付,回家后,凭借其医疗费用凭证在个人账户中报销一般医疗费用,若为大病,应由社会统筹医疗基金负担费用的绝大部分,其余仍由个人负担。第三类农村转移劳动力可以参加原籍的新型农村合作医疗保险。[3] 多样化的城乡医疗关系衔接转移制度如图6-11所示。

---

[1] 李晓燕:《城乡医疗保障制度一体化研究》,《学术交流》2012年第6期。
[2] 邬凤会:《城乡医疗保障关系对接问题研究》,贵州大学硕士论文,2009。
[3] 孙友然、贾愚、江游:《江苏农村劳动力转移过程中的社会保险制度研究》,《价格月刊》2007年第10期。

```
农村转移劳动力 ┬── 完全市民化的农村转移劳动力 ── 就业地城镇职工基本医疗保险
              ├── 半市民化的农村转移劳动力   ── 户籍所在地的城镇医疗保险
              └── 非市民化的农村转移劳动力   ── 户籍所在地的新农合
```

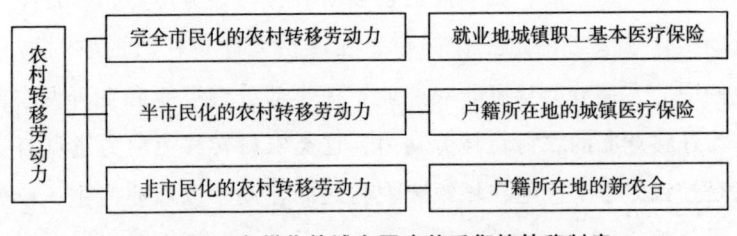

图 6-11　多样化的城乡医疗关系衔接转移制度

（二）农村内部对接

当前，我国农村社会保障发展迅速，但水平仍然相对滞后。城镇化加速推进、农村人口老龄化加快发展以及城乡收入差距仍然较大，因此增加了农村社会保障建设的艰巨性和复杂性，尤其是农村内部的基层政策衔接问题。构建城乡社保体系协调对接机制，做好农村内部对接，要理顺农村内部对接流程。

农村内部社保关系的转移有三种情况：一是迁出，二是迁入，三是本县内转移。现分述如下：

首先，农村内部社保关系在迁出情况下，保险对象应持有关证明材料，如转移申请书、户口转移证明等，到乡（镇）管理机构办理迁出手续。经乡管理机构查验后，将转移者的缴费证、户口转移证明材料、申请书及缴费记录卡上交到县级管理机构。经县级管理机构确认核实后，向迁入县发要求转入保险对象的函件。待迁入县复函同意后，及时转移保险金本息至迁入单位。

其次，农村内部社保关系在迁入情况下，在收到迁出县市要求转移的函件后，迁入县的管理机构要及时复函。待对方的保险金迁过来后，要会同财会部门对保险金进行审核，确认无误后，财会部门和县管理机构要分别向对方寄回执或复函。对迁入者的缴费记录卡和缴费证要审核，钱与账要一致。要在上述一卡一证明相应栏中，记录好本次迁移的情况，可继续延用。但要对迁入者重新编个人保险号码，其缴费记录卡要随迁入者落到迁入的乡保存。

最后，农村内部社保关系在本县转移的情况下，保险关系在本县转移，乡管理机构要在转移者的缴费证及缴费记录卡上的相应栏内记录下本次转移情况，然后将缴费记录卡和个人基本情况登记表转入新的乡镇，继续使用，其保险金不迁移，其保险编号也不做变动。

（三）城镇内部对接

当前我国城镇内部根据办理社保关系转移者的身份不同，可将社保关系转移接续划分为三类：机关事业单位工作人员社保关系的接续转移、一般城镇企业职工社保关系的接续转移以及城镇居民社保关系的接续转移。社保关系在城镇内部转移接续的难点主要在于机关事业单位工作人员与城镇职工、城镇居民参保人员实施的是两类完全不同的保障制度，前者是国家财政统包，后者是社会化保障。

社会保障体系对于保证每个人的机会公平至关重要。所有人，无论职业、身份等，都应纳入一个统一的社会保障体系，这样才能实现机会公平。而当前的社保，尤其是养老制度、医疗制度，恰恰不是以"公民"身份，而是以"职业"身份来设计的；强者优先，而不是弱者优先。这不仅无法保证社保制度的公正性，而且不利于参保人员的身份转换。因此，对于城镇内部社保关系协调对接的最好办法就是统一制度。以养老保险为例，举例说明。

1. 统一制度注意事项

首先，城镇内部不同身份的社会养老保险的待遇计发办法和调整机制不同。企业退休人员基本养老金与本人历年缴费工资、缴费年限和当地职工平均工资挂钩，且均成正比例；机关事业单位基本退休费以退休前基本工资为计发基数，且基本是本人职业生涯的最高工资水平。调整企业基本养老金，综合考虑了经济发展、物价上涨、职工工资水平增长、养老保险基金承受能力等因素，调整次数多但幅度小；机关事业单位目前调整基本退休费和退休生活补贴是与在职人员调整工资或补贴同步的，频次低而波动较大。其次，城镇内部不同身份的社会养老保险的待遇对比有多种口径。企业退休人员的总体水平低于机关事业单位，前者的基本养老金全部是国家统一制度规定的待遇，此外，个别有能力的企业还会发放统筹外项目待遇；后者的基本退休费也是国家统一制度规定的，但其退休生活补贴占退休人员全部待遇的比重较大，而且地区之间、单位之间差距大。最后，城镇内部不同身份人员的结构不同。机关事业单位退休人员中高学历、高职称的人员比重大，在职时平均工资收入较高，工作年限也长于企业一般员工的平均缴费年限，因此其总体平均待遇水平比企业退休人员基本养老金的平均水平高。[1]

2. 统一制度具体办法

首先，对于机关事业单位工作人员社会保障制度的转轨，要继续贯彻"老人老办法、新人新办法、中人过渡办法"的操作思路。对于改革前已在职，且改革后仍未享受到社保待遇的公务人员，即中人，不能简单地让其加入现行的企业职工社会保险，而是应根据职业特点，来设计合适的社保产品。例如，建立公务人员离职补偿金，用于参加社会保险或者失业补偿，使那些从机关事业单位退出来的人员可以获得补偿。建立公务人员退出机制，有利于实现公务人员与其他职业的对接。其次，统一城镇三类人员的社保管理体制和机构。特别是对于公务人员的工资福利水平应公开、透明，将其工资福利水平与社会平均工资福利水平挂钩，淡化机关事业单位和企业单位社保制度双轨制，便于相关人员在不同职业间的流动。最后，建立强制性职业年金和企业年金。在机关事业单位建立强制性职业年金制度、在企业建立强制性企业年金制度是实现统一社保的重要保证。具体措施是将基本社保作为第一层次，参照现行企业社保待遇确定，实现统一。同时将机关事业单位强制性职业年金作为第二层次补充性社保。同时规定年金制度实行缴费确定型，采取国家、单位、个人三方共同负担的缴费模式。这样既能体现公平，又有利于各类人员在不同职业间的正常合理流动，也不损害机关事业单位职工的既得利益。[2]

（四）跨地区对接

当前我国各地区之间的社保关系不能有效对接，这是形成退保现象的

---

[1] 胡晓义：《养老保险"并轨"正进行顶层设计》，《人民日报》2013年8月5日。
[2] 何珍：《机关事业单位与企业养老保险制度并轨研究》，河北大学硕士论文，2012。

制度性的原因之一。因此，制订跨地区社保关系对接办法刻不容缓。

1. 明确对接原则

研究制订跨地区社保关系转移接续应遵循以下四条基本原则：一是保障性原则，即指所有参加社保制度的参保者，在跨地区继续参保的，应能够转移接续其基本社保关系，以保障参保人员的社保权益不受损害；二是公平性原则，对于跨地区的参保人员，只要按规定参保缴费，无论其何种身份、何种户籍，无论是流动到多少个地方稳定就业或间断就业，都能做到一视同仁，为其办理基本社保关系转移接续，保障参保人员享受到同等的社保权益；三是唯一性原则，是与基本社保关系唯一性相对应的要求，此处是指不允许参保人员重复参保缴费；四是平衡性原则，适当平衡参保人员在转换地区前后的参保待遇。[①]

2. 制订对接政策

真正需要跨地区对接的社会保险关系主要有两种，即基本养老保险、基本医疗保险等，对此应分别制订具体政策。

（1）基本养老保险关系对接

对于基本养老保险跨地区对接可采用"分段计算"模式，即工作地缴费、分段记录、退休地发放。该模式的具体做法是：为了确定参保人员基础养老金和过渡性养老金的标准，可以依据其在各参保地缴费工资，以及各参保地在岗职工平均工资作为基数，计算其指数化的平均缴费工资。举例来说明，如某参保人员在A省某单位工作2年，则由A省该单位负责缴纳养老统筹部分，并记录在当地社保机构；之后该参保人员又到B省某单位工作2年，则由B省该单位缴纳养老统筹，并记录在案，以此类推，直到累计计算到该参保人60岁退休。当该劳动者退休后，按照他当时在每个地方工作时，企业为他缴纳养老统筹的份额比例提供养老金，但要统一到其退休地的金融机构发放。

（2）基本医疗保险关系对接

基本医疗保险关系的跨区对接，要根据其不同的制度形式，设计不同

[①] 关琪瑜：《不同群体间养老保险关系转移接续研究》，大连理工大学硕士论文，2010。

的解决方案。首先，城镇职工医保的连续缴费年限可改为累计缴费年限。同时为了缓解发达地区要承受的医保基金支付压力，可在参保者退休前十年左右设定"转入门槛"。举例来说明，当某就业者在51岁从经济欠发达地区转入发达地区时，需要补交一定比例的金额给发达地区，以充实社保统筹金。同时，针对流出地和流入地存在的利益补偿问题，建议建立国家基本医疗保险调剂基金。该基金用于补助医疗保险覆盖劳动力净流入地区，以及补助劳动力从欠发达地区转移到发达地区的基本医疗保险标准补贴。另外，国家医保调剂基金还可以对异地就医的票据审核进行补贴。如青海的医疗保险受益人到北京去看病，病历和票据可以由青海的医疗保险经办机构委托北京的医疗保险经办机构审核，青海应该支付给北京相当于保险票据的0.5%~1%的审核费用。这部分可以由国家基本医疗保险调剂基金支出。其次，城镇居民和新型农村合作医疗是每年一次性个人自愿缴费的办法，因此，其转移接续问题较为容易。两类医保可以采用由迁出地清算个人当年剩余的资金，划拨给迁入地居民医疗保险机构，由迁入地报销其后半年可能发生的医疗费用，下一年再重新入保的办法。[1]

四 财政支付及预算平衡机制

资金是城乡社保体系协调发展的物质基础，财政资金是社保资金的重要来源，政府对社会保障所承担的责任也主要是通过供款来体现的，它既是政府履行公共职责的具体体现，又是公共资源取之于民用之于保障民生、改善民生的具体体现。作为发展中国家，受国力的限制，目前国家财政用于全民社会保障有限，社会保障投入不可能完全依赖国家财政。因此，必须走多渠道筹集资金，扩大国家财政和企业以外的资金来源的路子，以减轻财政和企业的双重负担。本章以政府社保财政责任为前提，以促进城乡社保体系协调发展为目标，力图构建稳定的财政支付及预算平衡机制，主要包括：健全公共财政体系以保持必要的投入力度、政策法规上强制和舆论宣传上以增加社保基金的有效供给、转变政府职能以确保社保

---

[1] 王世玲：《报告上交决策层"社保无疆界"酝酿破题》，《21世纪经济报道》2008年8月7日。

基金的保值增值、大力发展慈善事业以增加社保基金的数量等措施。

(一) 健全公共财政体系以保持必要的投入力度

公共财政的基点和重心是"满足广大人民群众的公共需要",而社会保障属于最基本的公共产品,在分配顺序上属于最优先安排的项目之一,所以为了发挥政府对社会保障事业的领导和促进作用,必须将社会保障收支纳入国有预算管理,编制社会保障预算,健全公共财政体系以保持必要的投入力度。

1. 编制社会保障预算的必要性

(1) 编制社会保障预算是维护国家预算完整性和强化财政职能的客观需要

2012年我国全年五项社会保险(不含城乡居民社会养老保险)基金收入合计28909亿元,基金支出合计22182亿元,均比2011年增长20%以上。随着社会保障制度的改革和逐步完善,这一规模仍会增加。当基金收大于支时,其结余部分由政府自行使用;而当基金入不敷出时,又要政府负担和兜底。所以为了强化财政职能以及维护国家预算的完整性,必须要对社会保障基金实行预算管理。

(2) 编制社会保障预算是加强社保资金管理和使用单位责任的内在要求

为了加强社会保障基金管理,提高资金使用效率,促进社会保障事业发展,推动现代社会保障制度的迅速建立,需要编制社会保障预算,明确财政部门、主管部门和社会保障基金经办机构或用款单位的权利和责任。

(3) 编制社会保障预算是完善复式预算制度的重要内容

现行复式预算制度是指将各项社会保障收支混在其他经常性收支中,因为这种方式使各项社会保障基金脱离财政的预算监督和管理,所以不仅损害了复式预算的职能,也不利于社会保障事业自身的发展。因此,为了把社会保障资金收支从经常性预算收支中分离出来,并将预算外的各项社会保障基金纳入国家预算统一管理,有必要尽快编制社会保障预算,以便完整地反映社会事业发展状况，推动社会保障事业的进一步发展。[①]

2. "一揽子"社会保障预算编制方法

在原有社会保险预算的基础上，将公共预算安排的社会救助资金、社会优抚安置资金、社会福利基金、社区建设资金、行政事业单位离退休经费、住房公积金及其他社会保障资金，全面、系统地汇总编制"一揽子"社会保障预算。

社会保障预算收入项按资金来源分类，具体包括基金缴费（税）收入、投资增值收入、社会保障行政事业费拨入、公共预算安排的收入和补助、社保非税收入、国有资本及土地收益划转收入、其他收入。其中，基金缴费收入是政府依法征缴的社会保险基金收入，包括基本养老保险收入、失业保险收入、基本医疗保险收入、工伤保险收入、生育保险收入。投资增值收入，包括委托投资管理人和受托人的各种投资红利与股息收益、存入银行和购买债券的利息收入。社会保障行政事业费拨入包括医疗卫生事业费、劳动就业管理事业费、社会保险事业费、民政管理事业费、农村社会保障事业费、老龄事业费、残联事业费、红十字事业费、行政事业单位离退休经费。公共预算安排的收入和补助，包括公共预算对社会保险项目的补助收入、社会救助收入、社会优抚安置收入、社会福利收入、社区服务收入。社保非税收入反映的是为了保证社会保障事业发展向社会和个人征收的除五项社会保险基金以外的政府非税收入，包括残疾人就业保障金、住房公积金收入、福利彩票收入、城镇居民医疗统筹基金、捐赠收入。国有资本及土地收益划转收入，包括国有资本出售与转让收入划转社会保险基金部分、国有资本经营收益划转部分、土地出让收益划转部分、其他调入资金。其他收入，指的是各项收入中不包括的收入。

社会保障预算支出项主要根据社会保障资金用途分类，包括社会保险支出、社会救助支出、社会优抚安置支出、社会福利支出、社会保障事业费支出、医疗卫生支出、就业支出、住房支出、其他社会保障支出。其中，社会保险支出类级科目包括五个科目：基本养老保险支出、失业保险

[①] 石慧：《完善我国社会保障基金预算管理体系研究》，山西财经大学硕士论文，2007。

支出、基本医疗保险支出、工伤保险支出、生育保险支出。社会救助支出包括城市低保支出、农村低保支出、自然灾害救助支出、城乡特困户救助支出、农村五保供养支出、城乡居民教育救助支出、城乡居民医疗救助支出。社会优抚安置支出包括抚恤支出、退役安置、移民安置、其他支出。社会福利支出包括老年福利支出、教育福利支出、残疾人福利支出、儿童福利支出、社区福利支出、其他福利事业支出。社会保障事业费支出包括劳动就业管理事业费、社会保险事业费、民政管理事业费、农村社会保障事业费、老龄事业费、残联事业费、红十字事业费。医疗卫生支出包括城镇医疗卫生支出、农村医疗卫生支出。就业支出包括就业补助、就业介绍、就业培训。其他社会保障支出包括行政事业单位补充医疗费、离休干部"两费"、子女统筹医疗费、其他支出。①

(二) 政策法规上的强制以增加社保基金的有效供给

构建稳定的财政支付及预算平衡机制，需要增加社会保障基金的有效供给，可以通过在政策法规上的强制，引导企业和个人积极参加社会保险和及时足额缴费，尤其是要增强个人的自我保障意识，推动个人更多地缴纳费用。

我国人力资源与社会保障部曾于2011年发布《社会保险费申报缴纳管理规定（草案）》，要求今后养老、医疗、失业、工伤和生育五项社会保险将统一征收，并规定企业未按时缴纳的，可由企业银行账户划拨或拍卖企业资产强制征缴，同时规定个人可以作为参保主体，参加养老、医疗保险。该草案虽然可以在一定程度上约束企业和个人的缴费行为，但由于是部门规定，而非国家法律规定，所以与社会保障制度本身的强制性、统一性要求是不相称的。因此，根据前文所述的"个人缴费、企业征税、国家补贴"的城乡社保筹资模式，当务之急就是完善社会保障立法，通过法律明确个人缴纳社会保险费、企业缴纳社会保障税、国家承担社会保障待遇补贴等各主体的权利与义务。其中，社会保障税作为一项税收，由国家税

---

① 财政部财政科学研究所：《建立社会保障预算，提高社会保障资金管理与财政的可持续性》[5]，人民网，http://theory.people.com.cn/n/2013/0620/C365322-21913278-5.thm。

务机关征收,有效地保证了企业按时足额履行社会保障责任,可以为社会保障预算提供固定的资金来源。

另外,通过立法加强各主体的缴费责任,必须配套立法规定以下两个问题。其一,不能过多地增加企业,尤其是中小企业的负担。近一个时期以来,通胀压力居高不下,再加上国家实行适度从紧的货币政策,导致不少中小企业的经营举步维艰,一方面原材料价格、工人工资等上涨较快,另一方面通胀削弱了居民的购买力,导致销售持续低迷。在此背景下,确定合理的五险缴费基数,采用"累进"原则征税,对于平衡中小企业的社会责任至关重要。否则,如果缴费基数过大,按"人头"原则收费,很可能导致一些"劳动密集型"中小企业不堪重负而倒闭,使国家、企业、职工三败俱伤。其二,应加大国企分红用于充实社会保障的比例,以降低居民和企业的社保缴费负担。我国五项社会保险的法定缴费之和相当于工资水平的40%,有的地区甚至达到50%,这一比例超过了世界上的绝大多数国家。社保缴费比例过高,不仅加重了企业和职工的负担,不利于增加就业,而且抑制了家庭可支配收入的增长,影响了居民购买力。因此,作为具有公共性质的国企应承担起与其经济实力相称的社会保障责任,将分红的一定比例用于充实社会保障。①

(三) 转变政府职能以确保社保基金的保值增值

构建稳定的财政支付及预算平衡机制,需要转变政府职能,培育和发展资本市场,发挥私人机构的基金管理与运营优势,确保社会保障基金的保值增值。

1. 社保基金投资管理现状

随着社保扩面工作的推进,基金规模逐年加大。截至2012年末,全国城镇职工基本养老保险、居民社会养老保险、职工基本医疗保险、居民基本医疗保险、工伤保险、失业保险及生育保险基金资产总额已达39835亿元,比2011年同期增长32%。据2013年6月20日人社部官网公布的

---

① 瞿玉杰:《强制企业缴五险需解决好三个问题》,《中国消费者报》2011年11月21日。

"2012年全国社会保险情况",当年基金的投资结构为债券投资259.2亿元,委托全国社保基金理事会进行市场化投资运营的资产为918亿元,协议存款1058亿元。从中可以看出大部分资产比例仍用于银行存款,而银行存款利息又低于通货膨胀,所以社保基金处于贬值运营状况,改革投资管理体制、转变政府职能势在必行。①

2. 改革社保基金投资管理体制的措施

确保社保基金保值增值将是当前和今后较长一段时期内社保体系协调发展不可回避的课题。可以通过转变政府职能,分散社保经办机构的投资运营管理权,对社保基金进行委托投资的方式来设计中国社会保险基金入市的运作体制。具体构思是:将社保基金委托给专业化的资产管理机构,如证券基金管理公司、券商、银行、保险公司等进行投资管理。可以将社保基金投资管理体制设计为三层结构:社会保障基金(全国社会保障基金、非政府社会保障基金)—托管银行(商业银行)—基金管理机构(基金管理公司、证券公司、商业银行和保险公司)。在该投资运作管理体制中,由全国社会保险基金理事会和中国社会保障基金管理委员会、中国证监会和中国人民银行分别监管社会保障基金、基金管理机构、托管银行,确保社保基金在规范运作中的保值增值。由直属于国务院的社会保险基金理事会明确以上三类管理机构之间相关的责权,做到协调统一,共同完成监管工作。从总体上看,改革后的社保基金投资管理体制是"集中监管、分散运作"。改革后的社保基金投资管理体制如图6-12所示。

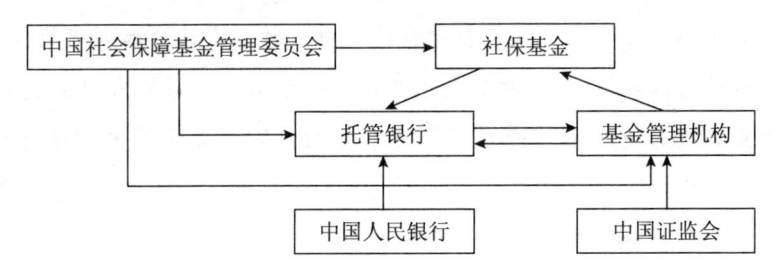

图6-12 社保基金投资管理体制

---

① 2012年全国社会保险情况,http://www.mohrss.gov.cn/SYrlzyhshbzb/dongtaixinwen/shizhengyaowen/ 201306/t20130618_ 105477. htm。

如图 6-12 所示，新的投资管理体制是由三个部门共同负责，各基金管理机构之间相互制约、相互监督，形成"三足鼎立"的态势，是政府与市场最佳的组合方式，改变了原有的政府什么都管、什么都管不好的尴尬局面。改革后的社保基金管理运营，涉及社保基金的受托人、管理人和托管人。中国社保基金管理委员会在基金运营中起着极为重要的作用，其在监管中的主要职能是根据社会保障监督委员会筛选的结果选择基金管理人和基金托管人，并对基金管理人日常的投资行为依法实施监督，对其违规违法行为提出警告，并上报监督委员会，并有权取消其管理人资格。而基金管理公司是整个基金投资运营的核心，它必须依法履行投资职能，并有权要求基金托管人执行投资指令，对基金会和基金托管人的管理提出异议。基金托管银行的地位相当于基金所有者的代言人，实施对基金的日常管理职能，依法对基金管理人的投资行为实施监管，保证管理人的投资行为不损害所有人的利益。①

（四）大力发展慈善事业以增加社保基金的数量

构建稳定的财政支付及预算平衡机制，需要大力发展慈善事业，鼓励社会各界进行各种形式的社会捐赠和慈善活动，为社会保障体系筹集更多的资金。

1. 慈善事业的发展现状

十六届四中全会通过的《中共中央关于加强党的执政能力建设的决定》就曾明确提出，要"健全社会保险、社会救助、社会福利和慈善事业相衔接的社会保障体系"。将慈善事业作为社会保障体系的重要组成部分，凸显出党和政府越来越重视慈善事业在社会保障体系中所发挥的作用。②几年来，各级政府从制订发展规划、完善法规政策、加强奖励扶持、建立信息公开机制、强化能力建设等方面入手，促进慈善事业发展，取得了明显成效。近八年各地直接接收的慈善捐赠情况如表 6-3 所示。

---

① 章萍、严运楼：《政府在养老保险基金监管中的定位》，《财经科学》2008 年第 6 期。
② 耿加峰：《新时期中国慈善事业的发展》，中共中央党校硕士论文，2010。

表6-3 近八年各地直接接收社会慈善捐赠情况

单位：亿元，万件

指标	2005	2006	2007	2008	2009	2010	2011	2012
捐款	60.3	83.1	132.8	744.5	507.2	596.8	490.1	578.8
衣被	10355	7123.6	8756.8	115816.3	12476.6	2750.2	2918.5	12538.2

资料来源：《2012年社会服务发展统计公报》，http://cws.mca.gov.cn/article/tjbg/201306/20130600474746.shtml。

从2005年至2012年，我国各地直接接收社会慈善捐赠钱款数呈大幅增长趋势，八年增长近十倍。特别是在2008年汶川地震后，中国人的慈善热情被空前地激发出来，直接捐款额达历史最高744.5亿元，在灾难救助和灾后重建的过程中起了关键的支持作用，成为政府资源的重要补充。[1]

虽然我国慈善组织快速发展、捐赠规模不断扩大，慈善活动也由扶老、助残、救孤、济困、救灾发展到教育、科技、文化、卫生、环保、体育、扶贫等各个领域，发挥了不可或缺的作用，但我国的慈善事业发展的水平与发达国家相比仍有一定的差距。据民政部主管的中民慈善捐助信息中心发布的《2013年度中国慈善捐助报告》核心数据显示，2012年全国接收国内外社会各界的款物捐赠总额约为700亿元，占同年我国GDP比例0.13%，人均捐款数为51.1元，仅占同年我国人均可支配收入的0.21%。而2011年美国人均捐赠额为962.6美元，占其同年人均可支配收入的2%，人均捐赠数额相当于中国的116倍。且较2011年，我国GDP增长约为7.8%，但社会捐赠总量却下降了17%。[2] 所以，大力发展慈善事业，增加社保基金数量任重而道远。

2. 提高慈善事业发展水平的措施

当前，我国慈善事业在取得进步的同时，在发展过程中也面临着诸多难题。针对这些制约我国慈善事业发展的瓶颈，可采取以下措施提高

---

[1] 《2012年社会服务发展统计公报》，http://cws.mca.gov.cn/article/tjbg/201306/20130600474746.shtml。

[2] 罗俊：《社会压力影响个人慈善捐赠行为》，《中国社会科学报》2013年8月12日。

其水平。①

（1）加快慈善立法

慈善虽然需要依靠政府、民间组织和个人等多方面的力量参与来关注和保障弱势群体的权益，但慈善不能只依靠个人的良心、道德，还需要国家有相应的政策保障弱势群体的权益，并加大投入和规范机制，政府不能缺位，政策法律不能缺失，建议尽快制订一部综合性的基本法——《慈善事业法》，明晰政府和慈善组织的职能，加强对慈善组织的监管，使其朝着良性的方向发展。

（2）加强慈善组织的自身能力建设

加强我国公益慈善组织能力建设的基本策略是：促进组织的国内和国际交流、提高学习能力、深化市场竞争、加强组织公共问责机制的建立。首先，通过与国际慈善公益组织交流合作，在专业知识、文化、制度、价值观等方面加深相互了解，为提高组织国际筹款能力打下坚实的基础。其次，通过发展国内专业化的研究、咨询、培训机构，提高我国公益慈善组织的学习能力。最后，通过发展专业化的评估、审计机构，强化对公益慈善组织的外部问责机制的建立。②

（3）处理好硬实力培育和软实力培育的关系

处理好硬实力培育和软实力培育的关系，就是要避免顾此失彼。善款筹集是硬指标，体现的是硬实力；队伍建设及制度建设等自身建设虽然体现的是软实力，但也是硬指标，需要"两手抓，两手都要硬"。慈善组织要内强素质，外树形象，不断加大教育培训和管理力度，造就一批既懂专业知识，又懂社会工作，既有高度事业心，又有爱心、善心，甘愿牺牲、无私奉献的专门人才，努力建设一支有理想、有信念、有职业操守、有专业水平的慈善工作者队伍，推动慈善事业运作科学化、专门化、高效化，同时，要建立健全并严格执行财务管理、信息披露等有关规章制度，建立

---

① 孙伟林：《适应转型期社会发展需要，积极培育公益慈善组织》，《社团管理研究》2012年第1期。
② 刘秀琼：《论加快我国公益慈善组织自身能力建设的几点思考》，《中国外资》2010年第22期。

完善各个环节运作机制，推动各项工作逐步制度化、规范化、长效化，不断提高广大群众对慈善工作的知晓率、支持率和满意率。①

五　社会保障管理体制一体化机制

在研究城乡社会保障体系协调发展进程中，当正确的一体化社会保障理念与发展战略目标确定以后，社会保障管理体制的优劣往往就会影响到制度能否健康、持续发展。针对我国现实情况，急切需要深化社会保障管理体制改革，明晰政府责任，实现城乡社保体系协调发展，建立真正符合国情的社会保障管理体制一体化机制。按照社保基金的管理运行路径，一体化机制主要包括：基金征缴、基金运营、基金支付以及基金监管四个方面。

（一）基金征缴

社保基金征缴是基金管理体制一体化机制的首要环节，征缴工作一旦出了问题，就会影响整个社保工作的信誉，更会影响城乡社保体系协调发展的进程。坚持量力而行、合理负担是基金征缴的基本原则，也是制度可持续发展的前提条件，因此做好社保基金征缴意义重大。根据前文所述的城乡社保一体化的基金实行"个人缴费，单位纳税，政府补贴"的筹资模式，将社保基金征缴机制设计如下。

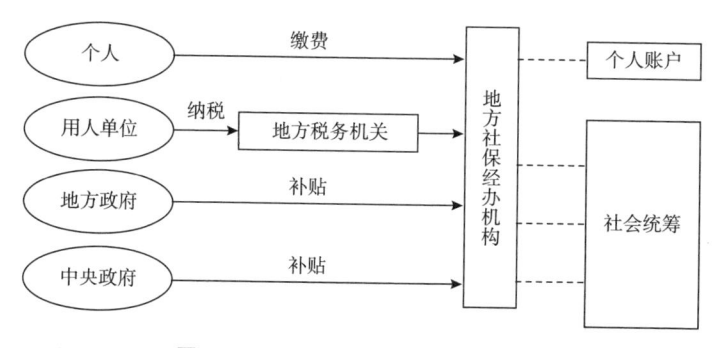

图6-13　一体化社保基金征缴机制

---

① 杨子刚：《发展慈善事业须处理好十个关系》，《中国民政》2012年第1期。

如图 6-13 所示，一体化社保基金征缴机制依然实行国家、单位、个人三方共同负担的原则，其中，地方与中央政府的财政补贴均直接转入参保人在地方社保经办机构设置的社会统筹中；用人单位缴纳的社会保障税先由地方税务机关负责征缴，再转入参保人在地方社保经办机构设置的社会统筹中；个人的参保缴费直接转入地方社保经办机构设置的个人账户中。实施"税费结合"的一体化社保基金征缴模式，对于城乡社保体系协调发展具有深远的现实意义，有利于扩大社保制度的覆盖面，有利于提高社保基金的筹资效率，有利于保持经济社会的稳定，是理想的基金征缴模式。该模式中的社保税是一体化基金征缴机制设计的重点，其核心内容为：纳税人、纳税对象及税率。

1. 纳税人

结合我国国情，一体化社保制度基金征缴的纳税人为用人单位，即从事生产经营活动以及其他各种活动的公司、企业、其他社会团体及行政机关事业单位均为社保税的纳税人。

将社会团体及行政机关事业单位作为社保税的纳税人是出于以下三方面考虑：首先，体现公平性。一体化社保制度是不分身份、地位、职业的统一的社保制度，因此，应将所有用人单位一视同仁。其次，方便流动性。目前企业社保制度较为完善，而社会团体及行政机关事业单位则相对滞后。举例来说，如果一名企业单位的职工进入行政机关事业单位，其个人账户就失去意义；而一名行政机关事业单位的职员进入企业，其个人账户为空。解决这一矛盾的最好方式就是统一社保制度。最后，适应变化性。随着行政机关事业单位人事制度的不断改革，工作人员也面临着失业问题，需要统一的社保制度加以保障。

2. 纳税对象

（1）征税基数

社保税的征税基数根据用人单位性质的不同可以分为两种情况：一种是企业按用人单位利润总额计算；另一种是行政机关事业单位按全部职工工资薪金总额计算。

对于第一种情况，企业是按照"累进"的原则来纳税的，即利润大的企业多纳税，利润小的企业少纳税，没有利润的企业不纳税或者只是象征性地纳税，这样的基金征缴方式也与当前社会保障制度安排相一致。以养老保障为例，城镇职工基本养老保险制度中的社会统筹部分，是以企业缴费为基础的，现收现支，不足部分则由财政补贴。企业缴费改为征税后，收上来的税款归入财政专户，再由财政统一拨付以满足"社会统筹"之需。① 对于第二种情况，行政机关事业单位是按照职工工资薪金总额来纳税的，可按照国家统计总局的口径，行政机关事业单位职工工资收入总额由职务工资、技术等级工资、津贴、综合补贴、奖金等组成。

（2）征税税目

社保税的征税税目应该包括具体的社会保障项目，根据1952年国际劳工组织大会通过的《社会保障最低公约》，社会保险项目包括：医疗津贴、疾病津贴、失业津贴、老龄津贴、工伤津贴、家庭津贴、生育津贴、残疾津贴和遗属津贴，不同国家可依据本国国情有所增减。结合我国社保制度的发展情况，可设定为六个项目：基本养老保险、基本医疗保险、失业保险、工伤保险、生育保险以及住房公积金。

3. 税率

综观全球社会保障制度的发展，确定一个合理的税率是一件非常困难的事情。税率过低，资金难以支付各种社保待遇；税率过高，纳税人难以承担，这两种情况都会影响国家的经济发展和竞争能力。根据相关学者的测算，当前用人单位缴纳的社保税的税率设定为25%左右为宜，其中基本养老保险的税率为10%，基本医疗保险的税率为6%，失业保险的税率为2%，工伤保险的税率为1%，生育保险的税率为1%，住房公积金的税率为5%。同时，各地可根据实际情况，兼顾规范性和灵活性的要求，允许各地有3%~5%的浮动幅度。②

（二）基金运营

社保基金运营是基金管理体制一体化机制的关键环节，安全优先与保

---

① 唐钧：《社会保障：个人缴费、企业缴税》，《广州日报》2010年4月8日。
② 胡琴芳：《社会保险基金筹集：税费结合方式研究》，苏州大学硕士论文，2007。

值增值是社保基金运营管理的基本原则,也是城乡社保体系协调发展的重要条件。

1. 建立高效制衡的一体化社保基金运营机制

建立高效制衡的社保基金运营机制是指通过委托的方式公开招标基金的托管人、投资管理人,建立管控有力的风险控制体系,保证基金的安全运营,如图 6-14 所示。

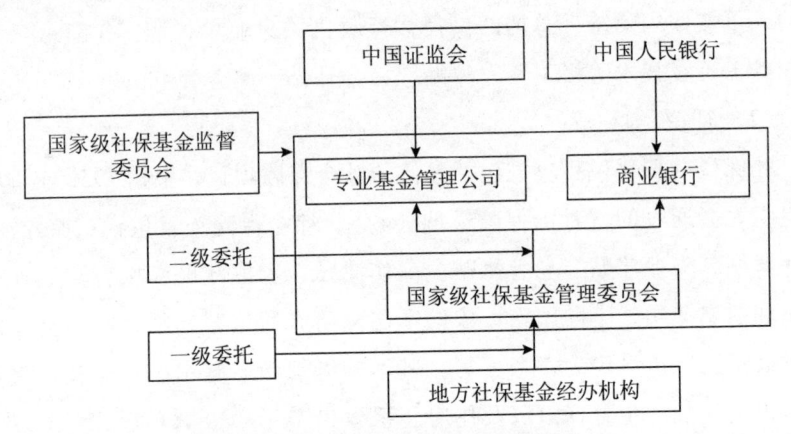

图 6-14 一体化社保基金运营机制

构建如图 6-14 所示的一体化社保基金运营机制,核心是要提高社保基金运营的管理层次,地方社保基金经办机构作为一级委托人,将其筹集的基金直接汇集到国家级社保基金管理委员会,由其进行统一管理。同时,国家级社保基金管理委员会作为二级委托人,可以用注册资本、资产总额、经营业绩、股份结构、公司治理结构、内控机制、投资收益率、风险管理能力等关键指标来招标筛选专业基金管理公司,将全部投资管理业务委托给这些投资管理人。通过这种二级委托一体化社保基金运营机制,可以实现降低管理成本,获得规模投资收益的目标。①

2. 设置多渠道分类管理的社保基金运营理念

基于社保基金安全性、有效性、收益性的考虑,其投资运营的基本理

---

① 阳义南:《"新农保"个人账户基金市场化投资管理的关键问题研究》,《经济体制改革》2011 年第 2 期。

论应是"分散投资"以及"基本组合的制订和管理"。同时根据基金性质的不同,可通过资产的不同特点进行分类组合投资来分散并化解风险,[①]如表6-4所示。

表6-4 社保基金投资管理的产品选择

基金分类	资产分类	投资产品
个人账户基金	固定收益类	银行定期存款、协议存款、国债、金融债、企业债短期融资券、可转换债券、中期票据、债券基金、分红及万能险产品
	权益类	股票、股票基金、投连险产品、混合基金
社会统筹基金	货币类	银行活期存款、中央银行票据、短期回购、货币基金

如上表所示,不同性质的社保基金应选择不同的投资产品。对于具有现收现付性质的社会统筹基金可建立集中管理稳健投资的运营模式,可保留在国家级社保基金管理委员会,其投资方向可选择货币类资产;而对于具有完全积累性质的个人账户基金,应逐步建立市场化的运营管理模式,实行分类委托运营管理,其投资方向可先以固定收益类产品为主,待条件成熟后再逐步放宽至权益类资产投资,且投资应以安全性为主要原则。[②]

(三)基金支付

社保基金支付是基金运营管理过程中的最后环节,足额及时发放是社保基金支付管理的基本原则,也是城乡社保体系协调发展的必备条件。

1. 社保基金支付存在的主要问题

当前社保基金支付存在的主要问题体现在以下三个方面:一是存在支付社保待遇过程中的道德风险的问题,许多地区出现了不符合支付条件的欺骗性申请现象;二是存在社保待遇支付效率不高的问题,出现了错付参保人社保待遇的情形;三是存在参保人领取社保待遇不便的问题,出现了

[①] 惠恩才:《我国农村社会养老保险基金管理与运营研究》,《农业经济问题》2011年第7期。

[②] 李向军:《我国社保基金投资管理问题研究》,财政部财政科学研究所博士论文,2010。

参保人领取社保待遇的成本过大的尴尬。

2. 引起社保基金支付出现问题的主要原因

引起社保基金支付出现问题的主要原因有以下三个方面：第一，信息不对称诱发道德风险问题。尽管社保经办机构已经逐步实行网络化信息管理，但却无法完全及时掌握参保人的真实情况，在很多方面还存在信息掌握不完全或者获取信息滞后的状况，如个别社保经办机构虚报参保人员名单，多报人数，致使不受保障的人员非法获利；或参保人已经死亡，而社保经办机构并未及时获取信息，存在"信息时滞"的可能，在一段时间内就会发生不符合条件的人领取社保待遇现象。

第二，信息化管理有限导致管理效率不高问题。目前仅上海等部分发达地区建立了高效率的信息管理系统，能够在提高社保基金的征缴水平、支付效率等环节发挥重要作用；而其他更多地区却并未真正建立起这种对参保人集信息记录、基金管理以及服务于一体的信息系统，反映在给付环节上就是社保基金不能及时到位和发生错付情形。另外，经办人员的工作效率低、服务意识差及缺乏有效的激励约束机制，也是管理效率不高的重要原因。

第三，地方主义形成的领取社保待遇不便问题。人才流动性强是现代市场经济发展的结果，可是在社保基金支付的过程中，由于地方主义作祟，因此未能适应市场经济的发展需要，更不要说起到促进人口合理流动的作用。地方主义倾向致使参保人的缴费收入不能随其流动而顺利、及时地转入或转出，从而影响参保人未来社保待遇的领取，因此产生未来的支付风险。①

3. 解决社保基金支付出现问题的对策

（1）建立有效的社保基金信息披露制度

完善的信息披露制度，可以降低因信息不对称而产生的社保基金支付道德风险。社保基金要加强信息化平台建设，实现城乡社保基金管理的全程信息化，将参保人员的各项基本信息及个人账户信息纳入计算机管理，

---

① 郭艳芬：《社会养老保险基金的给付风险及防范措施分析》，《现代商贸工业》2008 年第 7 期。

严格按有关法规操作。① 通过制度的构建，可以使社保基金管理者、投资者及各方面参与主体获得较为充分的信息，从而降低因不完全或虚假信息所导致的风险。

（2）构建完整的社保基金管理信息系统

社保基金管理信息系统，是以现代计算机技术为手段，结合先进的信息处理及管理技术，以电子化、分布式参保人员信息资源为基础，以全面实现城乡社保业务处理，实现信息交换的系统化、规范化、自动化及管理决策的信息化与科学化为主要目标，形成全国统一的城乡社保基金管理信息网络系统。通过这一系统的构建，可以解决因信息化管理有限而引起的效率不高的问题，使社保部门更加准确地把握参保人员的参保状况，为业务的开展、重大决策、政策制订提供信息支持，高效率地为参保人员服务。②

（3）制订合理的社保基金转移接续方法

针对地方主义形成的领取社保待遇不便的问题，国家应该尽快出台统一的制度衔接办法，只有制订了合理的衔接办法，认真做好社保关系在城乡之间、农村内部、城镇内部以及跨地区的配套衔接工作，才可以解决人员在流动时的社保待遇领取问题。具体可采取以下三项措施：首先，政府要立法对反映社会保险关系和基金的凭证和档案进行保护，对相关数据进行统一规范，使其具有法定的证明效力；其次，中央对各地社保经办机构的"转入门槛"进行清理和规范，方便参保人社会保险关系和基金的转移；最后，建立转入地的社保基金管理部门与转出地社保基金管理部门相互联系的专用网络通道，减少社保关系转移人来回跑的次数，体现社保制度以人为本的理念。③

（四）基金监管

社保基金监督管理贯穿于整个基金运营管理的全过程，是确保基金收

---

① 刘瑞莲：《加强新型农村社会养老保险基金监管的必要性和对策分析》，《科技情报开发与经济》2009年第29期。
② 陈怀德：《基于J2EE的养老待遇管理业务系统设计》，南昌大学硕士论文，2013。
③ 林义等：《统筹城乡社会保障制度建设研究》，社会科学文献出版社，2013，第446页。

支、管理和投资运营各环节安全有效的重要制度性保障,构建完善的社保基金监管体系,对于城乡社保体系的协调发展意义重大。

1. 当前社保基金监管的现状

我国当前社会基金监管的现实格局是以人力资源和社会保障部、民政部为主要监督管理部门,前者负责监管全国的社会保险事务与补充保险,后者负责监管社会救助、社会福利及慈善公益事业,还有卫生部、住房和城乡建设部、财政部、审计署等在各自的法定职责范围内承担着相应的监督管理责任。[①] 各部门各自为政的管理模式,使各部门之间职责交叉、责任不明,极易形成监管的漏洞。因此,目前急切需要明确的是主管部门之间的某些模糊边界问题,建立职责明晰的社保基金监管机制。

2. 建立适度集权的基金监管机制

针对分权监管导致的责任不清、相互推诿的低效监管机制,建议建立以行政主管部门为核心,以立法监管和司法监管为两翼,并充分发挥社会监督作用的适度集权的基金监管机制。

(1) 确立以行政主管部门为核心的行政监督机制

根据权力与责任对等的原理,只有将监督权力相对集中于一个行政部门,才能实行有效的行政问责制,才能激发监督主体的责任心与主动性。因此,应赋予相关的行政主管部门充分的监督权,同时要求其承担与权力对应的监督责任。社保基金监管责任主要包括:确保各级社保经办管理机构能够合理制订社保基金专门预算;能够实现社保待遇的足额征缴和按时发放;确保个人账户的投资管理符合相关法律、法规要求。

(2) 确立以立法监管和司法监管为两翼的监督机制

确保城乡社保体系的协调发展,必须强化各级人大机关和司法机关的特别监督作用。立法机关的社保基金监督责任主要包括:确保社保制度规定不具有歧视性;确保社保制度能够维护并不断提高城乡公民的生活水平;从根源上确保制度的合理性、公平性;通过预算监督来确保社保预算

---

① 郑功成等:《中国社会保障改革与发展战略》(总论卷),人民出版社,2011,第51页。

的合理编制与执行。司法机关的社保基金监督责任主要是通过解决社保制度运行中的相关法律纠纷来确保制度的权威性和有效性。①

(3) 充分发挥其他社会主体的监督作用

充分利用社会力量对社保基金的运行实施监督,这是目前社保基金监管的重要手段。对社会保险基金进行有效监督的前提是社会保险基金管理的各种信息要充分公开披露,将社会公众普遍关心、关注的重要事项披露出来,实现社保基金的公开、公平、公正运作和管理,使缴费单位和个人能及时、准确、全面地了解社保基金运行的情况,并在此基础上对社保基金的运营和管理实现更为有效的监督。同时注重社保基金监管专业机构的作用,通过会计、审计、精算和风险评级等中介机构对基金的运营予以专业化的评价,降低社会公众和基金管理机构的信息不对称现象,最大限度地降低基金遭受损失的风险,同时促进基金管理机构内部管理机制的完善,促使基金管理和运营机构进一步提高专业水平和能力,提高监督效率。根据前文所述的社保基金的一体化运营机制,主要涉及三个社会性监管部门:中国社会保障基金管理委员会、中国证监会以及中国人民银行。②

首先,中国社会保障基金管理委员会,主要负责监管非政府社会保障基金,由人力资源和社会保障部直接任命其负责人,该负责人向人力资源与社会保障部部长直接汇报。其次,中国证监会,应该单独设立一个社保基金部。最后,中国人民银行,通过设立托管银行监管部,具体负责许可和管理托管银行,加强对社保基金的监管。③

第三节 城乡社保体系协调发展的配套机制

社会保障不是孤立的制度安排,它在实践中仍然需要同步推进相关配

---

① 郑功成等:《中国社会保障改革与发展战略》(养老保险卷),人民出版社,2011,第53~54页。
② 王伟:《国外社保基金运营安全的保障机制》,《学习时报》2012年4月16日。
③ 王伟:《国外社保基金运营安全的保障机制》,《学习时报》2012年4月16日。

套机制改革,尤其是法律制度、户籍制度、土地制度、人口流动以及就业制度的改革等,对城乡社会保障体系的协调发展特别重要。只有实现相关政策的配套改革与良性互动,才能在获得社会保障制度建设成就的同时,促使综合效能稳步提升。

一 法律制度

立法先行是社会保障制度定型、稳定的客观标志,也是建设城乡社保体系并实现其协调发展的内在要求。社会保障立法进程中的重要思想是普遍性、统一性、公平性,因为要实现城乡制度的一体化,必须要在法律上体现公平。我国当前的社会保障立法相当滞后,迄今为止仍没有一部真正意义上的社会保障法律规范现行制度,这显然不利于城乡社会保障体系的协调发展。因此,加快构建城乡一体化的社会保障法律体系,已经迫在眉睫。符合中国国情的城乡一体化的社会保障法律体系框架的构建,可以从加快立法的完整性与可操作性、加强司法的独立性与可监督性以及确保执法的有效性与公正性三个方面同时下功夫。

(一)加快立法的完整性与可操作性

我国于 2010 年 10 月由全国人大常委会通过《中华人民共和国社会保险法》,标志着我国社会保障制度在法制化进程中迈出了具有决定意义的一步,但它还不是一部完整的社会保障法律,其制度的法制化还需要通过若干法规配套和未来对法律的修订才能最终完成,以体现立法的完整性和可操作性。

1. 加快社会保障制度的立法步伐

首先,作为社会保障制度最基本法律的《社会救助法》,应尽快出台,否则将会严重影响到社会救助制度的定型与稳定。其次,应当完成事关军队建设与军人权益的《军人保障法》、事关国民居住权与住房福利的《住宅法》、事关慈善公益事业发展的《慈善事业法》等立法任务。最后,考虑到社会保障针对的是社会更底层的大众,特别是在市场竞争中的失利群体和非在职人群,因此更需要一部囊括更多方面的《社会保障法》,以此来推动城乡一体化的社会保障制度的建设。①

2. 加紧修订补充现有相关法律

在中国社会保障法律体系建设中，由于过去没有能够事先考虑到社会保障法制建设，一些现行法律事实上已经包含了相应的社会保障内容，主要反映在有关社会福利事业方面。例如，《中华人民共和国老年人权益保障法》《中华人民共和国妇女权益保障法》《中华人民共和国残疾人保障法》《中华人民共和国义务教育法》《中华人民共和国未成年人保护法》等多部相关法律，但因缺乏刚性的约束性条款，在实践中它们大多被看成是一种软性的促进法。因此，推进我国社会福利事业法制建设，应对上述相关法律加以修订补充，制订对政府、对社会具有约束的刚性条款，确保法律的可操作性。②

（二）加强司法的独立性与可监督性

当前，在社会保障领域的司法实践中，地方保护主义、部门保护主义等观念和行政权力的渗透经常会影响司法的独立性，从而影响司法的公正性。随着城镇化建设的进一步深入，我国的劳资关系和社会保障领域会出现更多、更棘手的问题，特别需要法律公正地介入，社会保障领域的司法独立性与可监督性由此显得空前重要。

为了促进社会保障领域的司法独立性，顺应城乡社会保障体系协调发展的要求，并综合考虑到社会保障领域司法的技术难度，建议我国可效仿发达国家的成功经验，建立全国性的社会保障巡回法庭制度，由最专业的社会保障领域的法律工作者组成全国性的社会保障巡回法庭，审理影响较大、难度较高，特别是有其他势力介入的案件，以保障司法的公正性，并为全国各地社会保障领域的司法提供案例范本，供地方法院参考。同时，为了提高司法的可监督性，还应将全国各地法院所判决的在社会保障领域的案件放到全国社会保障信息平台上，供社会各界学习研究讨论，利用社会的力量促进我国社会保障领域的司法实践。

---

① 王国军：《中国社会保障制度一体化研究》，科学出版社，2011，第257页。
② 郑功成等：《中国社会保障改革与发展战略》（总论卷），人民出版社，2011，第64页。

(三) 确保执法的有效性与公正性

在社会保障法律体系中，执法与立法和司法一样，是不可或缺的重要一环。尤其是在2011年7月1日《社会保险法》开始实施后，依法执行不但有了重要的法律依据，而且公平、公正、合理的执法也是对《社会保险法》落地的基础。为了促进社会保障执法程序的有效性与公正性，必须做好以下三方面工作。

首先，统一执法标准，规范执法程序，公开执法流程。因为全国一致的标准、程序和流程是保证执法有效性和公正性的基础，也是提高社会保障统筹层次、城乡社会保障体系协调发展的必然要求，所以各地、各部门各行其是、草率随意的做法必须得到纠正，执法机关必须根据法定权限、法定程序和法治精神进行管理，缺位受罚，越位无效。

其次，建立执法责任制并完善其相关配套措施。完善社会保障执法过程中的民主决策制度、规范执法责任制。完善岗位责任、首问负责、服务承诺、限时办结、绩效考评、执法过错责任追究、案件调查处理分离等工作制度，应从程序和制度上将执法民主决策、过错责任追究等制度落实到位。

最后，公开执法的程序化。所有执法行为都必须保证能够通过全国性的社会保障信息系统进行查询，做到执法范围公开、依据公开、程序公开、结果公开、监督措施公开，使权力公开透明运行成为一项基本制度。[①]

二 户籍制度

当前我国户籍制度实行城乡人口的二元管理，这是在计划经济条件下建立起来的。现阶段的统筹户籍制度改革对促进城乡社会保障体系的协调发展具有积极的借鉴作用。

(一) 户籍制度改革与社会保障建设的实践

户籍制度与社会保障制度之间联系紧密、关系复杂，从20世纪80年

---

① 王国军：《中国社会保障制度一体化研究》，科学出版社，2011，第258页。

代至今，二者主要开展了以下三个阶段的实践。

1. 以解决流动就业为特征的小城镇户籍制度改革

从20世纪80年代开始，我国逐步推进小城镇户籍制度改革，小城镇户口的准入条件是"有合法固定的住所、稳定的职业或生活来源的人员及其共同居住生活的直系亲属，均可根据本人意愿办理城镇常住户口"。该项制度改革主要是以经济政策为主、以优先考虑就业问题为核心，从而促进农村劳动力向城镇流动。从总体上看，小城镇户籍制度改革更注重解决控制城镇人口、缓解城市规模与大量人口迁移要求之间的矛盾，附着于户籍制度之上的社会保障并未同步进行改革，取得小城镇户籍的居民除了粮食供应有保障外，难以获得同等的养老、医疗、就业、住房、教育等方面的待遇。[①]

2. 以解决部分群体社保待遇为特征的大中城市户籍制度改革

20世纪90年代，由地方探索和自发零星推进的大中城市户籍制度开始改革。从1994年起，为吸引人才、资金或推动当地房地产业的发展，上海、深圳、广州、厦门、宁波等大中城市相继推出了蓝印户口制度，拥有蓝印户口的人能够享受部分原城镇居民的社会保障待遇，但要在满足一定条件后才能取得与当地居民同等的社会保障待遇。总体看，大中城市户籍制度没有跳出蓝印户口制度的框架，设置的高门槛将广大农民工拒之门外，附着于户籍制度上的社会保障等福利只有少部分特殊群体才能获得。[②]

3. 以渐进解决社保待遇为特征的统一居民户籍制度改革

进入21世纪以来，重庆、成都、郑州、济南等一些省市先后开始统一居民户口的改革，主要内容是取消自理口粮户口、农业户口和非农业户口、地方城镇户口以及蓝印户口等户口性质；按照实际居住地登记户口，统称为"居民户口"。同时，在推进户籍制度改革进程中，更加注重综合配套和制度统一，逐步消除附着于户籍之上的就业、养老、医疗、住房、低保、教育等基本保障。但是，由于农民市民化的高昂成本，据有关专家测算，农民真正市民化的人均成本通常在7.5万~10万元。以安徽省为例，当地城镇和农村户籍人口年均享受社会保障待遇相差约4万元。截至

---

① 陈先森等：《户籍制度改革与社会保障关系研究》，《经济研究参考》2011年第58期。
② 陈先森等：《户籍制度改革与社会保障关系研究》，《经济研究参考》2011年第58期。

目前，推行户籍一元化的省市尚未真正实现城乡社会保障的一体化。[①]

（二）统筹户籍制度改革与社会保障建设的具体措施

推动户籍制度改革与社会保障建设之间的匹配与协调，对促进经济又好又快发展、构建全面建设小康社会，将起到重要的作用。因此，需要做好以下两方面工作。

1. 实行城乡统一的户口登记管理制度

户籍制度改革的核心内容是实行全国城乡统一的户口登记管理制度，取消有差别的农业户口与非农业户口两种户口性质，废止所有关于"农转非"的政策规定，实行社会待遇与户籍脱钩的政策；实行居住地登记户口的原则，建立以常住户口、暂住户口、寄住户口为基础的户口登记制度；建立以户口簿、身份证、出生证[②]为主要证件的户口管理办法，在申报常住户口的同时申领；实行国家政策与计划管理相结合的户籍迁移制度，以公民住房、职业、收入来源等主要生活基础为落户标准，全面改革事前迁移批准制度，采取迁入地管理的办法，各地区可根据承受能力，有计划地控制人口的机械增长。[③]

2. 建立科学的人口信息化管理系统

建立科学的人口信息化管理系统，实行户籍管理的全国联网，建立公民身份证号码查询服务中心，是实现人口由静态管理转向动态管理的基本要求。建立人口信息化管理系统大致要经过四个阶段，如图6-15所示。

全面准备 → 编制人口基本信息编码表 → 录入人口基本信息 → 熟悉程序逐步进入前台工作

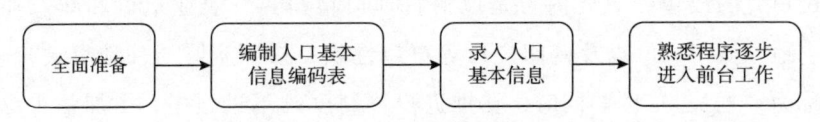

图 6-15 人口信息化管理系统建立流程

---

① 王炜、刘志强：《农民工"市民化"，中国"穷二代"致富成本有多高》，《人民日报》2011年3月31日。

② 户口簿：具有证明家庭成员之间称谓关系的法律效力；身份证：16周岁以上（含16周岁）公民的身份证件；出生证：证明公民出生身份的法定证件，同时也是16周岁以下公民的身份证明。

③ 沈敬桃：《当代中国户籍管理制度改革研究》，吉林大学硕士论文，2006。

第一阶段为全面准备。主要工作是组建工作团队，制订工作计划；选调计算机专业技术人员，培训录入人员和操作人员；选购机器、建设机房，准备其他物资；进行户口整顿以确保人口基本信息的准确性等。第二阶段为编制人口基本信息编码表。预先制订即将录入计算机的有关信息的编码原则，并具体精确编写标准码本，以作为采集录入人口基本信息的依据。第三阶段为录入人口基本信息。首先逐一过录户口登记有关信息到人口基本信息编码表上，然后逐一编写代码，再由录入人员逐一录入计算机。第四阶段为熟悉程序逐步进入前台工作。数据录入后，必须有一个让操作人员熟悉程序、熟悉系统、熟悉工作规则的时期，也是检验系统效能和可靠性的时期，这一时期往往是计算机管理和手工操作"并轨并存"，对技术力量和操作人员素质的要求较高。[①]

三　土地制度

城乡社保体系协调发展的本质是消除城乡二元分割，促进城乡协调发展，让农民获得公平的教育、就业、公共服务与社会保障权益，让农民平等参与城市化、现代化进程。为此，需要推动社会保障与农村土地经营权流转制度的联动改革，促进城乡资源要素的合理流动，以支撑城乡社会保障制度一体化的发展。

农村土地经营权的流转制度与农民保障问题之间有着密不可分的关系。一方面，规范的土地流转制度，能够增加农民收入，促进农民参加社会保险甚至商业保险，更好地解决农民保障问题；相反地，不顺畅的土地流转机制使农民收入增加缓慢，降低了农民的参保能力，难以满足农民的保障需求。另一方面，解决好农民的保障问题，会促使部分农民主动放弃土地使用权，促进农村土地流转；相反地，农民保障问题不能得到解决，会强化农民对土地的依赖性，阻碍农村土地流转。因此，完善农村土地经营权流转制度与协调城乡社会保障体系发展二者相辅相成。

[①] 王雷鸣、朱冬菊：《新中国户籍制度与时俱进》，人民网，http://www.people.com.cn/GB/shizheng/19/20011030/593937.html，2001年10月30日。

(一) 当前农村土地经营权流转面临的风险

目前,全国土地流转比例总体上还比较低,全国平均土地承包经营权流转面积占总承包耕地面积的比例大约为 8.7%,流出农户占家庭承包经营农户总数的 9%。① 土地流转相关法律制度运行面临诸多风险,如土地非农化失控的风险以及土地合作组织监管的风险等,这些弊端无疑会阻碍农村土地流转的进行。②

1. 土地非农化失控的风险

部分地方政府为了追求短期和局部利益,冲破城市建设规划和基本农田保护规划的严格限制,肆意扩大建设用地规模,进而加剧了耕地的短缺矛盾,危及了粮食安全。在目前地方政府发展冲动极其强烈的背景下,土地非农化失控风险增大,主要体现在:以发展地方经济为由,不尊重农民意愿,强迫农民流转土地承包经营权。一些地方政府、村委会打着招商引资的旗号,违背农民意愿,或者强行收回农民承包地,或者强制调整农民承包地,或是借用土地流转名义和政治优势,将流转的土地用于非农建设。只看地方经济效益,不考虑农民的权益,其实质都是以农民利益的牺牲为代价,牟取暂时的地方经济增长政绩。③

2. 土地合作组织监管的风险

在土地规模有限的前提下,单个农户的流转过程会面临许多制约,容易潜伏组织化过程的"道德风险"。新的土地合作组织在资产管理和利益分配上的监管风险增大,主要体现在:以各种借口为由,行政、司法机关对土地纠纷不作为。虽然在相关法律法规中,对农民的土地承包权、宅基地使用权、集体经济组织收益分配权如何保障提出了具体要求,但是有的地方并未很好地对此贯彻执行。相关行政部门和司法机关不受理农村土地纠纷诉讼、纠纷仲裁请求、纠纷调解、来信来访;或者能推就推,不能推

---

① 朱敏:《当前农村土地流转中存在的障碍及对策》,《中国经贸导刊》2011 年第 1 期。
② 孙素君、吴初国:《城镇化进程中保护农民土地权益研究》,《国土资源情报》2010 年第 1 期。
③ 李光友:《关于统筹城乡发展维护农民土地合法权益的思考》,中国农经信息网,2012 年 12 月 10 日。

就压，压不住就拖，名义上是执行，实际上是拖延不办，执行不力，措施不实。很多关于农民土地的问题经过这些单位的一推二压三拖后，最后都只能不了了之，民怨则越积越深。①

（二）规避农村土地经营权流转风险的制度设计

为了使各方利益在农村土地经营权流转过程中都能够得到合理合法的保护，规避农村土地经营权流转中面临的风险，建议设计农村土地经营权流转机制时结合城乡社会保障体系的协调发展，如图6-16所示。

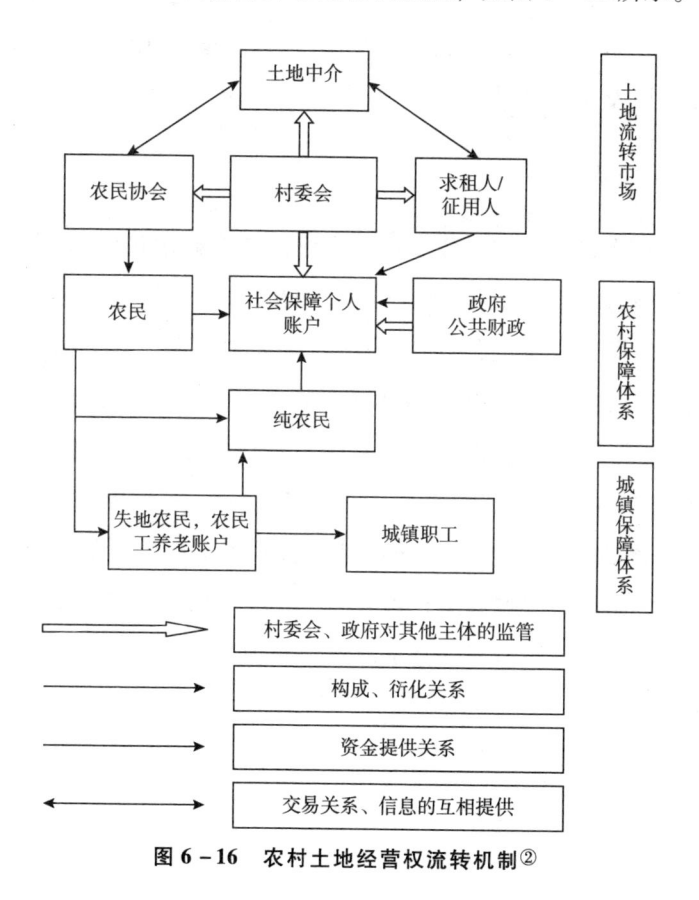

图6-16 农村土地经营权流转机制②

---

① 李光友：《关于统筹城乡发展维护农民土地合法权益的思考》，中国农经信息网，2012年12月10日。
② 尚长风、张瀚文：《土地流转及农村养老保险制度设计》，《审计与经济研究》2008年第3期。

构建如图 6-16 所示的农村土地经营权流转机制，可将土地流转市场与农村社会保障体系、城镇社会保障体系有机地结合起来，最大限度地保障农民的土地权益，其设计要点有以下四个方面：一是通过建立规范化运作的土地流转中介组织，可以梳理目前价位混乱的土地流转市场信息，促进土地流转市场的发展和完善；① 二是通过发展农民协会，可以提高农民对自身利益的表达能力和争取能力，不断增进其对经济、社会和政治生活的参与度，并为其谋求利益而进行有效的活动；② 三是通过分化村委会职能，可以使村委会充分承担政府意志的代理人的角色，发挥监督各项经济主体的作用；③ 四是通过明确补偿标准，可以合理公正地保障失地农民的利益，让农民失地不失利。④

四 人口流动

随着流动人口的增加，各项社会事业需要及时跟进。⑤ 因此，研究城乡社会保障体系的协调发展必须配套人口流动的良性发展。⑥

当前，我国流动人口在城市的聚集、沉淀特性显著，与以往相比呈现出诸多新特点。其中，最显著的特征是现今的人口流动正由"可逆"向"不可逆"转化。20 世纪 80 年代初的乡村劳动力可以流入城市打工，当其结束了城市的职业生涯时，他们可以回归乡村继续当农民，呈现为"可逆"式人口流动；而 21 世纪以来的新生代农民工与传统的农村生活环境已开始脱节，他们不会回归乡村当农民。这种单向流动使城乡资源偏离了均衡分布，这不仅不符合建立真正的城乡和谐社会的长远发展目标，而且

---

① 黄叙联、李强、张坤：《我国农村土地流转发展历程与完善建议》，《农村经济与科技》2012 年第 4 期。
② 李成贵：《国家、利益集团与"三农"困境》，《经济社会体制比较》2004 年第 5 期。
③ 尚长风、张瀚文：《土地流转及农村养老保险制度设计》，《审计与经济研究》2008 年第 3 期。
④ 曾庆学：《"土地换保"与农民养老保障》，《经济研究导刊》2011 年第 7 期。
⑤ 卢小玲：《必须加快"农地征用、征收及失地农民权益保险"的立法步伐》，《经济师》2006 年第 2 期。
⑥ 韩馨仪：《国家人口计生委近日发布〈中国流动人口发展报告 2012〉》，《中国财经报》2012 年 8 月 16 日。

也阻碍了城乡社会保障体系的协调发展。因此，为了促进城乡协调发展，保证一体化社会保障制度的顺利实施，应采取有效措施将城镇化过程中的人口单向流动调整成人口双向流动。①

人口双向流动使人口城乡均衡分布，可以缓解单向流动对农村发展的不利影响。所谓人口双向流动发展思路，就是探索农村人口向城市迁移，以及城市人口向农村迁移的路径。这两个方面的内容与性质是不同的，前者主要是优化"由乡进城"迁移的路径，后者主要是促进"由城返乡"迁移的路径。

（一）优化"由乡进城"的路径

1. 倡导流动人口"参与式"和"自主式"管理

应当考虑发挥流动人口自身的作用，让流动人口真正地融入当地城市和生活。一方面，要引导流动人口积极参与居住地管理，逐步培养和建立流动人口的主人翁意识，可以在居委会等群众自治组织中规定一定的流动人口比例，使流动人口直接参与居住地的社区管理、社区服务等工作，也可以引导流动人口根据自身的兴趣爱好等参与社区的社团活动，扩大流动人口与当地居民群众的接触和了解，提高流动人口对所居住社区和对城市的认同感、归属感和融合感。另一方面，在一些对流动人口需求较多的用人单位或流动人口密度较高的地区，可以建立以流动人口为主要组成人员的协管队伍，帮助单位和当地政府做好流动人口的宣传教育和服务管理工作，也可以发挥流动人口中"领袖人物"的作用，尝试建立适当的流动人口自治组织，引导流动人口自我教育和自我管理，同时通过自治组织，表达流动人口的意见和诉求。

2. 注重发挥非政府组织和志愿者队伍的作用

流动人口规模迅猛增长，经济、政治、文化诉求日益丰富，政府在流动人口管理的诸多方面（如保护合法权益、消除社会隔阂、化解社会矛盾、体现人文关怀等）力不从心，而市场体系中的企业又囿于利益动机不

---

① 张杰、张清俐：《人口流动正由"可逆"向"不可逆"转化》，《中国社会科学报》2013年2月22日。

愿或无力提供此类公共物品。要树立"以人为本"的理念，融硬性管理于柔性宣传教育之中，政府不可能也不应该包办所有的事情，要培育和扶持大量的非政府组织和基层志愿者队伍，加强宣传教育。比如，可以通过覆盖全国的计划生育协会，在流动人口相对集中的社区、工厂、工业园区等处成立流动人口计划生育协会，宣传和普及计划生育法律法规、生殖健康知识等，提高流动人口实行计划生育的自觉性，同时通过这一组织，把法制观念、道德品质教育、劳动技能培训、帮助流动人口困难家庭等内容安排其中，通过计划生育协会这一非政府组织的人性化教育和引导，帮助和协助政府实现流动人口的服务管理。再比如，可以充分发挥志愿者队伍的作用。近年，中国的志愿者队伍得到蓬勃发展，广大志愿者在基层的健康宣传、法律援助、助老、保护青少年、预防艾滋病等领域发挥着重要作用，他们可以通过多种贴近实际、贴近生活、贴近需求的形式，为流动人口提供宣传教育和服务等工作。非政府组织和志愿者队伍在流动人口服务管理中可以发挥不一样的作用，为流动人口服务管理提供帮助。①

（二）促进"由城返乡"的路径

大力发展农村与城市和城镇之间的交通条件，是有效促进"由城返乡"的重要路径。

大力发展农村基础设施建设，为城市和城镇人口以及人力资源向农村流动提供必要的物质条件。第一，要完善相关政策法规。如为了鼓励各种社会资本和农民个人出资共同推进农村的基础设施建设，可以通过税收优惠、专项财政补贴、财政贴息和以奖代补（拨）等政策措施实现。第二，要合理确定投资重点。如现阶段沈阳市正处于推进农村地区大发展的关键时期，所以就整体而言，应重点投资农田基本水利工程、乡村道路等生产性基础设施建设，但也应加大教育、医疗、保健等生活性和服务性基础设施的投入力度。第三，要充分发挥农民的主体作用。如为了确保农村基础

---

① 危旭芳：《民间组织：流动人口管理的第三种力量》，《羊城晚报》2006年8月16日。

设施供给与需求的一致，应引导村民积极参与民主决策，按照农民的需求进行项目规划与建设，并建立行之有效的监督约束和评价机制，进一步完善决策程序。第四，要充分明确各级政府职责。如基础设施属于公共产品和准公共产品的范畴，在明确各级政府职权与相应责任的基础上，应理顺各级政府间的财政分配关系，使每一级政府所拥有的财权与事权相对称、支出与责任相统一，这样才可以有效防止出现农村基础设施无人过问、无人监管的局面。

五 就业制度

就业是民生之本、安国之策、和谐之基，是构建和谐社会的前提和基础。据统计，2012年末我国就业人员为76704万人，占总劳动年龄人口的81.8%；其中城镇就业人员为37102万人，占总就业人数的48.4%；农村就业人员为39602万人，占总就业人数的51.6%。对于已经进入工业化和城镇化发展新阶段的新兴经济体国家来说，结合城乡就业结构，当前缩小城乡差距、统筹城乡发展的重点，应该是建立城乡统一的劳动力市场，增强城市的辐射带动作用，有计划、有步骤地推动农村劳动力的转移。① 而农村劳动力流动到城市，就需要统筹城乡社会保障，以城乡劳动者的社会保障为主体，完善相互配套与衔接的社会保障网络，建立全国统一的覆盖城乡的社会保障体系。经过近20年的改革，中国的社会保障制度框架已经初步形成，但还有很多需要完善的地方，而这些都对建立城乡统筹的就业制度具有基础性作用。因此，改革并完善统筹城乡就业制度与一体化社会保障制度二者相辅相成，需要同步推进。②

（一）制约统筹城乡就业制度发展的因素

统筹城乡就业作为一种新的制度安排，需要面对旧有制度对其的影

---

① 人社部：《2012年度人力资源和社会保障事业发展统计公报》，http://www.mohrss.gov.cn/SYrlzyhshbzb/dongtaixinwen/shizhengyaowen/201305/t20130528_103939.htm。
② 莫荣：《统筹城乡就业是政府工作的一项重要职责》，《中国党政干部论坛》2007年第4期。

响。从目前的实践来看，各种正式制度是约束统筹城乡就业制度发展的最大因素。

首先，就业服务制度的城乡有别。我国职业介绍机构和技能培训机构多集中于城镇，致使农村劳动力无法及时了解就业信息。这种信息不足和不对称的状况，必然会增加农村人口去城镇就业的成本。所以，农村就业服务机构的欠缺性，一方面影响了农村劳动力及时掌握劳动力市场的供求信息，以及及时做出进行技能培训的决策；① 另一方面也不利于农村劳动力向城镇的转移。② 其次，劳动力市场的城乡分割。③ 这种城乡二元分割的状态，既不利于劳动力在城乡之间的自由流动，也不利于整个市场体系的建设和社会的协调发展，而且城乡之间的差距会逐渐被拉大，进而影响我国和谐社会的构建和新农村建设的顺利完成。④

（二）统筹城乡就业制度的政策措施

当前，我国已将统筹城乡就业制度上升为国家政策，使促进城乡就业的思路更加具体化、稳定化，同时具有长期的制度性保障，这一工作将成为新的就业体制下我国就业问题解决的关键所在。如果从就业政策和制度的角度分析，统筹城乡就业制度的政策措施关键在于建立城乡统一的劳动力市场。

首先，建立起权威性和信誉度较高的全国统一的劳动力供需信息的搜寻与组织和管理制度。为了使城乡劳动者，尤其是农村剩余劳动力获得优质的信息服务，必须切实抓好劳动力供需信息搜寻的网络建设。同时，为了适应市场取向就业制度改革的需要，必须做好信息的收集、整理、储存、交流、传播和咨询工作，发挥信息的引导作用。其次，统一城乡用工手续和待遇。在严格招工手续方面，应破除职工的身份界限，将其统一纳入保障管理范围，使城乡弱势群体的各项合法权益得到保障。

---

① 王寅、阮衍宁：《统筹城乡就业制度创新研究》，《唯实》2010 年第 Z1 期。
② 蒋学毛：《构建湖南城乡统一劳动力市场的构想》，《湖南社会科学》2003 年第 2 期。
③ 王寅、阮衍宁：《统筹城乡就业制度创新研究》，《唯实》2010 年第 Z1 期。
④ 李建建：《统筹城乡发展，建立城乡统一的劳动力市场》，《福建师范大学学报》（哲学社会科学版）2004 年第 4 期。

在待遇支付方面，应同等对待进城务工的农民工和城镇就业人员，按照按劳分配、同工同酬的原则，进行劳动力的价值交换。最后，扩大农村劳务输出的组织化程度。为了开展有组织的劳务输出，应整合政府部门、农村基层组织和社会有关组织在促进农村劳动力转移就业方面的作用，并通过加强地区间劳务协作、订单培训、定向输出，以提高农民外出务工的组织程度。[1]

---

[1] 王寅、阮衍宁：《统筹城乡就业制度创新研究》，《唯实》2010年第8期。

第七章 完善中国社会保障基金运营监管机制的对策

构建完善的社会保障基金运营监管机制是一项复杂的系统工程，涉及的方式、手段、技术和内容较为广泛。在中国特定的经济、政治和社会制度环境下，政府作为社会保障事业的主体，应选择集中管理和监督，实现制度的自我平衡和可持续发展的对策；应选择建立基金监督法律法规体系的对策；应选择加强社会保障基金监督队伍建设的对策；应选择营造良好的社会保障基金投资运营环境的对策。

第一节 集中管理和监督，实现制度的自我平衡和可持续发展的对策

社会保障基金是社会保障制度建立和实施的基石，其能否实现自我平衡和可持续发展，直接影响我国社会保障制度的运行与发展。而我国社保基金长期处于一种政出多门、多头管理的混乱局面，因此，结合我国国情，笔者认为应对我国的社保基金实行集中管理和监督。

一 社保基金集中监管的必要性分析

（一）分散模式弱化社保基金监管的职能

我国当前的社保基金监管体系虽已初步形成了以人力资源与社会保障部门为主，以财政部门、审计部门、银行、内部控制和社会监督等为辅的

全面监管体系，但其体制关系依然存在"条块分割"的现象。各地区、各部门在监管过程中均从自身利益出发，从而导致政策上的矛盾和冲突，使政府制订的监管制度很难实施到位。另外，我国社保基金监管的市县级统筹，使基金较为分散，增大了监管的难度。社保基金监管在上述因素的共同制约下，弱化了其监管职能。① 因此，建立集中的社保基金监管体系可以有效强化其监管职能。② 在强化主管部门权力的同时，可以方便高效地开展社保基金的行政问责工作。

（二）分散模式降低社保基金监管的安全性

分散的社保基金监管模式不仅会增加基金的管理和运行成本，而且会降低基金运行的安全性。分散的监管模式，由于其管理层次较多，管理力度有限，所以很容易造成各地方、各地区自主使用社保基金的权限膨胀，使挪用、挤占、截留、贪污甚至损失基金的违规现象频发，如2006年的上海市近百亿社保基金挪用案，2013年的深圳市社保局挪用数十亿社保基金的报道，均暴露出部分地区社保基金监管的随意性，违规使用基金数额之大，引人关注，令人痛心。因此，为了避免类似的案件再次发生，有必要建立社保基金的集中监管模式，以实现制度的良性运行及可持续发展。③

二 构建社保基金集中监管的思路分析

（一）提高统筹层次为社保基金集中监管做准备

1. 我国社保基金统筹层次现状

社保基金的省级统筹要求基本核算单位和资金流的收支均在省级层面，如果按照这一标准，我国当前只有四五个省份实现了真正意义上的省级统筹，其他绝大部分省份和地区的社保基金仍然实行市级统筹。据初

---

① 冯婷：《浅谈强化我国社会保障基金的监管》，《华商》2008年第7期。
② 曲虹：《社保基金资本化运作的法律控制与监管》，吉林财经大学硕士论文，2009。
③ 史寒冰：《社会保险基金监管体制改革与构建》，《中国社会保障》2008年第1期。

步估算，全国社保基金的管理机构有 2000 多个。而每个社保统筹基金的决策者和操作者都在独立运作"五险"基金，也就相当于全国有成千上万个社保基金的"风险点"。社保基金较低的统筹层次存在如下三个方面的弊端：

首先，个别地方的主管领导往往会忽视社保基金是老百姓的"养命钱"，随意将基金挪作他用，并且作为负有基金监管职责的人力资源与社会保障部门也没有切实负起责任，导致基金损失严重。

其次，这种低统筹层次监管模式的费用较高，据测算，我国社保基金的管理成本高达 3%，高于国外 1% 的成本。

最后，社保基金的分散管理由于基金规模有限，因此不能实施稳健的投资组合方案，增大了经营成本和投资风险，大大降低了我国社保基金的投资运营效果。①

2. 提高社保基金统筹层次措施

我国社保基金统筹层次的提高可以参考银行的做法，采用试行记账式大账户模式。所谓记账式大账户，就是将雇主和雇员的缴费全部划入个人账户，也就是说，将目前社会统筹的部分和个人的部分全都划入个人账户，相当于一个银行账户，做到统一账户，交多少，拿多少，加上事先承诺的利率，清清楚楚。②

实施有计划、有重点的分步走战略可以高效率地完成社保基金统筹层次的工作。首先，全国上下要实现真正意义上的社保基金的省级统筹，将地市级以下机构监管的社保基金集中到省级社保基金管理中心进行管理。③再通过先进的网络系统，将一个省份内各个地区缴纳的社保基金汇集到同一个账户以及由同一个经办机构通过银行系统在全省范围内发放各类社保金。而原有的地方各级社保基金管理中心，则可在保持其人力资源和社会保障局直属行政事业单位的前提下，通过精简机构人员，将精力主要集中

---

① 李春根、朱国庆：《我国社会保障基金监管体系：问题与重构》，《社会保障研究》2009 年第 6 期。
② 邓宏林：《公务员养老保险制度研究——由公务员被开除后无养老保险待遇所引发的思考》，苏州大学硕士论文，2010。
③ 秦媛：《新经济形势下我国社会保险基金存在的问题》，《长治学院学报》2010 年第 6 期。

于监督各具体单位社保金的征缴和定期足额发放上。①

其次,在省级统筹的基础上将统筹层次提升到国家统筹,具体措施可以参照由市级统筹提高到省级统筹的办法来操作。通过两步走战略,使我国社保基金的统筹层次真正实现基本核算单位和基金流在全国层面的收与支,从而进一步降低监管的难度和管理的费用。②

(二) 构建社保基金集中监管的框架分析

如前所述,我国社保基金监管体系的分散监管模式弱化了社保基金监管的职能,降低了社保基金监管的安全性,而构建独立性、唯一性、权威性兼具的社保基金集中监管模式是大势所趋。在现有制度的基础上,构建一个主辅分明的社保基金集中监管体系,由高到低的三个管理层次具体包括:

第一,为了提升社保基金监管机构的法律地位,可以在全国人民代表大会常务委员会中增设社保基金监督管理委员会,加强社保基金管理工作的立法与监督。

第二,设立由人力资源与社会保障部部长、财政部部长、证监会主席、保监会主席及相关专业技术人员组成的社保基金理事会,并赋予其一定的协调各部门工作的职能,同时接受全国人大社保基金监督管理委员会的监督与质询。

第三,社保基金理事会的派出机构是相应的各省级社保基金管理中心,主要负责本地区的社保基金的监督和管理。③ 社保基金的集中监管模式组织框架如图7-1所示。

---

① 丁文杰、周立权:《社保资金管理存漏洞,有效监管体系亟待建立》,《经济参考报》2008年1月10日。
② 李春根、朱国庆:《论我国社会保障基金监管体系的问题及重构》,《当代经济管理》2010年第2期。
③ 冯婷:《浅谈强化我国社会保障基金的监管》,《华商》2008年第7期。

```
                    ┌─────────────────────────────┐
                    │ 全国人大社会保障基金监督管理委员会 │
                    └─────────────────────────────┘
                         │            │
                         │    ┌───────┴────────┐
                         │    │ 人力资源与社会保障部 │
                         │    └────────────────┘
    ┌──────┐    ┌──────┐    ┌──────┐
    │社    │    │社    │←──│ 财政部 │
    │会    │    │会    │    └──────┘
    │保    │──→│保    │    ┌──────┐
    │障    │    │障    │←──│ 证监会 │
    │基    │    │基    │    └──────┘
    │金    │    │金    │    ┌──────┐
    │理    │    │      │←──│ 保监会 │
    │事    │    │      │    └──────┘
    │会    │    │      │    ┌──────┐
    └──────┘    └──────┘←──│ 银监会 │
        │                    └──────┘
        ▼
    ┌──────┐
    │派出机构│
    └──────┘
        │
        ▼
 ┌──────────────┐
 │各省级社保基金管理中心│
 └──────────────┘
```

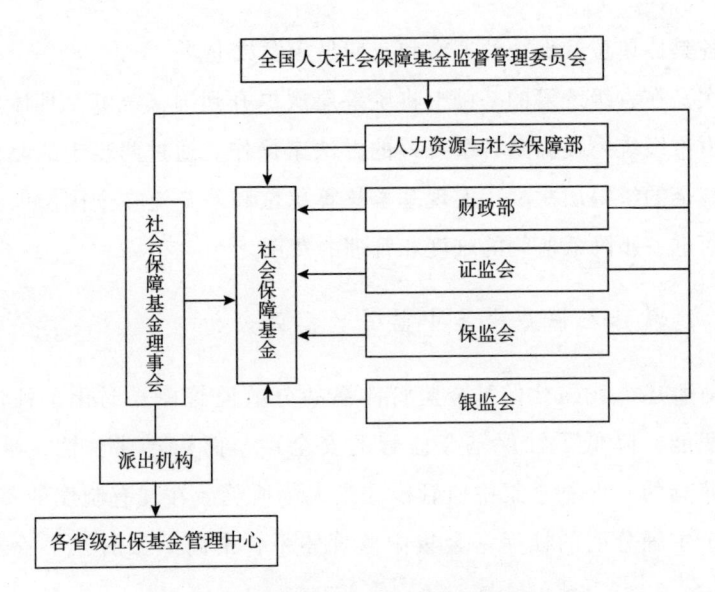

图 7-1　社保基金集中监管模式组织框架①

如图 7-1 所示，社保基金集中监管模式是效率比较高的组织框架，一是强化了社保基金监管的集中度；二是充分发挥了社保基金监管部门的专业技术与工作经验。

第二节　建立基金监督法律法规体系的对策

一　建立健全社保基金运营监管法律法规的立法原则

科学规范的指导社保基金的监管活动，需要确定相关的立法原则。借鉴国内外社保基金监管的成功经验，其立法原则主要包括：监管活动的根本目的是实现受益人的最大利益、监管活动的准则是兼顾投资安全和投资收益以及监管活动的方式是分类监管。②

---

① 李连友、赵孟华：《集中监管还是分散监管——社会保险基金监管组织结构分析》，《湖南社会科学》2004 年第 4 期。
② 张晓凤：《我国社保基金投资运营监管法律问题研究》，山西财经大学硕士论文，2010，第 24 页。

（一）监管活动的根本目的是实现受益人的最大利益

众所周知，社保基金来源于老百姓，同时老百姓也是社保基金的受益人。因此，社保基金的一切监管活动都应以老百姓为核心，以实现老百姓的最大利益为其根本目的，并贯彻监管活动的始终，这是由社保基金的性质决定的，否则社保基金的监管活动就失去了其存在的意义。[①]

（二）监管活动的准则是兼顾投资安全和投资收益

规范社保基金投资运营的行为，一方面应控制高风险资产的投资比例，另一方面应加大社保基金进入投资市场的比例。监管立法在完善监管制度、确保安全的基础上，使投资安全与投资收益互为手段和目的。因此，社保基金投资运营监管立法应综合考虑，平衡投资安全与投资收益，以期达到二者的双赢。

（三）监管活动的方式是分类监管

社保基金按其类型，具体可以分为三类：基本社会保障基金、补充社会保障基金以及个人年金。社保基金在制订监管法律制度时，应当为这三类基金的投资行为制订不同的监管政策，如表7-1所示。

表7-1　社保基金分类监管情况

社保基金分类	监管方式
基本社会保障基金	立法严格规定基金的投资渠道和投资范围，推行基金管理社会化
补充社会保障基金	初期可采用严格限量监管模式，逐步向谨慎人模式过渡
个人年金	主要通过商业保险公司运作，可通过保险法、公司法等法律规定对其加强监管

第一类基金主要包括四种基金：社会救济基金、社会保险基金、社会福利以及优抚安置基金。这些基金在社会保障体系中起着基础保障的作用，因此对其投资监管的安全性要求较高。监管立法中应严格规定其投资

---

① 郑木清：《养老基金投资监管立法研究》，中国法制出版社，2005，第258页。

的渠道和范围,应避免投资风险较高的金融产品,如股票、期货等。① 第二类基金主要包括两种基金:全国社会保障基金和企业年金。这些基金在社会保障体系中起着补充保障的作用,因此对其投资监管的安全性要求较第一类基金可以有所放宽。监管立法中应结合我国金融市场的完善程度,采取逐步调整的政策,可由严格限量监管模式,逐步过渡为谨慎人监管模式。第三类基金主要包括个人年金。这一基金在社会保障体系中占比稍小,通常由商业金融公司管理运作。监管立法中应通过公司法、金融法等法律规定,保证该基金运行的安全性。②

二 建立健全社会保障基金运营监管法律法规的立法体系

为了确保社保基金在收支、投资运营等方面得到正常的运行,社会保障事业必须构建健全的法律法规体系。完善的基金监管法律法规体系,由高到低分别为宪法层面、社会保障法层面以及社会保障监管法规层面。这一立法体系的建立,有利于规范社保基金的运营行为,有利于保证社保基金的安全稳定,有利于维护社会公民的合法权益。③

(一) 宪法层面

社会保障基金监管法律体系中的最高层面为宪法层,其所规定的内容原则性较强。我国《宪法》规定公民享有获得物质帮助权,在中国,国家利益和个人利益是统一的,国家和社会对于因各种原因不能参加劳动的公民有关怀和帮助的义务。为了保证公民真正享有物质帮助权,宪法还规定"国家发展为公民享受这些权利所需要的社会保险、社会救济和医疗卫生事业。"并且根据宪法精神,国家应建立健全同经济发展水平相适应的社会保障水平。

(二) 社会保障法层面

社会保障基金监管法律体系中的中间层面为社会保障法层面,其所规

---

① 胡继晔:《美国社保基金分类监管的法律体系及其对中国的启示》,《国际经济评论》2007年第5期。
② 张晓凤:《我国社保基金投资运营监管法律问题研究》,山西财经大学硕士论文,2010,第26页。
③ 沈怡:《我国养老保险基金监管法律制度研究》,东北财经大学硕士论文,2010,第27页。

定的内容可操作性较强。如 1999 年的《国务院关于企业职工养老保险制度改革的规定》以及 2011 年的《社会保险法》等。但是我国目前还没有制订出一部统一完整的社会保障法和其他相关社会保障项目法，从而使得我国社会保障基金的监管缺少明确的法律依据。因此，我国应加快制订出社会保障法、社会救助法和社会福利法，来完善社会保障法层面。①

(三) 社会保障基金监管法规层面

社会保障基金监管法律体系中的最低层面为社会保障基金监管法规层面，其所规定的内容可操作性最强。如 2008 年的《人力资源和社会保障部关于延续企业年金基金管理机构资格的通告》，2009 年的《人力资源和社会保障部办公厅关于开展社会保险基金监管软件联网应用工作的通知》，2010 年的《人力资源和社会保障部关于印发城镇职工基本医疗保险基金检查方案的通知》等，这些法规对社会保险基金的监管工作都做出了明确且详细的规定，发挥了积极作用，但其效力低于法律。因此，我国应加强中间层面的立法工作，来提升我国社会保险基金监管操作的法律性。

在社会保障基金监管法律体系的三个层面中，宪法层面是其他两个层面的法律制订的基础，社会保障法民层面处于中间层面，是制订社会保障基金管理及监管层面法律的基础。

综上所述，我国的社会保障基金监管法律体系，第一层次的宪法层对保障公民的合法权益起到了最根本性的法律保证作用，但是第二、三层次的法律体系层需要加强其强制性和有效性，具体应该做到以下三个方面：首先，要尽快制订社会保障法，通过进一步明确、具体社会保障方面的基本原则和社会保障的目标、实施范围与模式等，指导社会保险基金的监管；其次，要尽快颁布社会救助法、社会福利法等相关社会保障体系分项法，通过这些法律明确社会保障其他项目的相关内容，如规定提供救助和福利的实施范围，确定提供救助和福利的运行模式等；最后，要尽快制订社会保障基金管理法，通过明确社会保障基金的筹集模式与筹集水平、投

---

① 姚春辉：《我国社会保障基金监管体系存在的问题与对策》，《陕西理工学院学报》（社会科学版）2009 年第 2 期。

资运作模式与投资方向、支付标准与方式、监管模式与监管标准等,实施社会保障基金的监管。①

第三节 加强社会保障基金监督队伍建设的对策

随着社会保障制度的建立健全,社保基金管理的风险性也在逐渐上升,因此,有必要建设一批具有较高综合素质的社保基金监督队伍。完整的社保基金监管队伍包括内部监管和外部监管两个层次,前者以政府为主体,后者以中介组织为主体。内外两个层次的监管相互配合、相互制约,共同防范社保基金投资运营风险,保证其安全性和保值增值性。而我国目前社保基金监管队伍由于比较年轻,还存在人员结构素质和体制机制等方面的问题,加强社保基金监督队伍建设势在必行。

一 我国当前社保基金监管队伍存在的问题分析

(一)社保基金监管人员数量不够

随着社会保障事业的发展,社保基金规模也呈逐年上涨趋势,我国当前每年五项社保基金的收支规模已超过 2 万亿元。社保基金规模的扩大,客观上就需要在人力物力上加大监管力量,而当前的社保基金监管力量却与日益增多的监督工作数量相矛盾。② 如全国仅有百人左右专职从事社保基金的监管工作,省市专门的社保基金监督管理部门仅有数十个,且其成员均为兼职,办公室普遍没有编制和经费,多数都是与其他处室合设。③

(二)社保基金监管人员专业素质不高

现阶段,社保基金监管人员不仅数量有限,而且现有的社保基金监管

---

① 沈怡:《我国养老保险基金监管法律制度研究》,东北财经大学硕士论文,2010,第 29 页。
② 周帅:《浅谈社会保险基金的监管问题》,《劳动保障世界》(理论版)2009 年第 12 期。
③ 杜庆春:《构建社会保险基金监管的长效机制》,《劳动保障世界》(理论版)2010 年第 3 期。

人员普遍缺乏专业的基金监管相关知识，这种情况不仅降低了社保基金的监管效率和质量，而且降低了社保基金监管的权威性，以行政监管和审计监管为例来说明。首先，在行政监管方面，面对数据处理量大、监管涉及部门广、监管业务烦琐的社保基金监管工作，社保基金的行政监管人员由于没有系统学习过社保基金运营和管理等专业理论知识，工作往往会力不从心，降低了行政监管工作的效率，监管失误的情况时有发生。[1] 其次，在审计监管方面，面对常规的社保基金审计工作，审计人员虽然具有较强的审计专业知识，但并没有充足的时间和精力学习社保基金专业知识，所以审计失误同样存在。[2]

（三）社保基金监管人员内部控制机制不健全

社保基金监管人员能否较好地履行职责是影响基金监管质量的关键，是影响社保基金监管效果的首要因素。[3] 而当前考核我国社保基金监管人员履职情况的内部制机制仍存在不足，因为没有完善的社保基金监管的绩效考核办法，社保基金监管人员的工作积极性较低，且会为了牟取私利进行违规操作。[4]

（四）社保基金监管人员的外部监控力量薄弱

建立全方位的富有弹性的社保基金监管队伍，就必须要注重发展社会中介组织的力量。一是因为社会中介组织监管可以弥补政府监管的空白，为政府执法提供依据；二是因为通过社会中介组织的审计、会计、精算和法律等方面的服务，可以促使社保基金的运营机构合规经营。而我国目前社会中介组织的社保基金外部监管的发展却不尽如人意：一是法律法规不健全；二是行为不规范，主要表现为无序竞争、提供虚假信息等；三是从

---

[1] 林义：《构建我国社会保险基金监管体系的思考》，《社会保障问题研究》2003年第1期。
[2] 赵伦钧、石金明：《完善社会保险基金监管体系的思考》，《中国集体经济》2009年第13期。
[3] 周天翔：《对我国社会保障基金监管的思考》，《特区经济》2008年第1期。
[4] 刘琳：《浅谈强化社会保障基金监管》，《科教文汇》2008年第35期。

业人员素质不高,缺乏职业责任感和正义感。①

二 完善我国社保基金监管队伍建设的对策与措施

我国构建完善的社保基金监管队伍,要从内外监管两个方面来考虑。对于内部监管,要坚持以人为本的原则:一要着力提高组织成员的素质;二要实现人力资源优化配置,最大限度地发挥现有成员的作用。对于外部监管,要加强中介组织的力量。

(一) 通过引进与培养人才建设一支社保基金监管的专职专业队伍

社保基金监管是一项重要工作,其工作专业性强,涉及面广,要求监管人员具备财务、审计、税务、金融、法律等多门知识。因此,要进一步加强监管队伍建设,要有专门机构,配备专职专业人员,专心致志地做好这项工作,实现专业化监管。

1. 引进社保基金监管的相关人才

通过引进社保基金监管的相关人才来改善社保基金的监管队伍结构,有助于与基金增长规模相匹配。社保基金监管需要金融管理、网络技术、计算机应用、法律等各类人才,而这些人才都曾通过国家级的相关考试,无论是政治素质、社会责任感,还是学历层次,均是社会的佼佼者,将其引进到社保基金监管队伍中,有利于充分发挥现有的人才优势,且时效性高。

2. 培养社保基金监管的专业人才

通过培养社保基金监管的专业人才来保证社保基金的健康运行与有效实施,具体包括三种途径。首先,培养社保基金监管的高等学历专业人才,在高等教育中增设社保基金相关专业,并与国外知名大学合作办学,培养适应全球化发展的高级人才。其次,培养社保基金监管的海外背景人才,在现有的社保基金监管从业人员中,选送一些高素质的年轻人到国外

---

① 王雪峰、王剑、熊丹:《社保基金应建立富有弹性的监管机制》,《中国证券时报》2005年1月18日。

接受培训。最后，培养社保基金监管的建设人才，为了提高社保基金监管的专业化管理水平，可以聘请国外的社保基金投资专家参与组建我国社保基金投资公司的运营管理。①

（二）通过建立有效的人员控制机制来建设高效率的监管队伍

激励社保基金监管队伍发挥作用可以通过建立有效的人员控制机制来实现，主要体现在以下两个方面：一是构建责任强制机制；二是构建激励牵引机制，在这两个机制的共同作用下最终促使监管质量得以保证。

1. 责任强制机制

按照社保基金监管强制主体的不同，责任强制机制可以分为主管部门对监管部门的责任强制和监管部门内部的责任强制。

（1）主管部门对监管部门的责任强制

推行主管部门对监管部门的责任强制，要求社保基金的主管部门协同财政部门与审计部门对所属社保基金监管部门实行制度化的定期或不定期的监督检查，并强化对工作失误的社保基金监管人员以及部门领导的行政责任，同时增加处罚力度以强化行政问责的约束力。②

（2）监管部门内部的责任强制

推行监管部门内部的责任强制，要求按层次将社保基金监管责任分散到监管部门内部的所有工作人员身上，形成互相牵制与互相监督的连带责任，如社保基金监管部门的领导人既对上级主管部门的负责人负责，也受财政、审计等部门的监督，而社保基金监管部门工作人员需要对社保基金监管部门的领导人负责。这种内部责任强制，有利于加大社保基金监管责任的约束力，有利于在社保基金监管部门内部产生凝聚力。③

2. 激励牵引机制

社保基金监管除了实施责任强制机制外，还要实施激励牵引机制。按照社保基金监管的激励机制方式，可以分为物质激励和精神激励。

---

① 侯瑞斌：《社会保障基金运作管理的研究》，天津财经大学硕士论文，2007。
② 周天翔：《对我国社会保障基金监管的思考》，《特区经济》2008 年第 1 期。
③ 周天翔：《对我国社会保障基金监管的思考》，《特区经济》2008 年第 1 期。

(1) 物质激励

社保基金监管部门的物质激励的主要方式包括：奖金、升职、津贴和特殊荣誉证书等。具体采用的激励方式可以根据马斯洛的需求层次理论，选择被激励人最迫切需要的方式，同时这些奖励方式应该配合使用，提高其对组织中所有工作人员的整体效用。①

(2) 精神激励

社保基金监管部门的精神激励主要是指领导根据每个社保基金监管人员的内心目标，协助其制订详细周密的实施方案，并在随后的工作中帮助其实现目标。因为社保基金监管人员的目标如果实现了，就会自主地对工作产生强大的责任感，自然不需要外在监督，精神激励效果显著。②

(三) 通过充分发挥社会中介组织的力量来建设全方位的监管队伍

社会中介组织主要包括：会计事务所、审计事务所、律师事务所、资产评估机构以及投资咨询机构等，在社保基金监管的过程中，加强这些中介机构的建设可以有效地提高社保基金监督管理运行的平稳性。同时政府要制订发展社会中介组织的规定，从法律法规上严格规定中介机构和从业人员的任职资格与任职条件，能够在一定程度上确保社保基金监督的管理水平与服务水平。③

第四节　营造良好的社会保障基金投资运营环境的对策

社保基金监管是一个极其复杂的系统工程，社会保障制度自身的长期性及运行机制的高度复杂性需要高度重视营造良好的社会保障基金投资运营环境。本节先从社保基金投资运营环境现状分析着手，分别指出我国当前社保基金投资运营环境的优势因素与不利因素，为本节第三部分改革和

---

① 周天翔：《对我国社会保障基金监管的思考》，《特区经济》2008年第1期。
② 周天翔：《对我国社会保障基金监管的思考》，《特区经济》2008年第1期。
③ 侯瑞斌：《社会保障基金运作管理的研究》，天津财经大学硕士论文，2007。

完善我国社保基金投资运营环境的对策与措施做分析基础。

一 我国社保基金投资运营环境的优势因素分析

（一）宏观经济环境的稳定增长为社保基金投资提供了良好基础

社保基金投资与宏观经济增长关系密切，一方面，社保基金的投资运营需要稳定的宏观经济增长环境，另一方面，投资对经济增长具有直接的拉动作用。据统计，1995~2013 年 GDP 从 71176.6 亿元增加到 566130.2 亿元，增长了 7.95 倍；同期全社会固定资产投资从 22913.5 亿元增加到 447074.4 亿元，增长了 19.51 倍。GDP 与固定资产投资之比 1995 年为 3.11:1，2013 年为 1.27:1，说明投资能够拉动宏观经济的增长，我国当前宏观经济的稳定增长为社保基金的投资提供了有利条件。[1]

（二）资本市场和投资工具的多元化为社保基金投资提供了选择空间

为了提高社保基金的投资效率，离不开多元化的资本市场与投资工具。自 2005 年 4 月国家开始启动股权分置改革以来，我国的资本市场进入快速成长阶段。同时，我国的期货市场也于 2013 年在投资品种数量、投资业务范围、资本行业结构和投资监管理念等层面实现了创新性的突破。资本市场与期货市场的高速发展，无疑为社保基金的投资提供了广阔的选择空间。[2]

二 我国社保基金投资运营环境的不利因素分析

从总体上来看，我国宏观经济的运行状况良好，并且在较长的一个时期里，是可以实现稳定、快速、健康的发展的。然而良好的态势中也蕴藏着相当大的风险因素，这些不利因素的存在不同程度地影响着社保基金的

---

[1] 杨良初：《社会保险基金投资不要错失良机》，《中国经济时报》2011 年 8 月 31 日。
[2] 杨良初：《社会保险基金投资不要错失良机》，《中国经济时报》2011 年 8 月 31 日。

保值增值投资。

(一) 内部需求不足导致通胀风险

内外需求结构的不合理,主要是内部需求的不足,使之蕴涵通货膨胀的风险。长期以来,我国保持着较高的居民储蓄率。这一方面为社会投资带来了充足的资金供给,另一方面又造成了消费需求的疲软。此外,在现有的消费需求中,海外需求占据了相当大的部分。这一现象使我国的经济需求稳定性下降,容易受到国际市场波动的影响。需求不旺盛,难以消化逐步增加的产能,势必会给经济运行带来一定的通胀风险。

(二) 投资结构不合理导致泡沫经济

在社会投资不断增加的有力带动下,我国经济在较长的一个时期内保持了高速增长。但在充分肯定投资对国民经济贡献的同时,也应注意到现有投资中尚且存在的问题。一方面,从总量上来说,全社会投资规模增速较快。另一方面,从结构上来说,投资主要集中在少数几个行业领域并且投资结构不是很合理,容易引起投资过热。例如,现有投资过分集中在房地产、汽车等行业,进而带动上游的钢铁、水泥等产业高速发展。投资在加速经济发展的同时也在迅速地集中风险,引发经济泡沫。[1]

(三) 人口老龄化导致社保基金缺口风险

我国目前已经进入人口老龄化社会,生育率低、人口结构老化是我国人口现阶段的特点,据统计,2010年我国超过60岁的老年人口已达1.74亿,大约占总人口的12.8%,预计到"十二五"末这一比例将达到15%左右。[2] 虽然当前甚至未来较长一段时间内社保基金处于节余状态,但从更长的时期来看,我国社保基金存在巨大的缺口风险。到2035年我国将出现8.1亿劳动人口扶养2.94亿65岁以上老龄人口的局面。按照世界银行

---

[1] 刘芃:《浅谈我国社保基金保值增值中的不利因素及对策》,《致富时代》2011年第1期。
[2] 胡晓义:《社保基金处于缩水和贬值状态》,《南方周末》2011年4月20日。

2005年测算的中国养老金缺口的报告,根据既定的人口与养老模式测算,2001~2075年,我国的养老金缺口将会高达9.15万亿元。[①]

所以我国社保基金由于受内部需求不足、投资结构不合理和人口老龄化等不利因素的影响,面临着相当大的风险,在一定程度上制约了社保基金的投资与运营。

三 改革和完善我国社保基金投资运营环境的对策与措施

社保基金的投资运营离不开和谐稳定的环境,只有创造出健康、完善的投资运营环境,才能防范和降低各种风险的发生,促进社保基金平稳运营。所以笔者建议从以下几个方面改革和完善我国社保基金的投资运营环境。

(一) 打造稳定有序的金融市场使社保基金投资有效运行

实践证明,金融市场不发达会影响社保基金的投资运营效率。所以,完善我国社保基金的投资运营环境,应该首先与金融市场的规范和发展结合起来,使之相互促进、共同繁荣,主要处理好以下四个问题。首先,改善股票市场的结构,提高上市公司质量,因为对国有资产处置而言,有优质的企业和良好的市场体系作为基础,使大量国有股转持为社会保障基金;其次,扩大股市的资金来源,如开放式基金试点,使部分社保基金间接进入证券市场,降低其投资风险;再次,适时推出各种金融衍生品,诸如股指期货、期权,同时增加可转换债券、认股权证等证券品种,增加社保基金的投资选择;最后,重视防范投资风险,监管社保基金投资机构,并通过立法完善社保基金投资的交易规则。[②]

(二) 适时转变社保基金监管方式使社保基金有效运行

当前,社保基金监管方式主要包括严格限量监管模式与审慎监管模

---

① 杨长汉:《2.3万亿社保基金面临贬值风险》,《金融时报》2011年3月10日。
② 倪庆东、于晶、刘明杰:《社会保障基金入市的经济效应与运行监管》,《北方经贸》2002年第8期。

式。前者对金融市场的环境要求较低，投资风险小，收益也低，后者需要完善的金融市场环境，投资风险高，收益也高。虽然我国目前的金融环境还存在一些问题，但已经有了一定程度的改善，所以为了提高社保基金的运行效率，笔者认为可以适时地逐步实现由严格限量监管向审慎性监管模式转变。可以采取分步骤、分阶段地实现由严格限量监管模式向审慎性监管模式转变，以提高社保基金的投资收益，降低社保基金的投资风险。[①]

（三）建立有效的社会保障基金信息监管体系防范基金运行风险

如前所述，我国社保基金投资运营环境存在一些不利因素，所以有必要建立有效的社会保障基金信息监管体系防范基金运行风险，具体可从以下三个方面着手。[②] 第一，建立和完善社保基金信息网络应用系统。为了降低社保基金的运行风险，保障社保基金的运行安全，并为社保基金的监管提供全面、及时的支持，需要对社保基金的网络系统运行进行实时的监控。第二，建立和健全统一的社保基金信息数据库。为了从全局性的角度把握社保基金的基本情况，需要统一数据库的标准，如职工数据库、离退休人员数据库、欠费企业数据库和个人账户数据库等，并注意及时更新和扩充。第三，建立和补充有效的安全管理机制和安全管理制度。为了提高社保基金数据的安全保密性，需要对社保基金管理软件进行开发、评审和验收，并注重开发社保基金管理软件的防病毒破坏以及黑客袭击的功能。[③]

（四）允许社保基金承销一级市场新股以防范基金缺口风险

对于社保基金的资金缺口问题，一直以来，从上到下都把着眼点放在国有股减持上，但由于当初非流通股与流通股在发行机制上走着两条完全不同的路，因此存在巨大的差异，又经过多年来的送股、配股、增发、分

---

① 杜晓莉：《浅谈社保基金的监督管理》，《会计之友》2006 年第 11 期。
② 李敏：《完善我国社会保障基金运营和管理的思考》，《科技信息》2008 年第 27 期。
③ 刘秋艳、易守宽：《我国社会保障监管机制存在的问题及相应解决建议》，《知识经济》2009 年第 16 期。

红利，使这种差异进一步扩大到双方成本无法平稳相交的局面。办法是搁置国有股流通问题，让社保基金进入一级市场。如果一级市场发行新股由社保基金承销，那么社保基金就会获得一二级市场的全部价差。这样做的好处是：第一，可以挤出囤积在一级市场的大量资金，迫使股民转到二级市场上来；第二，社保基金赢利后，是用来改善公民的福利待遇的，当然也会得到广大股民的谅解与支持；第三，新股中签的概率跟买彩票差不多，况且中小散户没有那么多资金打新股，失去了购买机会也不会心痛。这样，不管大户、中户还是散户，不管基金还是机构，大家一同在二级市场上买卖股票，形成了完全竞争的公平市场。而且采取这种办法，社保基金一年赚取的利润将会以百亿计算，有效地防范了基金的缺口风险。

（五）增加政府部门的基金安全业绩考核指标体系以落实社保基金的监管

社保基金的安全运营既关系着老百姓的生活保障，又关系着社会的长期稳定。因此，为了能引起政府部门的足够重视，并将其纳入正常的工作范围之内，应该把社保基金的安全运营情况纳入政府部门的业绩考核指标体系，具体主要对以下四个方面进行考评：第一，考核地区社保基金收支的均衡状况；第二，考核本期社保基金投资运营的保值增值情况；第三，考核年度内社保基金违规事件的发生情况；第四，考核地区社保发放的落实情况。通过增加以上四个方面的绩效考核指标，并加强行政问责，可以最大限度地维护社保基金的安全，最终创建社保基金投资运营的良好环境。[1]

---

[1] 王亚芬：《我国社保基金监管问题刍议》，《浙江金融》2010年第4期。

参考文献

巴曙松：《论社保基金监管体制的改进》，《经济》2010 年第 9 期。

班茂盛、朱连忠：《城市人口老龄化对养老保险筹资模式的影响及政策建议》，《浙江大学学报》（人文社会科学版）2003 年第 6 期，第 73~78 页。

陈志国：《公共养老强制基金制个人账户投资管理模式研究——基于瑞典、俄罗斯模式的国际比较与中国选择》，《中国经济问题》2012 年第 3 期，第 30~39 页。

陈志国：《我国现行养老保险基金管理模式的缺陷及对策》，《人口与经济》2001 年第 4 期。

程永宏：《现收现付与人口老龄化关系定量分析》，《经济研究》，2005 年第 3 期，第 57~67 页。

邓大松、吴汉华、吴小武：《做大、做强全国社会保障基金的战略选择》，《管理世界》2006 年第 3 期，第 138~139 页。

封进：《公平与效率的交替和协调——中国养老保险制度的再分配效应》，《世界经济文汇》2004 年第 1 期，第 24~30 页。

郭席四、陈伟诚：《分账制下基本养老保险个人账户基金投资研究》，《中国软科学》2005 年第 10 期，第 58~65 页。

韩俊：《我国社会保障基金监管制度研究》，武汉科技大学硕士论文，2008。

韩伟：《适度统筹养老金调整指数——理论构建与方法选择》，经济科学出版社，2008。

何文炯等：《"职工平均工资"的困惑——兼论基本养老保险制度的完

善》,《统计研究》2004年第11期,第31~34页。

何贤平、雷升印:《基于J2EE架构的管理信息系统的设计与开发》,《微计算机信息》2006年第12期。

蒋殿春:《高级微观经济学》,北京大学出版社,2006。

景天魁:《民生建设的"中国梦":中国特色福利社会》,《探索与争鸣》2013年第8期。

孔微巍、谭奎静:《完善我国社会保障基金投资运营机制对策研究》,《经济研究导刊》2008年第12期。

李剑阁:《我国社会保障制度改革的几个问题》,《经济社会体制比较》2002年第2期。

李全伦:《论社会保障基金投资运营的市场化与安全》,《人口与经济》2004年第5期。

李雯:《社会医疗保险基金的风险管理研究》,西安电子科技大学硕士论文,2006,第50页。

李小欧:《关于社会保障基金投资运营的研究》,东北财经大学硕士论文,2007。

李珍等:《中国社会养老保险基金管理体制选择——以国际比较为基础》,人民出版社,2005。

李珍、辜胜阻:《社会保障基金管理制度的国际比较研究》,《财经研究》1998年第2期。

李珍、王海东:《基本养老保险个人账户收益率与替代率关系定量分析》,《公共管理学报》2009年第4期,第45~51页。

梁鸿等:《人口老龄化与中国农村养老保障制度》,上海世纪出版集团,2008。

辽宁大学人口研究所课题组:《人口老龄化与养老保障研究》,2003。

林毅夫:《论经济学方法》,北京大学出版社,2005。

刘苓玲:《老年社会保障制度变迁与路径选择》,首都经济贸易大学出版社,2009。

刘瑞莲:《加强新型农村社会养老保险基金监管的必要性和对策分

析》,《科技情报开发与经济》2009年第29期。

马莉莉、李泉:《中国投资者的风险偏好》,《统计研究》2011年第8期,第63~72页。

〔美〕马歇尔·卡特、威廉·希普曼:《信守承诺——美国养老社会保险制度改革思路》,中国劳动社会保障出版社,2003。

米红、邱晓蕾:《中国城镇社会养老保险替代率评估方法与实证研究——兼论不同收入群体替代率的比较》,《数量经济技术经济研究》2005年第2期,第12~18页。

穆怀中:《养老保险体制改革试点中的关键经济因素分析》,《中国人口科学》2004年第4期,第44~51页。

穆怀中:《养老金调整指数研究》,中国劳动社会保障出版社,2008。

邱长溶等:《中国可持续社会养老保险的综合评价体系和实证分析》,《中国人口·资源与环境》2004年第3期,第27~31页。

申曙光等:《中国养老保险隐性债务问题研究》,中山大学出版社,2009。

沈澈、邓大松:《个人账户基金投资运营路径设计——基于全国社保基金成功经验的借鉴意义》,《东北大学学报》(社会科学版)2013年第3期,第288~293页。

宋国斌:《德国、美国社会保险基金管理模式比较及启示》,《经济研究参考》2009年第64期。

孙天立:《我国社保基金投资运营监管模式选择》,《改革与理论》2002年第5期。

谭湘渝、樊国昌:《中国养老保险制度未来偿付能力的精算预测与评价》,《人口与经济》2004年第1期,第55~58页。

王雪:《美国的企业年金监管》,《中国保险》2005年10月。

王亚芬:《我国社保基金监管问题刍议》,《浙江金融》2010年第4期。

武萍:《社会养老保险危机预警警兆指标体系探讨》,《哈尔滨工业大学学报》(社会科学版)2009年第4期。

项怀诚：《全国社会保障基金投资运营管理》，《国际金融报》2004。

熊必俊：《老龄经济学》，中国社会出版社，2009。

阎中兴：《我国养老保险制度改革：进展、问题及对策》，《人口与经济》2004年第1期，第51～54页。

杨翠迎、何文炯：《社会保障水平与经济发展的适应性关系研究》，《公共管理学报》2004年第1期，第79～85页。

杨屏、薛飞：《我国社会保障基金投资运营中存在的问题及对策》，《辽宁经济》，2008年第4期。

杨燕绥等：《社会保险基金风险管理研究》，《广西大学学报》（哲学社会科学版）2010年第4期。

姚春辉：《完善社保基金监管促进社会和谐建设——基于武汉市社会保障基金监管体系的实证研究》，《华中师范大学研究生学报》2009年第2期。

叶静漪、肖京：《社会保险经办机构的法律定位》，《法学杂志》2012年第5期。

易纲、宋旺：《中国金融资产结构演进：1991～2007》，《经济研究》2008年第8期，第4～15页。

于洪：《社会保障筹资机制研究》，上海世纪出版集团，2008。

张广科：《社会保障基金——运行与监管》，上海财经大学出版社，2008。

张莉：《论养老保险的替代率》，《现代经济探讨》2002年第4期，第21～23页。

张维迎：《博弈论与信息经济学》，上海人民出版社，2004，第2～140页。

赵传芳：《统筹城乡与我国城镇基本养老保险制度的改造》，《统筹城乡社会保障制度的思考》，2009年12月。

赵蓉：《论构建我国社会保障法律制度》，《兰州大学学报（社会科学版）》，2000年第4期。

郑秉文：《名义账户制的理论与实践——社会保障改革新思想》，中国劳动社会保障出版社，2009。

郑秉文：《欧债危机下的养老金制度改革——从福利国家到高债国家的教训》，《中国人口科学》2011年第5期。

郑秉文：《社保基金违规的制度分析与改革思路》，《中国人口科学》2007年第4期，第2~15页。

郑秉文：《社会保障制度改革的一个政策工具："目标定位"》，《中央财经大学学报》2004年第8期，第42~46页。

中国社会保险学会：《中国社会保险优秀论文集》，中国劳动社会保障出版社，2006。

周建国、靳亮亮：《基于公共选择理论视野的政府自利性研究》，《江海学刊》2007年第4期，第95~100页。

周志凯：《论国际养老金个人账户投资选择权》，《保险研究》2008年第11期，第56~60页。

周志凯：《养老金个人账户制度研究》，人民出版社，2009。

朱青等：《养老保障——多支柱养老体系下的公共养老金计划》，中国社会出版社，2007。

Dean Baker and Mark Weisbrot, *Growing the Social Security Crisis: The Social Security Administration's Poverty Rate Projections.* (CEPR Briefing Paper, January 18, 2005).

Iwry J. Mark, Regulation and Supervision of Private Pensions in the United States, Paper prepared for the Second Conference on Private Pensions in Brazil, May 2002.

Mark W. Frazier, "China's Pension Reform and Its Discontents", *The China Journal*, 2004 (1): 51.

Parniczky, Tibor, Structure of Supervision, OECD Private Pension Series - Regulating Private Pensions Trends and Challenges, 2002. (OECD, Paries).

Takashi Oshio, "Social Security and Trust Fund management", *Journal of the Japanese and International Economics*, 2004.

图书在版编目(CIP)数据

中国社会保障基金运营监管研究/武萍著.—北京:社会科学文献出版社,2015.5
　ISBN 978-7-5097-7241-6

Ⅰ.①中… Ⅱ.①武… Ⅲ.①社会保障基金-基金管理-研究-中国　Ⅳ.①D632.1

中国版本图书馆 CIP 数据核字(2015)第 052949 号

中国社会保障基金运营监管研究

著　　者 / 武　萍

出 版 人 / 谢寿光
项目统筹 / 恽　薇　高　雁
责任编辑 / 高　雁　黄　利

出　　版 / 社会科学文献出版社·经济与管理出版分社(010)59367226
　　　　　　地址:北京市北三环中路甲 29 号院华龙大厦　邮编:100029
　　　　　　网址:www.ssap.com.cn

发　　行 / 市场营销中心 (010) 59367081　59367090
　　　　　　读者服务中心 (010) 59367028

印　　装 / 三河市东方印刷有限公司

规　　格 / 开　本:787mm×1092mm　1/16
　　　　　　印　张:19.75　字　数:300 千字

版　　次 / 2015 年 5 月第 1 版　2015 年 5 月第 1 次印刷

书　　号 / ISBN 978-7-5097-7241-6

定　　价 / 69.00 元

本书如有破损、缺页、装订错误,请与本社读者服务中心联系更换

▲ 版权所有 翻印必究